Kinder, Kindheiten und Kindheitsforschung
Band 4

Herausgegeben von
S. Andresen, Frankfurt, Deutschland
I. Diehm, Bielefeld, Deutschland
Ch. Hunner-Kreisel, Vechta, Deutschland
K. P. Treumann, Bielefeld, Deutschland

Die aktuellen Entwicklungen in der Kinder- und Kindheitsforschung sind ungeheuer vielfältig und innovativ. Hier schließt die Buchreihe an, um dem Wissenszuwachs sowie den teilweise kontroversen Ansichten und Diskussionen einen angemessenen Publikationsort zu geben. Ausgehend vom Zentrum für Kindheits- und Jugendforschung an der Fakultät für Erziehungswissenschaft der Universität Bielefeld werden sowohl die aktuelle Kinderforschung mit ihrem stärkeren Akzent auf Perspektiven und Äußerungsformen der Kinder selbst als auch die neuere Kindheitsforschung und ihr Anliegen, historische, soziale und politische Bedingungen des Aufwachsens von Kindern zu beschreiben wie auch Theorien zu Kindheit zu analysieren und zu rekonstruieren, ein breit gefächertes Publikationsforum finden.

Die beteiligten Wissenschaftlerinnen und Wissenschaftler im Zentrum sind mit unterschiedlichen Schwerpunkten in der Kinder- und Kindheitsforschung verankert und tragen zur aktuellen Entwicklung bei. Insofern versteht sich die Reihe auch als ein neues wissenschaftlich anregendes Kommunikationsnetzwerk im nationalen, aber auch im internationalen Zusammenhang. Letzterer wird durch eine größere Forschungsinitiative über Kinder und ihre Vorstellungen vom guten Leben aufgebaut. Daran sind sowohl die Reihenherausgeberinnen und -herausgeber als auch die Vorstandsmitglieder des Zentrums maßgeblich beteiligt.

Entlang der beiden Forschungsperspektiven – Kinder- und Kindheitsforschung – geht es den Herausgeberinnen und dem Herausgeber der Reihe „Kinder, Kindheiten und Kindheitsforschung" darum, aussagekräftigen und innovativen theoretischen, historischen wie empirischen Zugängen aus Sozial- und Erziehungswissenschaften zur Veröffentlichung zu verhelfen. Dabei sollen sich die herausgegebenen Arbeiten durch teildisziplinäre, interdisziplinäre, internationale oder international vergleichende Schwerpunktsetzungen auszeichnen.

Herausgegeben von

Sabine Andresen
Goethe-Universität,
Frankfurt, Deutschland

Isabell Diehm
Universität Bielefeld, Deutschland

Christine Hunner-Kreisel
Universität Vechta, Deutschland

Klaus Peter Treumann
Universität Bielefeld, Deutschland

Christine Hunner-Kreisel · Manja Stephan
(Hrsg.)

Neue Räume, neue Zeiten

Kindheit und Familie im Kontext von
(Trans-) Migration und sozialem Wandel

 Springer VS

Herausgeber
Dr. Christine Hunner-Kreisel
Universität Vechta
Deutschland

Dr. Manja Stephan
Humboldt Universität zu Berlin
Deutschland

ISBN 978-3-531-17945-2   ISBN 978-3-531-18948-2 (eBook)
DOI 10.1007/978-3-531-18948-2

Die Deutsche Nationalbibliothek verzeichnet diese Publikation in der Deutschen Nationalbibliografie; detaillierte bibliografische Daten sind im Internet über http://dnb.d-nb.de abrufbar.

Springer VS
© Springer Fachmedien Wiesbaden 2013

Springer VS ist eine Marke von Springer DE. Springer DE ist Teil der Fachverlagsgruppe Springer Science+Business Media.
www.springer-vs.de

Inhalt

III. Sozialer Wandel, Migration und Wohlbefinden von Heranwachsenden

Vorwort

Die Idee zum vorliegenden Sammelband entstand zwischen 2003 und 2005, dem Zeitraum, in dem die Herausgeberinnen im Rahmen eines Projektes zu islamischer Bildung in der Sowjetunion und ihren Nachfolgestaaten ihre Dissertationen verfassten und sich über erziehungswissenschaftliche, islamwissenschaftliche und ethnologische Zugänge sowie auf der Grundlage verschiedener regionaler Foki in Zentralasien und der Kaukasus-Region mit Formen des Aufwachsens sowie der Erziehung und Bildung in maßgeblich postsozialistisch-islamischen Kontexten beschäftigten. Schon damals und in starkem Maße auch in der weiterführenden wissenschaftlichen Beschäftigung mit den genannten Themen und Regionen fielen uns die gravierenden Defizite auf, die Studien über die Regionen in Bezug auf die Erforschung von Kindheit und Familie insgesamt, maßgeblich aber im Zuge der postsowjetischen Umwälzungen kennzeichnet. Auch nimmt die aktuelle Kindheitsforschung bis heute nur unzureichend Formen des Aufwachsens in außereuropäischen Regionen in den Blick. Wenn doch, dann sind die Zugänge in den Studien zumeist stark von Kindheitskonzepten der westlichen Moderne geprägt und lassen emischen Sichtweisen und kulturspezifischen Deutungen nur wenig Raum.

Die Idee »neuer Räume«, die der Sammelband in seinem Titel forciert, impliziert folglich nicht nur den Wunsch, neue Impulse für die Kindheitsforschung zu geben, indem bisher kaum beachtete Regionen in den Blick genommen werden. Ein wichtiges Anliegen war auch, Wissenschaftlerinnen und Wissenschaftler aus den Untersuchungsregionen einzubeziehen und die Thematik für andere als europäisch-westliche Zugänge zu öffnen. Damit erklärt sich der internationale Charakter des Sammelbandes, zugleich aber auch sein multidisziplinärer Ansatz und die verschiedenen Zugänge zur Thematik.

An der Fertigstellung des vorliegenden Sammelbandes haben viele Personen mitgewirkt. Wir möchten insbesondere Horst Haus für das Lektorieren des Manuskriptes danken, Sabine Wahdat für ihre Hilfe bei der Fertigstellung des Manuskriptes, Antoinette Janko für die Übersetzungen aus dem Russischen sowie Teresa Castro für das Lektorieren der englischsprachigen Beiträge.

Christine Hunner-Kreisel und Manja Stephan

Einleitung

Neue Räume, neue Zeiten – neue Kindheiten?

Migration und Wandel sind Themenfelder, die mit Blick auf Globalisierungsdynamiken, Urbanisierungsprozesse und politische Systemtransformationen derzeit hinreichend akademische Beachtung erfahren und aus unterschiedlichen disziplinären Blickwinkeln heraus diskutiert werden. Der vorliegende Sammelband folgt diesen Interessenlinien und widmet sich einem Thema, das bisher nur unzureichend bearbeitet wurde: das Zusammentreffen von genuin in der Kindheit stattfindenden Prozessen wie Aufwachsen, Erziehung und Sozialisation mit Prozessen, die durch Migration und verschiedene Formen sozialen Wandels bei Individuen und Gruppen (mit-)bestimmt werden. Den im Sammelband präsentierten empirischen Befunden gingen dabei folgende leitende Fragestellungen voraus: Wie gestalten sich Kindheit und kindliche Lebenswelten im Kontext von Migration und sozialen, politischen und wirtschaftlichen Wandlungsprozessen? Wie wirken sich Erfahrungen von Migration und Wandel auf die Um- und Neugestaltung kindlicher Lebenswelten, die (Neu-)Formierung generationaler und familialer Beziehungen sowie auf die Gestaltung schulischen Alltags, auf Freundschaften und Freizeit aus? Welche Konsequenzen ergeben sich daraus für das einzelne Kind sowie für Kindheit(en) insgesamt? Und wie schließlich verändern sich bestehende Konzepte von Kind, Kindsein und Kindheit unter den Bedingungen von Migration und Wandel?

Mit dem regionalen Fokus des Sammelbandes auf Russland, die Türkei sowie verschiedene Regionen in Osteuropa, Zentralasien und dem Kaukasus rücken Länder und Regionen ins Blickfeld, die in der Kindheits- und Familienforschung bisher kaum Beachtung gefunden haben. Damit leistet der Band einen Beitrag zur immer noch stark unterbelichteten Kindheitsforschung in diesen räumlichen Kontexten und verfolgt gleichzeitig das Ziel, die präsentierten Regionen in vorhandene akademische Debatten und Diskurse einzubinden. Mit Blick auf die raum- und zeitspezifische Kontextualisierung von Kinderleben stellt sich die Frage, ob es einen universell gültigen (kindheits-)theoretischen Zugriff gibt, welcher sowohl der disziplinären Heterogenität der einzelnen Beiträge als auch ihrer inhaltlichen, d.h. räumlichen, zeitlichen und kulturellen Spannbreite gerecht wird. Darüber hinaus ist zu fragen, inwiefern kindheitstheoretische Perspektiven eine Erweiterung in Anbetracht der vorliegenden Beiträge erfahren müssen (vgl. dazu auch Andresen im vorliegenden Band). Die in den einzelnen Beiträgen entfalteten kulturellen Realitäten und Deutungen von Kind, Kindheit und Familie erzwingen nicht nur eine Neubefragung vorhandener Zugänge und Konzepte in der Kindheitsforschung. Sie relativieren zugleich auch westlich-normative Ansätze in der Bewertung der Qualität von Kindheit.

Die im Titel des Bandes gewählten Orientierungskategorien »Zeit« und »Raum« stehen für einen erkenntnistheoretischen Blick auf Kindheit und familiäres Aufwachsen (vgl. Elder/Modell/Parke, 1993: vii), der die verschiedenen disziplinären Verortungen der Beiträge verbindet. Mit Zeit und Raum werden auch die spezifischen kulturellen, politischen und gesellschaftlichen Rahmenbedingungen, die Kindheit, Kinderleben und familiäres Aufwachsen strukturieren und bedingen, in ihrer historischen und gegenwärtigen Dimension verstanden. Dazu zählen urbane und ländliche Alltagswelten und -erfahrungen, wie sie durch Kriege, die tiefgreifenden und umfassenden Nachwirkungen politischer Systemwechsel und nationalstaatlicher Unabhängigkeiten, Urbanisierungsprozesse sowie durch arbeits- und studienbedingte Transmigrationspraktiken entstehen.

»Zeit« als konzeptioneller Begriff spannt sich dabei von den spezifischen Bedingungen des Aufwachsens im bolschewistischen bzw. frühsowjetischen Russland über die postsozialistischen Umwälzungsprozesse der ehemaligen Sowjetrepubliken in Osteuropa und Zentralasien bis hin zu grenzüberschreitenden Praktiken im Kontext von Stadt- und Transmigration. »Raum« als konzeptioneller Begriff kennzeichnet unterschiedliche Orte, Plätze und Alltagskontexte, die Kindheit und Kinderleben strukturieren und bedingen: Familie, Nachbarschaft bzw. Straße, Kindergarten, Schule, Moschee, die Peergruppe sowie auch virtuelle und transnationale Räume, die Kindheit und Familienleben jenseits existierender geografischer, sozialer und kultureller Grenzen prägen. Die Relevanz der kontextuellen Bedeutungen von Zeit und Raum, die das Leben, die darin eingebetteten Erfahrungen sowie das Handeln und Interagieren der Akteure strukturieren und sinnhaft unterlegen, stellt wohl am prägnantesten das gemeinsame Forschungsinteresse und den geteilten theoretischen Zugriff der in diesem Sammelband zusammengeführten disziplinären Zugänge auf Kindheit und Kinderleben sowie auf Familie und familiäres Aufwachsen dar.

(Trans-)Migration und sozialer Wandel

Als konzeptionelle Klammer, welche die in ihren spezifischen kulturellen, wirtschaftlichen und politischen Ausprägungen und Entwicklungen sehr unterschiedlichen Regionen verbindet, betrachten wir die Phänomene der Migration und des sozialen Wandels. Diese Phänomene begreifen wir im Rahmen des vorliegenden Bandes als sich wechselseitig bedingend. Politischer Systemwechsel und erster Weltkrieg haben im Russland des frühen 20. Jahrhunderts ebenso massive Migrationsprozesse ausgelöst wie die sozioökonomischen Veränderungen, die sich in Osteuropa und Zentralasien mit dem Niedergang der Sowjetunion und der Einbindung der Regionen in globale Wirtschafts- und Wertesysteme vollzogen haben. Gleichzeitig bewirkt Migration ganz maßgeblich sozialen Wandel sowohl in der Herkunfts- als auch in der Aufenthaltsregion. Davon zeugen Urbanisierungsprozesse in Istanbul ebenso wie die Transnationalisierung kindlicher und familiärer Lebenswelten oder die Herausbildung neuer Formen von Religiosität. Aber nicht alle Beiträge befassen sich mit Migrationsprozessen. Einige beziehen sich ausschließlich auf Phänomene und Folgen sozialen Wandels und zeigen auf, wie sich Kindheiten und Kinderleben sowie damit in engem Zusammenhang stehende familiäre Konstrukte und Konzeptionen von Kind und Kindheit gestalten und gegebenenfalls verändern. Prozesse von sozialem Wandel und Migration sind eng verknüpft mit Erfahrungen von Neuem, von Anderem und von Diversität. Kindheit nun ist per Definition gekennzeichnet durch die Erfahrung und Bewältigung von Neuem (vgl. Arendt 1958: 15) sowie auch durch die Auseinandersetzung mit Differenz zwischen zum Beispiel Familie und sozialer und gesellschaftlicher Umwelt. Durch Migration und sozialen Wandel werden diese Erfahrungen gleichsam gesteigert. Als Migration kann je nach Definition dieses Phänomens jede Form der dauerhaften Wanderungsbewegung von einem zum nächsten Ort bzw. von einer Gesellschaft in eine andere angesehen werden (vgl. Treibel 2008: 19). Bettina Dausien (2000: 11) stellt mit Bezug auf die Biografieforschung jedoch kritisch fest, dass zum Beispiel Familiengeschichten »[...] selten völlig frei von Migrationserfahrungen, Ortswechseln und der Berührung mit fremden Räumen [sind]« und weist damit implizit auf die Schwierigkeit einer Definition von Migration hin: In einem weit verstandenen Sinne ist im Grunde genommen jeder Ortswechsel oder sogar jeder Kontakt mit »fremden Räumen« als eine Form von Migration zu verstehen. Mit Blick auf die hier interessierenden Fragen nach der Entstehung von »Neuem« durch Migration, insbesondere mit Blick auf Kinder, könnte demnach auch ein »einfacher« Umzug von einer Stadt in eine andere oder vom Land in die Stadt mit dem Begriff der Migration gefasst werden. Eine Definition des Begriffs steht damit also in relativer Abhängigkeit zu den erkenntnisleitenden Untersuchungsfragen, die im Rahmen von Migrationsprozessen fokussiert werden sollen. In einer Charakterisierung von Migration durch Herrera Lima erzeugt Migration soziale Realitäten, deren Bestandteile aus einer teilweise lokalen – geografischen und kulturellen – Entwurzelung entspringen, sich in neuer Art und Weise zusammensetzen und sozusagen »neuartige« kulturelle, soziale und politische Realitäten herstellen (Herrera Lima 2001: 77).

Diese »neuen« Realitäten sind Teil von Wandel, der sich wiederum nicht in einem gesellschaftlich-kulturellen Vakuum vollzieht. Die postsozialistischen Umwälzungen in Europa und Asien etwa sind eng verknüpft mit Prozessen wie (Post-)Modernisierung, Demokratisierung, Europäisierung, wirtschaftliche Liberalisierung und Globalisierung (Kollmorgen 2005a, b: 15, 39). In den ehemaligen Sowjetrepubliken Europas und Asiens hat der Systemwandel arbeits- und bildungsbedingte Migrationsprozesse ausgelöst, die mit umfangreichen horizontalen und vertikalen Mobilitätsdynamiken verbunden sind. Migration hat entscheidend auch zu einer Vernetzung von Lokalem und Globalem beigetragen und die Herausbildung transnationaler Praktiken, hybrider Identitäten sowie eine Ausdifferenzierung von Lebensstilen, Weltbildern und religiösen Einstellungen begünstigt. Diese »neuen« Realitäten folgen der hier vorgenommenen Betrachtungsweise von Kindern als »Neuankömmlingen« in der Welt (Arendt 1960: 166) und erscheinen somit im Folgenden für den geplanten Sammelband als konzeptionell dienlich.

Bei aller Betonung von Wandel und der Entstehung von Neuem: Der vorliegende Sammelband verweist auch auf Kontinuitäten. Bühler-Niederberger und Schwittek z.B. zeigen in ihrem Beitrag, dass die generationale Ordnung in Kirgistan nur beschränkt auf aktuelle Dynamiken reagiert und die Erziehung von Kleinkindern in Kindergärten und Familien wenig Raum für die Entfaltung z.B. neoliberaler Vorstellungen vom unternehmerischen Selbst bietet. Vor dem Hintergrund wachsender Armut und sozialer Ungleichheit,

so die Autorinnen, erfahren traditionelle Institutionen wie die Familie und dort stattfinden-
de Erziehungspraktiken eine maßgebliche Bestärkung. Die im Beitrag von Gölz diskutierten filmisch inszenierten Schulgeschichten zeichnen zwar das moralisch-defizitäre Bild
einer neuen urbanen russischen Gesellschaft nach. Gleichzeitig zeigt aber die Autorin mit
Blick auf die kindlichen Darstellerinnen und Darsteller, wie und wo die »neuen« Schulfilme an einen sowjetischen Edukationsnarrativ anknüpfen und somit etablierte Traditionen
fortschreiben.

Die Idee des Sammelbandes – »neue Räume« und »neue Zeiten« – lehnt schließlich
jenes lineare Verständnis von Wandel ab, wie es lange Zeit in der Transformationsfor-
schung existiert hat. Vielmehr betonen die vorliegenden Beiträge Prozesse der Hybridisie-
rung und Ausdifferenzierung alltäglicher Praktiken, und sie zeigen auf exemplarische Weise, wie Kindheit und Familie zu Domänen der Aushandlung von Religiosität, Jugend oder
sozialer Kategorien wie Geschlecht oder Generation werden.

Familie im Kontext von (Trans-)Migration und sozialer Wandel

Familie ist nicht nur ein Ort der Primärsozialisation. Sie ist v.a. auch eine soziale Institution
und Lebensform und stellt als solche einen bedeutsamen Ort kindlichen Aufwachsens dar.
Diesem Zugang folgend bündelt der Sammelband insbesondere jene empirisch forschungs-
relevanten Fragestellungen, die sich mit spezifischen Konstellationen familiären Aufwachsens, mit der Rolle intergenerationaler Beziehungen, der Relevanz genderspezifischer Aspekte sowie mit Fragen zur Konzeptionierung von Kind-Sein und Kindheit im familiären
Kontext befassen. Familie stellt zudem ein soziales Feld dar, über das Formen von sozialem
Wandel sichtbar werden, und das in starkem Maße von Migration betroffen ist. Umso er-
staunlicher ist es, dass Familienstudien generell und konkret über die hier in den Blick
genommenen Regionen nur wenig etabliert sind. Denn gerade der Blick auf Familie als
soziale Institution und Lebensform ermöglicht in Bezug auf (Trans-)Migration und sozialen
Wandel definitorische und theorierelevante Zugriffe auf Familie, die weit über eine euro-
zentristische Akzentuierung auf die Kernfamilie hinausweisen und Gültigkeit beanspru-
chen. Dies betrifft etwa definitorische Abgrenzungen zum oder Überschneidungen mit dem
Begriff »Haushalt«, die Rolle der Verwandtschaft oder aber – mit Blick auf transkulturelle
bzw. transnationale Kontexte – die Perspektive auf Familie als Netzwerk (vgl. Pries 2011:
24f.).

Mehr als in anderen Gesellschaften stellt die Familie in den hier untersuchten Regionen eine über die gesamte Lebensspanne hinweg prägende soziale Instanz dar. Folglich ist
das akademische Paradigma vom Kind als ein eigenständiger Akteur differenzierter in den
Blick zu nehmen. In der aktuellen, von (mittel-)europäischen und amerikanischen Zugängen und Konzepten geprägten Kindheits- und Kinderforschung dominiert die Vorstellung
vom Kind als ein sozialer Akteur, der seine Umwelt aktiv (mit-)gestaltet (Alanen 1992: 59;
Oelkers 1994: 195ff.; Kaltenborn 2001: 502). Die Welt des Kindes wird als eigener, dem
Erwachsenen fremder kultureller Raum verstanden, den es aus der Sichtweise des Kindes
kennen zu lernen gilt (Schäfer 1999: 115; Beck/Scholz 2000: 157-161). Die Beiträge im
vorliegenden Band verdeutlichen, dass neben einer Akteursperspektive auch Zugänge er-

forderlich sind, die besonders strukturelle Aspekte in den Blick nehmen und Kindheit als Bestandteil eines Gesellschafts- und Generationengefüges begreifen. Kinder werden in eine Erwachsenenwelt hinein sozialisiert, und diese Sozialisation findet vor dem Hintergrund von je spezifischen Vorstellungen von Kindheit und Kind-Sein statt (Bühler-Niederberger/Sünker 2006: 25). In dieser Perspektive ist Kindheit als ein durch gesellschaftliche, historische und soziale Prozesse entstandenes Konstrukt zu sehen und als solches selbst Teil von sozialem Wandel.

Die zentrale Setzung der Familie im Rahmen des Sammelbandes erfährt Bestärkung durch strukturelle Beschränkungen und den Mangel an jenen Ressourcen, die ein Leben außerhalb der Familie möglich machen könnten. So verbleiben etwa in den muslimischen Gesellschaften Zentralasiens und der Kaukasus-Region »Kinder« meist nicht nur bis zu ihrer Heirat im elterlichen Haushalt. Das Leben mit der elterlichen und zum Teil auch großelterlichen Generation wird oft auch nach der Heirat fortgesetzt (vgl. Roberts 2010: 542f.). Dieses enge räumliche Zusammenleben begünstigt neben teilweise bestehenden patriarchalisch geprägten Strukturen auch eine hohe Kontrolle der Heranwachsenden durch die Familie (vgl. Harris 2006: 63ff.).

Ebenso zementiert der schwache Einfluss neu entstandener Nationalstaaten auf die Erstellung und Gestaltung öffentlicher Güter die Rolle der Familie (und im erweiterten Sinne der Verwandtschaft) als zentrale Domäne kindlichen und adoleszenten Aufwachsens. Gerade in den postsozialistischen Ländern Osteuropas und Zentralasiens fällt der Familie aufgrund maroder staatlicher Institutionen, die das zusammengebrochene sowjetische Erziehungs- und Bildungssystem nur unzureichend zu kompensieren vermögen und die Heranwachsenden nicht angemessen auf die Anforderungen der neu entstandenen (inter-) nationalen Arbeits- und Bildungsmärkte vorbereiten können, gegenwärtig eine stärkere bzw. gar alleinige Verantwortung der Familie bei der Pflege, Aufsicht und Erziehung von Kindern zu (vgl. dazu Heintz und Bühler-Niederberger/Schwittek in diesem Band).

Zugleich aber sind besonders Familien in starkem Maße von sozioökonomischen Veränderungen (Arbeitslosigkeit, Verarmung, fehlende Zukunftsperspektiven u.a.) und den damit verbundenen Unsicherheiten betroffen. Dies führt zu der Frage, inwieweit durch (Trans-)Migration und Wandel geprägte familiäre Alltagsrealitäten und -erfahrungen zur Stärkung bestehender sozialer Strukturen, Praktiken und Traditionen beitragen bzw. diese in ihrer Relevanz manifest werden lassen. Heintz und Kasymova etwa verweisen in ihren Beiträgen auf die wichtige Bedeutung verwandtschaftlicher Netze in Moldawien und Tadschikistan, die es migrierten Eltern(teilen) ermöglichen, ihre Kinder in der Heimat zumindest »unter Aufsicht« zu stellen bzw. auch aus der Ferne Einfluss auf ihre Erziehung zu nehmen. Der Beitrag von Stephan über transnationale religiöse Erziehungspraktiken tadschikischer Arbeitsmigranten in Moskau veranschaulicht, wie kulturell konstruierte Geschlechterkonzepte in der Heimat im Zuge familiärer Migrationserfahrungen auch in der Ferne reproduziert werden.

Ebenso wie die Rolle von Religion im Rahmen familiärer Erziehungsstrategien nicht als genuin postsozialistisch und damit »neu« zu bewerten ist, muss auch das Verhältnis von Kind und Arbeit dahingehend befragt werden. Kasymova kritisiert in ihrem Beitrag die pessimistische Lesart von Kinderarbeit, welche nationale und internationale Diskurse in Tadschikistan zum Thema Arbeitsmigration beherrscht. Zum einen verweist die Autorin auf sowjetische Traditionslinien, die Kinderarbeit und die gesellschaftliche Einstellung gegenüber dieser in Tadschikistan und anderen Teilen Zentralasiens prägt. Zum anderen zeigt sie, wie sich durch die Entlohnung von Kinderarbeit die Position von Kindern im sozialen Gefüge verändert hat und damit Kinderarbeit aus der Sicht von Kindern selbst positiv konnotiert ist.

Einen wichtigen konzeptionellen Rahmen für die Befragung familienzentrierter Prozesse kindlichen Aufwachsens liefern arbeits- und bildungsbedingte Formen von (Trans-) Migration. Ethnologische Studien haben hinreichend gezeigt, dass Familien nicht nur passiv von Prozessen sozialen Wandels und Migration betroffen sind. Vielmehr werden gerade in Familien bzw. Haushalten makrostrukturelle Wandlungsprozesse ausgehandelt, Ressourcen mobilisiert und wichtige Entscheidungen getroffen (Brettell/Hollifiled 2000: 108, Faulstich Orellana et al. 2001). Familie als soziale Struktur ermöglicht folglich überhaupt erst Migration, und, im weiteren Sinne verstanden, determiniert sie auch Möglichkeitsräume zur Handlungsbefähigung Heranwachsender (vgl. dazu v.a. Hunner-Kreisel in diesem Band).

Eine wichtige Rolle fällt dabei den im Rahmen räumlicher und anderer Mobilitäten entstehenden transnationalen sozialen Räumen (vgl. u.a. Glick Schiller et al. 1995; Faist 1995; Herrera-Lima 2011; Vertovec 2010) zu. Nicht nur, dass diese plurilokalen und grenzüberschreitenden neuen Räume gängige Konzepte und lokale Verortungen von Familie herausfordern, wie es z.B. Pusch in ihrem Beitrag über transnationale Familienkontexte in der Türkei aufzeigt. Sie nivellieren vorherrschende Rollen- und Machtstrukturen und begünstigen neue Konzepte sozialer Zugehörigkeit und Praxis in Zeit und Raum (Pries 2011: 34). Dieser transnationalen Perspektive folgend werden im vorliegenden Sammelband Migrationspraktiken als Formen von Hybridität, Globalität oder Kosmopolitanismus verstanden, die sich in der Ausdifferenzierung lebensweltlicher Bezüge und Beziehungszusammenhänge, familiärer Netzwerke, Kommunikationsstrukturen und -strategien manifestieren und sich innerhalb erweiterter oder sich verändernder Zugehörigkeitsgefühle und Ausformungen familiärer Alltagsgestaltung bis hin zu diversen Formen der Betreuung von Kindern Bahn brechen (vgl. Pries 2011: 29).

Das verbindende theoretische Element zwischen den Themenfeldern Familie, Kindheit, (Trans-)Migration und sozialer Wandel bildet dabei die Frage ihres Zusammenwirkens im Rahmen von Prozessen des Aufwachsens, der Erziehung oder der Sozialisation. Einen konzeptionellen Rahmen hierfür bilden Aspekte wie Konflikte, Krisen, Unsicherheiten, aber auch positiv konnotierte Herausforderungen, Chancen und neue Handlungsoptionen.

Ein weiterer theoretischer Bezugsrahmen entsteht durch die Einbindung des Themenfeldes sozialer Ungleichheit. Unter maßgeblicher Bezugnahme auf die postsowjetischen Staaten stützt der vorliegende Sammelband die Annahme, dass Prozesse von (Trans-) Migration und sozialem Wandel mit dem Streben von Individuen und Gruppen (Gesellschaften) nach Veränderungen hin zu imaginierten besseren Zuständen begleitet sind. Bereits zu Beginn dieser prozesshaften Veränderungen liegt ein Ausgangszustand vor, der von sozialen Ungleichheiten geprägt ist. Ebenso können die Ergebnisse dieser Veränderungen aus der theoretischen Perspektive sozialer Ungleichheit heraus analysiert werden. Das Zurückbleiben von Heranwachsenden bei Verwandten, das (physische) Getrenntsein von Familienmitgliedern, die Konstruktion neuer, veränderter individueller und kollektiver Zugehörigkeiten in Kontexten sozialer Wandlungsprozesse oder das Erleben urbaner Armut und Marginalisierung, wie es Semerci et al. in ihrem Beitrag über die Folgen städtischer Migrationsprozesse in Istanbul schildern, kreiert teilweise signifikante Zustände sozialer Ungleichheit. In ihrem theoretischen Beitrag setzt sich Andresen mit Konstruktionen von Kindheit in Zeiten gesellschaftlichen Wandels auseinander und befragt das Konzept von Kindheiten als generationalem Ordnungsmuster auf seine Fruchtbarkeit, insbesondere auch mit Blick auf eine Sichtbarmachung von Unterschieden und Ungleichheiten in den untersuchten Gesellschaften.

Dem können die individuellen Erfahrungen von Kindern selbst gegenübergestellt werden. Salnikova in diesem Band entschlüsselt auf der Grundlage von Kinderaufzeichnungen, wie Kinder im Russland des frühen 20. Jahrhunderts selbst ihre vom Kriegsalltag geprägte Kindheit sehen. Der Beitrag von Heintz präsentiert die alltäglichen Lebenswelten von Kindern im ländlichen Moldawien, die in der Abwesenheit ihrer migrierten Eltern maßgeblich durch die Peergruppe sowie »die Straße« sozialisiert werden. Theoretische Konzepte, die sich – ohne auf strukturelle Bezüge zu verzichten – mehr auf eine individuelle Perspektive des Wohlergehens und Wohlbefindens von Kindern konzentrieren, stellen dabei Forschungen zum »Well-Being« dar (vgl. Semerci et al. im vorliegenden Band). Weitere Indikatoren, die Kinderleben, Kindheit und auch Familie prägen, sind neben den Differenzierungskategorien von Gender und Generation die Bedeutung von Religion und Religiosität im familiären und gesellschaftlichen Sozialisationskontext.

Über die Beiträge in diesem Band

Die einzelnen Beiträge des vorliegenden Bandes geben Einblicke in Konzeptionen und Verhandlungen von Kindheit sowie in alltägliche Realitäten in Familien in den einzelnen Regionen/Ländern. Die multidisziplinäre Perspektive des Bandes reflektiert gleichzeitig die disziplinäre Vielfalt im Zugang und Umgang mit dem Forschungsgegenstand »Kind(er)« und »Kindheit«. Die einzelnen Aufsätze sind nicht immer explizit als Kindheitsforschung deklariert, aber für eine solche aufgrund ihrer thematischen Setzungen relevant.

Sabine Andresen legt mit ihrem Beitrag »Konstruktionen von Kindheit in Zeiten gesellschaftlichen Wandels« einen theoretisch orientierten Auftakt des Bandes vor. Die Autorin befragt darin das Konzept der generationalen Ordnung in seiner erkenntnistheoretischen Anschlussfähigkeit an eine Kindheitsforschung, die kritisch mit gesellschaftlichen Machtverhältnissen befasst ist. Das Moratorium als Kindheitskonzept – insbesondere in seiner sozialistischen Spielart – markiert einen relevanten Schwerpunkt im Beitrag und wird insbesondere auf seine theoretische Anschlussfähigkeit an postsozialistische Kindheitsdiskurse geprüft. Dies führt auch zu der Frage, ob es überhaupt einen universell gültigen (kindheits-)theoretischen Zugriff geben kann und wie dieser konzeptionell gefasst sein könnte. Mit Blick auf den vorliegenden Band unterstreicht Andresen die Notwendigkeit »dichter Fallbeschreibungen« als Ausgangspunkt für ein weiterführendes wissenschaftlich orientiertes Nachdenken über Kindheit und Kindheitskonzepte, das auch in »pädagogische Handlungsstränge oder politische Vorschläge« überführt werden kann.

Alla Salnikova thematisiert in ihrem Beitrag »Great Transformation: The World of Russian Children before and after the First World War and the Bolshevik Revolution« die gesellschaftlichen Transformationen in Russland, die sich zwischen 1914 und 1922 vollzogen und weitreichende Konsequenzen für die Lebensrealitäten vor allem von Kindern hatten. Konzeptionell-theoretischer Ausgangspunkt des Beitrags ist die Frage nach den je spezifischen sozialhistorischen Zuschreibungen, die vorsowjetische und sowjetische Konzeptionen von Kind und Kindheit mitbestimmt haben. Unter Zugriff auf verschiedene schriftliche, von Kindern verfasste Texte rekonstruiert Salnikova Deutungen, die Kinder dem drastischen Wandel ihrer Lebenswelten durch den Ersten Weltkrieg und die bolschewistische Revolution im Jahr 1917 zugeschrieben haben. Dabei entfaltet die Autorin ein Konzept von »symbolischer Migration«, das begrifflich die sozialen und auch ideologischen Veränderungen der kindlichen Lebenswelten reflektiert. Es sind schließlich vor allem jene durch Krieg und Revolution geprägten kindlichen Erfahrungen, die instrumentalisiert werden, um das neue Ideal vom »echten sowjetischen Kind« zu realisieren und gesellschaftlich zu implementieren.

Christine Göltz widmet sich in ihrem Beitrag gesellschaftlichen Repräsentationen von Kindheit im neuen Russland. Über eine semiotische Analyse filmisch inszenierter Schulnarrative zeichnet die Autorin den Wandel des (post-)sowjetischen Kindheitsbildes in Russland nach und arbeitet die gesellschaftliche Verunsicherung über eine als »außer Rand und Band« wahrgenommene postsowjetische Jugend heraus. Die in den präsentierten Schulgeschichten bemühten filmästhetischen und inhaltlichen Anspielungen auf den prototypisch sowjetischen Gegenpart vom »gebändigten wilden, vorrevolutionären Kind« modellieren eine Differenz sowjetischer und postsowjetischer Kindheitskonzepte, die wirkmächtige Deutungsmuster bereithält. Nicht nur, dass damit die jungen Generationen in Russland ins Zentrum der viel debattierten geistig-moralischen Krise im Land gerückt werden und den politischen Eliten ein Legitimationsmittel für ihren restriktiven Umgang mit juvenilen Subkulturen in die Hände gespielt wird. Die öffentliche Inszenierung einer nicht zu bändigenden Jugend nimmt zugleich auch Rekurs auf das Versagen staatlicher Bildungsinstitutionen und »abwesender Eltern« in ihrer gesellschaftlichen Aufgabe, Heranwachsende in ihrem Übergang ins Erwachsenenalter zu begleiten.

Doris Bühler-Niederberger und **Jessica Schwittek** präsentieren in ihrem Beitrag eine soziologische Perspektive auf Kindheit im postsowjetischen Kirgistan. Über Bedingungen des Aufwachsens in Familien und staatlichen Kindergärten zeigen die Autorinnen, wie sich Kinder in Kirgistan früh in einem sozialen Beziehungsnetz verorten, das über altershierarchische Zusammenhänge, funktionale Erwartungen und hohe Leistungsanforderungen eine Bedeutung des Kindes definiert, die weniger auf das öffentliche Gemeinwohl als auf den privaten Raum der Familie abzielt. Mit Blick auf die Zunahme sozialer Ungleichheit, die Ökonomisierung des Bildungssektors sowie die Zirkulation »westlich« geprägter Konzepte von »guter Kindheit« durch die institutionellen Praktiken internationaler Organisationen wird deutlich, dass die kollektiv orientierte generationale Ordnung als soziale Struktur, in die Kindheit in Kirgistan als Lebensphase eingepasst ist, nur bedingt auf gesellschaftliche Wandlungsprozesse in der postsowjetischen Gesellschaft reagiert. Gerade über den strukturellen Ansatz der generationalen Ordnung, der die Variation gesellschaftlich-kultureller Definitionen und Praktiken in Bezug auf Kinder und Kindheiten aufgreift, gelingt es den

Autorinnen in ihrem Beitrag, die von vielen internationalen Organisationen vertretenen Vorstellungen von einer universell bestimmbaren, absoluten Qualität von Kindheit zu hinterfragen.

Barbara Pusch thematisiert in ihrem Beitrag »Transnationale Familienkontexte von Migrantinnen und Migranten in der Türkei« die Auswirkungen von Migration auf die transnationale und -kulturelle Ausgestaltung familiärer Zusammenhänge und Alltagserfahrungen. Ausgehend vom prozessualen Verlauf (Wiedersehen und Trennung), moralischen und emotionalen Ausgangslagen (Verlass, Verbundenheit und Verantwortung) sowie familiären Konstellationen (bi-nationale Paare) stellt Pusch eine dichte Beschreibung von transnationalen Gestaltungen bzw. »Mustern« familiären Lebens vor, deren gemeinsamer geografischer und sozialräumlicher Bezugspunkt die Türkei bzw. Istanbul ist. Die im Beitrag vorgestellten Fallbeispiele illustrieren, wie die Trennung von Kindern und Partnern produktiv und positiv gedeutet wird, und wie diese »produktive Realitätsverarbeitung« kreative Formen der familiären Kommunikation auch über weite räumliche Distanzen hinweg erzeugt und nationale Grenzziehungen performativ aufhebt.

Sophia R. Kasymova beleuchtet in ihrem Beitrag Formen von Wandel in der geschlechterspezifischen Erziehung von Kindern in tadschikischen Familien, die von Arbeitsmigration nach Russland betroffen sind. Am Beispiel ländlicher Familiengefüge zeigt die Autorin, wie religiöse Institutionen wichtige Sozialisationsaufgaben übernehmen und auf diese Weise familiäre Defizite in der geschlechterspezifischen Erziehung von Jungen kompensieren. Andererseits bieten aber gerade die neuen Kommunikationsmittel und der Transfer ökonomischer Güter in die Heimat abwesenden Elternteilen wirksame Möglichkeiten, auch aus der Ferne die Eltern-Kindbeziehung zu determinieren, emotionale Nähe zu schaffen und Kontrolle auf die geschlechterspezifische Entwicklung ihrer Söhne und Töchter auszuüben. Vor dem Hintergrund medial geführter Debatten über die soziale Benachteiligung durch erlebte »Migrationskindheiten« – hier verweist die Autorin insbesondere auf die Berichte internationaler Organisationen in Tadschikistan – präsentiert der Beitrag eine soziologische Perspektive auf Kindheit und nimmt Chancen und Möglichkeiten in den Blick, die der familiäre Migrationsalltag für die Neugestaltung von Kindheit und eine Neudefinierung der sozialen Position des Kindes in der Familie bietet.

Manja Stephan führt in ihrem Beitrag »Duschanbe – Moskau – Kairo: Transnationale religiöse Erziehungspraktiken tadschikischer Familien in der Migration« die Phänomene internationaler Arbeits- und religiös motivierter Bildungsmigrationen am Beispiel transnationaler Erziehungspraktiken tadschikischer Migrantenfamilien in Russland zusammen. Das »Wegschicken« pubertierender Kinder mit dem Ziel, sie über islamische Bildung im muslimischen Ausland zur Reife zu führen, knüpft einerseits an traditionelle muslimische Erziehungspraktiken an. Andererseits ist sie Ausdruck einer neuen religiösen Frömmigkeit, die viele tadschikische Arbeitsmigranten im Zuge ihres Aufenthaltes in Russland ausprägen, und die sich insbesondere in der Orientierung an translokalen Islamentwürfen Bahn bricht. Die Eigendynamiken und unerwarteten Konsequenzen, die Bildungsaufenthalte in Ägypten und anderen muslimischen Ländern für das familiäre Zusammenleben in transnationalen Kontexten mit sich führen, zeichnet die Autorin exemplarisch in einer dichten Fallbeschreibung nach. Mit Bezug auf das Moratoriumskonzept fragt die Autorin dabei auch, wie sich die transnationalen Erfahrungen weiblicher Heranwachsender auf die Ausge-staltung der Jugendphase auswirken.

Monica Heintz gibt in ihrem Beitrag »We are here for caring, not educating: Moral Education in Moldova« Einblick in die Lebenswelt von Kindern im ländlichen Moldawien, deren Eltern als Arbeitsmigranten über Jahre hinweg im Ausland leben, und deren Rück-kehr alles andere als gewiss ist. In ihren ethnografischen Beschreibungen verweist die Au-torin auf die gravierenden strukturell-institutionellen Leerstellen in der Erziehung dieser Kinder, die sich durch die lange Abwesenheit der Eltern bilden, und die durch die man-gelnde Erziehungsverantwortlichkeit sowohl seitens der Verwandten, in deren Obhut sich die zurückgelassenen Kinder befinden, als auch seitens staatlicher Institutionen wie Schule massiv verstärken. Während in dieser Situation die Straße und mit ihr die Peergruppe eine zentrale Sozialisationsinstanz darstellt, erweist sich «Lügen» als gesellschaftlich akzeptierte Strategie von Erwachsenen, mit der ungewissen Situation der zurückgelassenen Kinder und der langen Abwesenheit ihrer Eltern umzugehen. Sowohl im Fehlen eines öffentlichen Diskurses als auch in der mangelnden Verantwortlichkeit staatlicher Bildungsinstitutionen und Strukturen zeigen sich die gesamtgesellschaftlichen Herausforderungen, welche Ar-beitsmigration in Moldawien insbesondere mit Blick auf zurückgelassene Kinder bereithält.

Christine Hunner-Kreisel beschäftigt sich in ihrem Beitrag »They say, girls are migrants…: Vorstellungen vom guten leben und familiäre Begrenzungen« mit Formen weiblichen Aufwachsens im neuen urbanen Aserbaidschan. Im Mittelpunkt steht die Frage, welche Rolle familiäre Geschlechterverhältnisse in der Entstehung und Verwirklichung juveniler Vorstellungen vom »guten Leben« spielen. Familie wird dabei als sozialer Raum eingeführt, in dem sich globale Einflüsse, kulturelle Traditionen und nationale Konstruktio-nen in der Aushandlung weiblicher Geschlechteridentitäten verdichten. Die enge Verflech-tung der Kategorien Geschlecht und Generation im familiären Gefüge, die Ausprägung neuer Formen von Religiosität innerhalb der muslimisch geprägten Elterngeneration sowie der Mangel an alternativen sozialen Räumen, die vor allem weiblichen Heranwachsenden selbstbestimmtes Handeln und die Verwirklichung eigener Vorstellungen vom guten Leben ermöglichen, definieren Familie aus einer Perspektive des Verwirklichungschancen-Ansatzes heraus als eine Institution, in der geschlechterbegründete soziale Ungleichheiten (re-)produziert werden.

Pınar Uyan Semerci et al. führen in ihrem Beitrag »Well-Being and the Children of Internal Migrant Families in Istanbul« die Themenfelder migrationsbedingte Urbanisie-rungsprozesse, soziale Ungleichheit und das Wohlbefinden von Migrantenkindern in der Türkei zusammen. Migration erweist sich für die Autoren dabei nicht nur als eine treibende Kraft für gesellschaftliche Dynamiken in der urbanen Türkei. Sie muss vor allem, so plädie-ren die Autoren, entlang der Differenzlinien sozialer Kategorien wie beispielsweise sozialer Herkunft und Zugehörigkeit, Geschlecht, Alter und Sprache analysiert werden. Ausgehend von diesem Verständnis präsentiert der Beitrag die empirischen Befunde einer sowohl quantitativ als auch qualitativ angelegten Studie über das Wohlbefinden von Kindern, die im Zuge der Migration ihrer Familien nach Istanbul mit der Erfahrung von Armut und sozi-aler Ungleichheit konfrontiert werden. Semerci et al. zeigen in ihrem Beitrag unter ande-rem, wie wichtig es mit Blick auf die Beforschung des Wohlbefindens von Kindern ist, Migration als ein gesamtfamiliäres Phänomen zu begreifen. Gleichzeitig plädieren sich aber auch dafür, das einzelne Kind stärker in den Blick zu nehmen und thematisieren damit ein immer noch bestehendes Desiderat der Migationsforschung, in der Kinder oft unsichtbar bleiben.

Literatur

Alanen, Leena (1992): Modern Childhood? Exploring the »Child Question« In: Sociology. University of Jyväskylä. Institute of Educational Research. Research Reports, Bd. 50.

Arendt, Hannah (1958): Die Krise in der Erziehung. Bremen: Angelsachsen-Verlag.

Arendt, Hannah (1960): Vita Activa oder Vom tätigen Leben. Stuttgart: Kohlhammer.

Beck, Gertrud/Scholz, Gerold (2000): Teilnehmende Beobachtung von Grundschulkindern. In: Heinzel, Friederike (Hg.): Methoden der Kindheitsforschung: Ein Überblick über Forschungszugänge zur kindlichen Perspektive. Weinheim und München: Juventa: 147-171.

Brettell, Caroline B./Hollifield, James F. (Hg.) (2000): Migration Theory. Talking across Disciplines. New York and London: Routledge.

Bühler-Niederberger, Doris/Sünker, Heinz (2006): Der Blick auf das Kind. Sozialisationsforschung, Kindheitssoziologie und die Frage nach der gesellschaftlich-generationalen Ordnung. In: Andresen, Sabine/Diehm, Isabell (Hg.): Kinder, Kindheiten, Konstruktionen: Erziehungswissenschaftliche Perspektiven und sozialpädagogische Verortungen. Wiesbaden: VS: 25-53.

Dausien, Bettina (2000): Migration – Biographie – Geschlecht. Zur Einführung in einen mehrwertigen Zusammenhang. In: Dausien, Bettina/Calloni, Marina/Friese, Marianne (Hg.): Migrationsgeschichten von Frauen: Beiträge und Perspektiven aus der Biographieforschung. Werkstattberichte des IBL: Universität Bremen: 9-25.

Elder, Glenn H./Modell, John/Parke, Ross D. (Hg.) (1993): Children in time and place: Developmental and historical insights. United States of America: Cambridge University Press.

Faist, Thomas (1995): A preliminary analysis of political institutional aspects of international migration: internationalization, transnationalization, and internal globalization. Arbeitspapier. Bremen: Zentrum für Sozialpolitik, Universität Bremen.

Faulstich Orellana, Marjorie/Thorne, Barrie/Chee, Anna/Lam, Wan Shun Eva (Hg.) (2001): Transnational Childhoods: The Participation of Children in Processes of Family Migration. In: Social Problems, Vol. 48/4: 572-591.

Glick Schiller, Nina/Basch, Linda/Szanton-Blanc, Cristina (1995): From Migrant to Transmigrant. In: Anthropological Quarterly 68:1, pp. 48-63.

Harris, Colette (2006): Muslim Youth. Tensions and Transitions in Tajikistan. Boulder: Westview Press.

Herrera Lima, Fernando (2001): Transnational families: Institutions of transnational social space. In: Pries, Ludger (Hg.): New Transnational Social Spaces: International migration and transnational companies in the early twenty-first century. London and New York: Routledge. 77-94.

Kaltenborn, Karl-Franz (2001): Aufwachsen mit familialen Übergängen: Expertenwissen und kindliche Agency in posttraditionellen Gesellschaften. In: Behnken, Imbke/Zinnecker, Jürgen (Hg.) (2001): Kinder Kindheit Lebensgeschichte: Ein Handbuch. Kempten: Kösel: 502-521.

Kollmorgen, Raj (Hg.) (2005a): Transformation als Typ sozialen Wandels. Postsozialistische Lektionen, Historische und interkulturelle Vergleiche. Münster: Lit.

Kollmorgen, Raj (2005b): Einleitung: Gesellschaftstransformation zwischen Postsozialismus und konzeptueller Öffnung. In: Kollmorgen, Raj (Hg.): Transformation als Typ sozialen Wandels. Postsozialistische Lektionen, Historische und interkulturelle Vergleiche. Münster: Lit, S. 7-17.

Oelkers, Jürgen (1994): Neue Seiten der »Pädagogischen Anthropologie«. Zeitschrift für Pädagogik, 40, 195-199.

Pries, Ludger (2011): Familiäre Migration in Zeiten der Globalisierung. In: Fischer, Veronika/Springer, Monika (Hg.): Handbuch Migration und Familie. Schwalbach: Wochenschau: 23-36.

Roberts, Ken (2010): Post-communist youth: is there a Central Asian pattern? Central Asian Survey, 29, 4, (December): 537-549.

Schäfer, Gerd E. (1999): Fallstudien in der frühpädagogischen Bildungsforschung. In: Honig, Michael-Sebastian/Lange, Andreas/Leu, Hans R. (Hg.): Aus der Perspektive von Kindern? Zur Methodologie der Kindheitsforschung. Weinheim und München: Juventa: 113-133.

Treibel, Annette (2008): Migration in modernen Gesellschaften: Soziale Folgen von Einwanderung, Gastarbeit und Flucht. Weinheim und München: Juventa.

Vertovec, Steven (2009): Transnationalism London and New York: Routledge.

Sabine Andresen

Konstruktionen von Kindheit in Zeiten gesellschaftlichen Wandels

Kindheiten unterliegen wie alle gesellschaftlich geprägten Phänomene dem sozialen Wandel. Kindheit und das Aufwachsen von Kindern ist in geografische Besonderheiten, in soziale Disparitäten, in politische Machtverhältnisse eingebunden. Räume prägen die Vorstellungen davon mit, was Kindheit eigentlich ist und wie sie aussieht, und der »Zahn der Zeit« schreibt sich in Kinderleben ein.

Die neue Kindheitsforschung mit ihren Leitperspektiven von Kindheit als Konstrukt und Teil generationaler Ordnung sowie vom Kind als Akteur ist stark geprägt von kritischen Diskursen innerhalb der Sozialwissenschaft, etwa über essenzialistische Vorstellungen oder von subjekttheoretischen Annahmen oder von der Kritik an gesellschaftlichen Machtverhältnissen. Wie Bühler-Niederberger und Schwittek in diesem Band ausführen, lassen sich Kindheiten als generationale Ordnungsmuster fassen, die mit strukturellen gesellschaftlichen Komponenten verknüpft sind. Dadurch sei auch eine Sensibilisierung für Unterschiede und Ungleichheiten innerhalb untersuchter Gesellschaften möglich.

Die Perspektive auf generationale Ordnungen hat äußerst fruchtbare wissenschaftliche Diskussionen und weiterführende Erkenntnisse mit sich gebracht, doch stellt sich die Frage, wie stark sie erstens durch »westliches Denken« und zweitens durch die wohlfahrtsstaatliche Organisation des Aufwachsens und des Generationenverhältnisses geprägt ist. Wohlfahrtsstaaten haben zwar keinesfalls eine einheitliche Struktur, und markante Unterschiede zeigen sich nicht zuletzt in der Kinder-, Bildungs- und Familienpolitik; gleichwohl scheint es übergreifende Orientierungsmuster zu geben. Hierzu gehören die Unterscheidung zwischen Kindheit und Jugend als zwei unterschiedlichen Gestaltungsphasen, die staatliche »Beobachtung« des privaten Raums Familie oder aber die öffentliche Gewährleistung von Schulbildung. Diese Komponenten beschreiben auch ein dominantes Kindheitskonzept, das kritisch zu diskutieren ist, nämlich *Kindheit als Moratorium*.

Das Aufwachsen von Kindern als Moratorium zu gestalten, ist eine Idee der europäischen Aufklärung. Die Unterschiede bei der Ausformulierung dieser Idee und bei ihrer konkreten Umsetzung waren stets durch nationale, kulturelle, soziale und politische Grenzen geprägt. Politische Entscheidungen in einer Gesellschaft bestimmen darüber, was man Kindern zumuten und wovor man sie bewahren bzw. wovon man sie entpflichten will. Reformen zielen bis in die Gegenwart hinein durch Eingriffe in die Bildungs-, Familien-, Sozial- und Gesundheitspolitik auf die Gestaltung von Kindheit. Jürgen Zinnecker bezeichnete diese Zusammenhänge als »Diskurs- und Realgeschichte« des Moratoriums (Zinnecker 2000). Pädagogische Moratorien sind eng mit den psychologischen und anthropologischen Annahmen einer Zeit, aber vor allem mit dem pädagogischen, soziologischen und politischen Denken und den Vergesellschaftungsformen konkreter Menschen verknüpft. Insbesondere am Prozess des Aufwachsens zeigt sich, wie eng Diskurs- und Realgeschichte von Kindheit zusammenhängen. Für die sozialwissenschaftliche Kindheitsforschung bedeutet diese Annahme, dass sie sowohl soziale Konstruktionen und kulturelle Konzeptionen von Kindheit als auch die Vergesellschaftung und Leiblichkeit des Kindes im Blick behalten muss. Herausgefordert ist die Kindheitsforschung demnach durch das Spannungsfeld von Konstruktion und Leiblichkeit, und sie sollte danach fragen, auf was mit sozialen Konstruktionen, kulturellen Deutungen, Bildern und Konzepten reagiert wird, wie umgekehrt Konstruktionen oder Konzeptionen angeeignet werden und wie sich beides durchdringt. Insgesamt setzte sich im Zuge von Modernisierungsprozessen die Idee weitgehend durch, dass Kinder anders behandelt werden müssten als Jugendliche und Erwachsene. Dazu trugen die Wissenschaften ebenso bei wie die pädagogische Praxis oder der Wandel in intimen Familienbeziehungen. Ferner entstanden klare rechtliche Standpunkte hinsichtlich der Pflichten und Rechte sowie der Verpflichtung der Erwachsenen und der Entpflichtung der Kinder.

Im Anschluss daran könnte zunächst geprüft werden, welche konzeptionelle, kindheitstheoretische Rahmung die Rekonstruktion und Analyse von Kindheiten und Kinderleben in Russland und Osteuropa, Zentralasien und dem Kaukasus sowie der Türkei benötigt und ob das Konzept von Kindheit als Moratorium eine Beobachtungsfolie sein könnte. Die Überlegungen, die hier entfaltet werden, dienen zunächst einer heuristischen Annäherung und wollen zunächst nur dafür sensibilisieren, dass die Tragfähigkeit vertrauter Konzepte ebenso wie die der Kritik daran immer in bestimmten Kontexten diskutiert wurde. Die Ausweitung des Blicks auf andere Kontexte erfordert deshalb eine Art Gleichzeitigkeit der kritischen Prüfung vertrauter Konzepte und ihrer »Brauchbarkeit«, der Distanzierung und Neuorientierung sowie der Offenheit für Facetten und Brüche.

Im ersten Abschnitt soll im Sinne eines exemplarischen Herangehens die Denk- und Organisationsfigur des Aufwachsens als Moratorium in einer historischen Perspektive rekonstruiert werden. Hierbei wird auf der Basis eigener historischer Forschungen eine Facette des Moratoriumskonzeptes, nämlich die des sozialistischen Moratoriums herausgearbeitet, weil sie möglicherweise einen Zugang zu postsowjetischen Diskursen über Kindheit bietet (Andresen 2006). Daran anschließend sollen auf der Basis vorliegender Studien einige zentrale kindheitstheoretische Aspekte diskutiert werden, die für die hier ins Auge genommenen Regionen ertragreich sein könnten. Weder wird Vollständigkeit beansprucht noch ein konzeptioneller Entwurf das Ergebnis sein; vielmehr geht es um eine Annäherung aus der Perspektive sozialwissenschaftlicher und damit bislang an westlichen Kindheiten orientierter Kindheitsforschung an die in diesem Band ins Auge gefassten Regionen und Kindheiten.

Moratorien: Kindheit, Pädagogik und Politik[1]

Die Metapher vom »Jahrhundert des Kindes« prägte in Schweden, in Deutschland, in England oder den USA Vorstellungen über Kindheit und Gesellschaft im zwanzigsten Jahrhundert. Das gleichnamige Buch der Schwedin Ellen Key, das 1900 in Schweden, 1902 in Deutschland und 1909 in der englischen Übersetzung erschien, brachte das Unbehagen an zahlreichen Modernisierungsphänomenen auf den Punkt (Key 2000): Key prangerte die Misshandlungen der Kinder in modernen Gesellschaften durch die frühe Ausbeutung ihrer Arbeitskraft, durch die Missachtung der Individualität in Schulen, durch einen Mangel an Elternkompetenz an. Sie verlangte neben umfassenden Gesetzesmaßnahmen, auch zur Eugenik, eine Demokratisierung der Geschlechterverhältnisse und eine Ausrichtung der Gesellschaft an den Bedürfnissen des Kindes. Keys Buch repräsentierte bis weit in die zweite Hälfte des zwanzigsten Jahrhunderts hinein eine neue Perspektive auf Kindheit und ein reformpädagogisches Bild vom Kind, und es war ein explizites Plädoyer für die wissenschaftliche Auseinandersetzung mit der Entwicklung des Kindes sowie für einen an wissenschaftlichen Erkenntnissen orientierten neuen pädagogischen Umgang mit dem Kind.

In Deutschland stieß das Erscheinen des Buches in eine höchst pluralistische Phase der Pädagogik, die durch unterschiedliche Zugänge, Ansätze und Konzepte geprägt war.

Die regionalen Rezeptionsgeschichten unterschiedlicher pädagogischer Konzepte und damit verbundener Kindheitsvorstellungen könnten sicherlich aufschlussreich sein für die »Geschichten der Kindheit« in den hier angesprochenen Weltregionen. Relativ gut aufgearbeitet ist die Bildungsgeschichte Russlands und der Sowjetunion. Ausgehend von der Rezeption der Metapher vom »Jahrhundert des Kindes« kann hier etwa auf die Debatten über Kindheit und Erziehung aus sozialistischer Perspektive hingewiesen werden.

Wie Key forderten sozialistische Pädagoginnen und Pädagogen zu Beginn des zwanzigsten Jahrhunderts und insbesondere noch nach der russischen Revolution den Schutz des Kindes vor der industriekapitalistischen Ausbeutung. Sozialistische Vorstellungen über Kindheit standen im Kontext marxistischer Theorien, sozialkritischer Positionen und reformpädagogischer Visionen. Ihren Klassenstandpunkt artikulierte die sozialistische Pädagogik als Kampf für ein generelles Kinderarbeitsverbot, für gerechte Einheitsschulen und neue Methoden sowie für soziale Chancengleichheit proletarischer Kinder. Ferner propagierte sie die Übernahme politischer Verantwortung für die Bedingungen des Aufwachsens und eine Distanzierung von familialen Verpflichtungen zugunsten kollektiver oder gesellschaftlicher Verantwortung. Damit unterschieden sich sozialistische Forderungen pädagogisch jedoch kaum von denen der bürgerlichen Sozialreform. Thesen, wie sie Key artikulierte, wirkten deshalb provokativ, zumal sich die Schwedin auch als Sozialistin verstand. Aus dieser Situation resultierte die Suche nach einem originären sozialistischen Zugang zu pädagogischen Problemen. Den fand man in der politischen Begründung des Pädagogischen und in der rhetorisch engen Zusammenführung von Politik und Pädagogik sowie von Politik und Kindheit.

Kindheitskonzepte im Umfeld des deutschen Sozialismus resultierten zunächst kaum aus der Parteipolitik und wurden selten in enger Anlehnung an die marxistischer Theorie

---

1   Der folgende Abschnitt basiert auf Sabine Andresen (2006), Kapitel 2.

formuliert. Stattdessen entstanden sie in konkreter Auseinandersetzung mit der bürgerlichen Reformpädagogik, mit sozialpädagogischen Reformvorschlägen sowie mit Konzepten und Maßnahmen aus dem Kontext der Sozialreformen Ende des neunzehnten und Anfang des zwanzigsten Jahrhunderts.

Die Metapher vom »Jahrhundert des Kindes« und die darin eingelagerten Versprechen einer am Kinde orientierten Zukunft erwiesen sich für die deutschen Sozialisten als pädagogische und kindheitspolitische Herausforderung weit über die Jahrhundertwende hinaus. Die turbulente politische Geschichte des deutschen Sozialismus in seinem internationalen Kontext hatte eklatante Auswirkungen auf Kinder und Kindheit, auf pädagogische Konzepte und Theorien sowie auf die Schul- und Familienpolitik. Zugleich unterstanden sozialistische Kindheitskonzepte und die damit verbundene Pädagogik im Laufe des zwanzigsten Jahrhunderts höchst unterschiedlichen Einflüssen: War um 1900 die bürgerliche Sozialreform noch prägend, wirkten sich in den zwanziger Jahren beispielsweise die Psychoanalyse oder die sowjetische Pädagogik aus. Zudem unterlag auch die politische Theorie ebenso wie die Praxis des Sozialismus modernen Ausdifferenzierungsprozessen, die wiederum Kindheitskonzepte beeinflussten.

Wie Alla Salnikova in diesem Band explizit herausarbeitet, haben zudem Krieg und Bürgerkrieg erhebliche Auswirkungen auf Kindheitskonzepte, insbesondere auf das Kinderleben und die Pädagogik gehabt. Salnikova rekonstruiert dies auf der Basis von historischen Quellen, die Auskunft über das alltägliche Leben russischer Kinder während des Ersten Weltkriegs und der Revolution geben, aber auch über deren Einstellungen zu Vaterland und Politik. Das 1900 propagierte »Jahrhundert des Kindes« war ein Jahrhundert der Kriege, der Gewalt, der Migration, des Hungers – worunter besonders Kinder litten.

Will man vor diesem Hintergrund die darin eingelagerten Kindheitskonzepte rekonstruieren, stellt sich wiederum die Frage nach dominanten Konzepten ebenso wie nach Alternativen und den jeweiligen Entstehungskontexten. So steht die Analyse sozialistischer Kindheitskonzepte demnach nicht nur in einem partei- und organisationsgeschichtlichen, sondern auch in einem ideengeschichtlichen Kontext und ist zudem ab der zweiten Hälfte des zwanzigsten Jahrhunderts in die politische Entwicklung zweier politischer Systeme eingebettet, was sich an der Teilung Deutschlands« besonders eindrücklich zeigt. Sie brachte auch die Etablierung zweier Kindheitsmoratorien hervor, auf die abschließend im Sinne einer exemplarischen Vergesellschaftung von Kindheit eingegangen werden soll.

Das Moratoriumskonzept basiert auf der modernen Ausdifferenzierung in die Lebensphasen Kindheit, Jugend, Erwachsenendasein und Alter. Diese Differenzierung drückte sich in der Etablierung spezieller Institutionen, in gesellschaftlichen Pflichten und reproduktiven Aufgaben aus. Den Maßstab aller Lebensphasen bildete die Perspektive des produktiven männlichen Erwachsenenalters, das weitgehend durch die Verpflichtungen zur Arbeit, durch zunehmende politische Partizipation und durch wohlfahrtsstaatlich organisierte soziale Integration gekennzeichnet war. Kindheit und Jugend waren dementsprechend durch retardierende Momente gekennzeichnet, das heißt durch Bildungsinstitutionen wurden sie auf den Arbeitsmarkt oder die Familienarbeit vorbereitet, waren aber idealerweise vom Gelderwerb befreit. Der Kampf gegen Kinderarbeit und Kinder- und Jugendarbeitsschutzgesetze zu Beginn des zwanzigsten Jahrhunderts gehört in diesen Prozess. Insofern basierte das Moratorium auf dem Prinzip der Entpflichtung.

Mit der Idee des Moratoriums für Kindheit und Jugend waren stets zeitliche, räumliche und pflichtethische Dimensionen verbunden, und diese entfalteten auch für Kindheitskonzepte ihre Bedeutung als Entwicklungsmodell oder als Idee des Schon- und Schutzraumes. Das Bewusstsein zeitlicher Begrenztheit ebenso wie zeitlicher Freiheit menschlichen Lebens hat demnach kollektive und individuelle Vorstellungen über Zeiten des Aufwachsens hervorgerufen. Der mit Verzeitlichung der Wahrnehmung eng zusammenhängende Entwicklungsbegriff wurde im neunzehnten Jahrhundert durch naturwissenschaftliche Vorstellungen zur Evolution, durch psychologische Entwicklungsbegriffe und durch gesellschaftstheoretische Entwicklungsmodelle geprägt. Die Zeit der Kindheit sollte für die Entfaltung der Anlagen, für eine gesunde Entwicklung, für die Bildung der Kräfte und für die Erziehung zum Zweck der Integration in die Gesellschaft genutzt werden. Auch wenn vielfach von der Metapher der »natürlichen« Entwicklung die Rede war, handelte es sich um hoch ambitionierte soziale Konzepte, die allerdings häufig durch Naturalisierung legitimiert wurden.

Der Entwicklungstatsache sollte in verschiedenen Institutionen wie Familie, Kindergarten und Schule Rechnung getragen werden. Die Metapher des Raumes verwies zusätzlich auf den Anspruch bestimmter Menschengruppen auf ein besonderes Schutzbedürfnis und auf den Schutz vor verfrühten Übergriffen oder unangemessenen Anforderungen. Die Raumidee zog das Phänomen der Gestaltung nach sich: Um den skizzierten Anforderungen – Schützen und Schonen – zu genügen, bedurfte es eines bestimmten Arrangements. Dies war im Hinblick auf die physische Gesundheit des Kindes relativ klar. Betrachtet man Diskussionen über Familienkindheit, über Mutter-Kind- und Eltern-Kind-Beziehungen, bleiben bis heute die Bedingungen der psychischen Unversehrtheit umstritten. Darüber hinaus stellt sich aber auch die Frage, wer in welchem Umfang für die Gestaltung des Raumes *Kindheit* zuständig sein – anders ausgedrückt, in welchem Verhältnis die familiale und die öffentliche Verantwortung für das Aufwachsen zueinander stehen sollte.

In Anlehnung an den skizzierten Kontext ist davon auszugehen, dass das strukturelle Verhältnis von öffentlicher und familialer Verantwortung für das Aufwachsen seit dem frühen neunzehnten Jahrhundert zentral für moderne Kindheitskonzepte ist. Die Metapher des Raumes spielt dabei insbesondere für die Pädagogisierung von Kindheit eine zentrale Rolle. Der Wandel von Kindheit lässt sich anhand räumlicher Dimensionen rekonstruieren, wobei die sowohl symbolisch als auch materiell wirksame räumliche Abgrenzung an Bedeutung gewonnen hat. Abgrenzung verweist auf den Schutzanspruch des Kindes und den damit verbundenen paternalistischen Zugriff ebenso wie auf die Anerkennung einer kindlichen Eigenart.

Die Anerkennung von Kindheit als räumlich gestaltete, zeitliche und ethisch motivierte Entpflichtung sagt hingegen noch nichts über die Wirksamkeit und die konkrete Umsetzung aus. Es liegt auf der Hand, dass relativ viele Kinder ihre Kindheit nicht als Moratorium erlebten und dass sie keineswegs von Personen oder Institutionen geschützt und geschont wurden. Ungeachtet der historischen Diskrepanz zwischen Konzept und Alltag, setzte sich das Moratoriumskonzept als Leitidee durch. Daran ließ sich schließlich die Kritik an sozialen Lebensverhältnissen, an pädagogischen Institutionen und an politischen Systemen artikulieren und die Gefährdung und der Verlust von Kindheit diskutieren.

Insbesondere Siegfried Bernfelds Ausführungen zur Fürsorge und zur sozialpädagogischen Perspektive auf Kinder und Kindheit legten die permanente Gefährdung von Kindheitsräumen und deren Brüchigkeit offen. Für seine Kindheitskonzeption war die stets prekäre Situation des Kindes zentral. Daran schloss Zinneckers (2000) Rekonstruktion des pädagogischen Moratoriums als utopische Idee der Aufklärung an. Kindheit und Jugend als Konstrukte verstand Zinnecker in Anlehnung an Bernfeld als die Summe gesellschaftlicher Reaktionen auf die Entwicklungstatsache, man könnte auch sagen: auf das Aufwachsen.

»Kindheit und Jugend als pädagogische Moratorien sind zunächst – in genau dieser historischen Reihenfolge – utopische Entwürfe, sodann eine Angelegenheit einiger weniger privilegierter Gruppen von Aufwachsenden, um schließlich dem Anspruch nach alle Kinder und Jugendlichen als herrschendes Muster des Aufwachsens zu umfassen« (Zinnecker 2000, S. 37).

Für die Gewährung eines Moratoriums, also einer Entpflichtung oder eines Aufschubs, bedarf es eines sozialen Anlasses, der sich keineswegs nur auf Phänomene des Pädagogischen beziehen muss.[2] Der Moratoriumsgedanke in modernen Gesellschaften bezieht sich insbesondere auf die Lebensphasen menschlichen Anfangens und Aufwachsens sowie auf die Begrenztheit des Daseins. Für das pädagogische Moratorium hob Zinnecker vier strukturbildende Elemente hervor: *Erstens* die Freisetzung von gesellschaftlichen Aufgaben, wozu wirtschaftliche und biologische Reproduktion zählen, *zweitens* eine profilierte Erwachsenenfigur, um das mit dem Moratorium korrespondierende Generationenverhältnis ermöglichen zu können. *Drittens* sind den Moratorien Institutionen des Aufwachsens wie Familie, Kindergarten und Schule zugeordnet, und *viertens* muss ein Zeitbewusstsein für die Dauer des Moratoriums sowie für die Einordnung in den Fluss von Vergangenheit, Gegenwart und Zukunft existieren. Zentral ist dabei, ob man das Moratorium als Übergangsphase betrachtet und primär den Abschluss der Entwicklung hin zur »produktiven« Erwachsenenphase erwartet oder ob dem Moratorium ein Eigenwert zugeschrieben wird.

Schließlich betonte Zinnecker die Bedeutung der häuslichen, schulischen und sozialpädagogischen Regimes für die Existenz von Moratorien im zwanzigsten Jahrhundert. Doch spätestens an dieser Stelle zeigt sich die Notwendigkeit, nach den Unterschieden zwischen Kindheit als Moratorium und Jugend als Moratorium zu fragen. Insbesondere Kinder scheinen nämlich mehr als Jugendliche und Mädchen mehr als Jungen vom Prozess der Verhäuslichung geprägt zu sein.

Mehr noch als die Kindheit hielt der Psychoanalytiker und Jugendtheoretiker Erik H. Erikson die Lebensphase Jugend für eine spezifisch gestaltete Zeit der Entpflichtung und prägte den Begriff des psychosozialen Moratoriums (Erikson 1968/1998).

»Ein Moratorium ist eine Aufschubsperiode, die jemandem zugebilligt wird, der noch nicht bereit ist, eine Verpflichtung zu übernehmen, oder die jemandem aufgezwungen wird, der sich selbst Zeit zubilligen sollte. Unter einem psychosozialen Moratorium verstehen wir also einen Aufschub erwachsener Verpflichtungen oder Bindungen und doch handelt es sich nicht nur um einen Aufschub. Es ist eine Periode, die durch selekti-

---

2   Moratorium ist ein juristischer Begriff, der auf die Entpflichtung eines Schuldners von seinen Schulden zielt. Für eine bestimmte zeitliche Frist und unter bestimmten Auflagen kann der Schuldner befreit werden von seinen Pflichten, um später wieder umfassend in die Gesellschaft und damit in seine Pflichten integriert zu werden.

ves Gewährenlassen seitens der Gesellschaft und durch provokative Verspieltheit seitens der Jugend gekennzeichnet ist« (ebd., S. 161).

Hier sei wiederum angefragt, ob und wie die Unterscheidung zwischen Kindheit und Jugend in zentralasiatischen oder osteuropäischen Kontexten hervortritt. Auch dazu benötigen wir dichte Fallbeschreibungen.

Kindheit, Kindheitskonzepte und ihre Kontexte

Die oben skizzierte Rekonstruktion eines eher reformpädagogischen und eines eher sozialistischen Moratoriumskonzeptes macht – wenn auch schematisch – die Notwendigkeit kontextsensibler Herangehensweisen deutlich. Dies umso mehr, wenn westlich bzw. wohlfahrtsstaatlich geprägte Deutungen von Kindheit es nicht vermögen, andere Kindheiten oder Facetten von Konzepten differenziert zu erfassen. Hier bietet eine Art Kontrastierung mit anderen Kontexten, die durch andere Traditionen, Kontinuitäten und Brüche geprägt sind, neue Erkenntniszugänge *erstens* zu empirischen Kindheiten und *zweitens* zu kindheitstheoretischen Annahmen. Die in diesem Band versammelten Beiträge basieren mehrheitlich auf empirischen Studien oder Quellenanalysen, und davon ausgehend öffnen sich auch theoretische Perspektiven.

Vor dem Hintergrund dieser Überlegungen sollen deshalb Aspekte diskutiert werden, die relevant sein könnten für eine kindheitstheoretische Rahmung der in diesem Band versammelten Fallbeispiele. Viele dieser Fallbeispiele thematisieren Kindheit in Weltregionen, die bislang in der akademischen Kindheitsforschung vernachlässigt worden sind. Folgende Punkte gilt es zu berücksichtigen: In Verbindung mit Kindheitskonzepten stellt sich wiederum neu die Frage nach Rechten und auch nach Religion und Religiosität, etwa im Hinblick auf religiös orientierte Kinderbilder, Erziehungs- bzw. Verantwortungskonzepte. Daran anschließend ist zu klären, wie sich Familien- und Kindheitskonzepte zueinander verhalten und in welchem Zusammenhang Familie und Institutionen gesehen werden müssen. Schließlich ist zu prüfen, wie Kindheit und Ungleichheit bzw. Kindheit und Mangel verortet werden können. Mit diesen Aspekten im thematischen Umfeld von Rechten, Religion, Familie, Bildung und Armut wird nicht beansprucht, die Herausforderungen eines umfassenden Kindheitskonzeptes und Kindheiten aus extrem unterschiedlichen Kontexten vollständig zu bearbeiten. Wie eingangs dargelegt, geht es in diesem Beitrag um eine Art Heuristik, die eine Sensibilisierung der Kindheitsforschung ermöglichen soll.

Mit den Kinderrechten, die sich in Überlebens- und Schutzrechte sowie in Entwicklungs- und Teilhaberechte unterteilen lassen, hat sich gewissermaßen ein universalistisches Kindheitskonzept durchgesetzt. Dieses basiert auf der Grundfigur der mit Rechten ausgestatteten Subjektivität einerseits. Andererseits wird der Mensch an sich, aber insbesondere der heranwachsende Menschen als besonders schutzbedürftig betrachtet. Mit der UN-Kinderrechtskonvention geht eine normative Perspektive auf das Aufwachsen einher und diese hat ihre Wurzeln durchaus in den bürgerlichen Gesellschaftsidealen der europäischen wie der US-amerikanischen Geschichte. Für den konzeptionellen Blick auf Kindheit und Jugend, auf Kinder und Jugendliche – in den Kinderrechten wird *nicht* zwischen Kindheit und Jugend unterschieden – bedeutet dies u.a. eine explizite Orientierung an individuellen

Interessen, an dem Schutz der Familie als primärer Sozialisationsinstanz, an Bildung und Befähigung als Vorbereitung auf die Funktionen von Erwachsenen, an Gesundheit und Gewaltfreiheit, aber auch an konkreter Partizipation. Nun sind Rechte in modernen, auf Gewaltenteilung basierenden Gesellschaften die unverzichtbare Basis, gleichwohl bleibt die empirische Frage, wie sich rechtliche Ansprüche und Normen im konkreten Alltag abbilden, also wie etwa Partizipation in Kommunen oder Schulen umgesetzt wird, wie Eltern auch unter extremem Stress und in Konfliktsituationen gewaltfrei erziehen.

Das Interessante an der UN-Kinderrechtskonvention ist jedoch, dass sich mit Ausnahme der USA und Somalias alle Staaten zur Ratifizierung entschieden haben. Damit hat sich ein universalistisches Kindheitskonzept durchgesetzt. Die empirischen Fragen bleiben, nämlich wie die Umsetzung erfolgt, was die verschiedenen Akteure davon halten und wie sich dieses universalistische Kindheitskonzept zu den kontextspezifischen, tradierten Konzepten verhält, welche Passungen es gibt usw.

Anders gelagert als die Diskussion um rechtliche Konventionen ist die mögliche Bedeutung von Religion und Religiosität. Eine bahnbrechende These für das theoretische Verständnis von Kindheit in modernen Gesellschaften war Viviana Zelizers (1985) Charakterisierung von Kindheit als sakralisiertes Konzept einer säkularisierten Gesellschaft. Um 1900 sei das Kind in den modernen Gesellschaften ökonomisch mehr oder weniger nutzlos geworden, was zu seiner individuellen Aufwertung, ja ideellen Aufladung innerhalb des Familiensystems geführt habe. Wie aber verhält sich diese Diagnose zu Befunden über Kinder, etwa in Kirgistan, deren Bildung darauf ausgerichtet ist, so früh wie möglich in das private Kollektiv zu investieren, weil die Familien kein Vertrauen in die staatlichen Unterstützungssysteme etwa im Falle von Krankheit oder Alter haben (Bühler-Niederberger/Schwittek i.d.B.), oder über Straßenkinder in Tadschikistan, deren Familien auf die geringen »Einkünfte« ihrer in die Hauptstadt abgewanderten Kinder anwiesen sind (Munsch 2010). Ob und wenn ja auf welche Weise der ökonomische Nutzen des Kindes eine transzendierende Sichtweise auf menschliche Neuankömmlinge überflüssig oder unmöglich macht, müsste folglich geprüft werden. Dies schließt unmittelbar an die nötige Rekonstruktion von unterschiedlichen Sinngehalten der Kindheitskonzepte und der konkreten Gestaltung von Kindheit an (Hunner-Kreisel/Andresen 2010).

Unter dem Einfluss von Migration, der Vielfalt in Einwanderungsländern, den medialen Phänomenen der Globalisierung findet gegenwärtig auch eine Auseinandersetzung mit religiösen Kontexten von Kindern und Jugendlichen und insbesondere mit dem Islam statt.

»Die Frage, was eine gute Religion ist, hat sich in westlichen Gesellschaften insbesondere nach dem Schock des 11. September neu gestellt. Dabei zeigt sich, dass diese westlichen Gesellschaften das Unbehagen an der eigenen Religion vor allem auf die Auseinandersetzung von christlicher Kultur und Islam bzw. muslimischer Immigration und von Modernisierungskrisen im islamischen Raum reduzieren. Es liegt auf der Hand, dass in diesem Zusammenhang die Frage nach der religiösen Identität muslimischer Immigranten, zumal ihrer jugendlichen Nachkommen, eine zentrale Rolle spielt« (Brumlik 2010, S. 29).

Diese grundsätzliche Verortung führt Micha Brumlik zu der Frage, was Religion generell im Heranwachsen und den damit verbundenen Lebensphasen – bei ihm v.a. der Jugend – bedeutet. Dabei problematisiert er die »doppelte Historizität«, weil *erstens* immer schon die Analysekategorien der Geschichte unterliegen ebenso wie – *zweitens* – die Phänomene, also etwa Kindheit historisch sind. Davon ausgehend klärt Brumlik die Bedeutung von Religiosität für menschliche Individuen und prüft empirisch nachweisbare Dimensionen und Stufen der Religiosität, die auch im Umfeld der Kindheits- und Jugendforschung insbesondere von Fritz Oser erhoben wurden (vgl. Brumlik 2010). Diese an der Entwicklungsforschung orientierte Herangehensweise an Religion, Religiosität und Kindheit verspricht interessante Befunde auch für bislang wenig untersuchte Gesellschaften, die etwa wie Aserbaidschan von dem verordneten Atheismus der Sowjetunion noch geprägt sind, aber zunehmend den Islam der postsowjetischen Ära erleben und mit spezifischen Bildungsvorstellungen verbinden (Hunner-Kreisel 2008).

Doch weitere Perspektiven scheinen nötig zu sein, um Kindheitskonzepte formulieren und prüfen zu können. So arbeitet Manja Stephan (2010) am Beispiel von privaten religiösen Unterweisungen bzw. Kursen in Duschanbe, Tadschikistan, heraus, wie eine Art »Neubesinnung« auf den Islam innerhalb von Familien mit jungen Kindern vonstattengeht, mit welchen Praktiken und Wertorientierungen dies verbunden ist und wie sich insbesondere religiöse Praktiken in die Gestaltung von Kindheit einschreiben. Dabei ist interessant, wie und welche Entwicklungsvorstellungen damit verbunden sind, denn Stephan zeigt exemplarisch auf, wie sehr die religiöse Unterweisung *erstens* durch Rituale geprägt ist und *zweitens* auf einem Reifungsmodell basiert. Kinder müssen demnach zu einer religiösen Reife geführt werden und durchlaufen so auch eine moralische Entwicklung. Interessant ist, wie Moralität als mimetische Praxis inszeniert wird.

»Eingebettet in ein religiöses Weltbild und ausgestattet mit göttlicher Legitimität zielt die moralische Erziehung darauf ab, die heranwachsenden Mädchen und Jungen mit den zentralen Umgangsformen, Verhaltensnormen und sozialen Prinzipien der muslimischen Gemeinschaft vertraut zu machen und sie zu befähigen, in bestimmten sozialen Kontexten odob – d.h. gute Moralität in Form von Anstand, Sitte, Wohlerzogenheit – zu praktizieren (Stephan 2010, S. 130).

Für die kindheitstheoretische Reflexion ist aufschlussreich, dass diese Art der religiösen Unterweisung den Übergang in die Jugendphase, also ein verlängertes Ritual, kennzeichnet. Kinder werden auf die »Reife« als Phase des Erlernens von Erwachsenenrollen durch moralisch-religiöse Kurse vorbereitet. Aufschlussreich ist, dass die Reife als fragil angesehen wird und die Jugendlichen der besonderen Kontrolle der Erwachsenen unterliegen.

Dieses »Bedürfnis« nach Kontrolle der Mädchen und Jungen im Übergang kann als ein zentrales Element der Gestaltung von Jugend angesehen werden, aber es bringt Eltern in Bedrängnis, insofern die elterliche Umsetzung des Konzeptes durch fehlende (groß-) familiäre Unterstützung, durch notwendige Erwerbsarbeit beider Elternteile, durch einen Mangel an Ressourcen eigentlich unmöglich ist. Ähnlich der Problematik der Umsetzung bürgerlicher Kindheitsideale und Vorstellungen von »guter Erziehung« in der Arbeiterschaft etwa in der ersten Hälfte des zwanzigsten Jahrhunderts, unter Bedingungen des Krieges oder in der Gegenwart in Armutskontexten, zeigt sich auch am Beispiel Tadschikistans die Diskrepanz zwischen den öffentlich wirksamen Konzeptionen und den familiären Bedingungen. Stephan beschreibt etwa die enormen Herausforderungen für städtische Familien in Duschanbe. Unter dem Einfluss sowjetischer Familienpolitik wurden Kleinfamilien in den sogenannten neolokalen Wohnsiedlungen der Städte angesiedelt, auch um die lokalen ländlichen Traditionen zu brechen. Infolge dessen fehle es gegenwärtig diesen Familien an sozialen Netzwerken, die mit zur Betreuung von Kindern, zur Kontrolle der Jugendlichen und insgesamt zur Erziehung und Alltagsbewältigung beitragen. Damit lässt sich zum nächsten konzeptionell zentralen Aspekt überleiten. Welche Vorstellungen von Armut und Ungleichheit sind für die Konzeption von Kindheit nötig? Die in diesem Buch in den Blick genommenen Regionen zeigen unterschiedliche demografische Entwicklungen, die sehr sorgsam zu analysieren sind. In vielen Ländern gibt es im Vergleich zu Deutschland, Italien oder Japan derzeit noch eine markant andere Bevölkerungsentwicklung mit einem hohen Anteil an Kindern, Jugendlichen und jungen Erwachsenen. So sind beispielweise in Tadschikistan 45% der Bevölkerung jünger als 18 Jahre alt, 64% leben unterhalb der Armutsgrenze, 18% in extremer Armut (Munsch 2010). Mit demografischen Faktoren sind immer auch materielle Ressourcen verbunden und nicht zuletzt die zahlreichen jungen Akteure des »Arabischen Frühlings« machen diese Verknüpfungen deutlich. In einem prägnanten publizistischen Beitrag verweist Youssef Courbage (2012) darauf, dass sich seit den 1960er-Jahren die Fertilitätsrate südlich des Mittelmeers etwa in Tunesien, Marokko oder der Türkei der der nördlich gelegenen Länder annähere. Dies sei insbesondere in den Städten auch durch eine Ausweitung von Alphabetisierung und Bildung – wenn auch getrennt nach Geschlechtern und sozialem Hintergrund – begleitet worden. Das heißt, es lassen sich in bestimmten Regionen ähnliche Entwicklungen vorhersagen wie in europäischen Ländern. Die daran anschließende Forschungsfrage wird sein, welche Konsequenzen das für das Kinder- und Familienleben haben und wie die Gestaltung von Kindheit aussehen wird. Courbages Analyse sensibilisiert für Ähnlichkeiten ebenso wie für ganz andere oder verzögerte Entwicklungen und den damit verbundenen Konsequenzen für Kindheit und Jugend:

»Vom Jemen (wo der Anteil der jugendlichen Bevölkerung jetzt erst abzunehmen beginnt) und von Palästina (wo mit der Wende um 2020 gerechnet wird) einmal abgesehen, wird die demografische Dominanz der Jugend in den arabischen Ländern in dreißig Jahren komplett verschwunden sein« (ebd., S. 91).

Was zur Kindheitsforschung hinzukommen muss, ist insgesamt der Blick auf Armutsverhältnisse, denn in vielen Regionen ist die relative Armut hoch und auch die absolute bzw. extreme Armut virulent, wie Munschs Zahlen aus Tadschikistan oder UNICEF-Daten zeigen. Gerade die Kindheitsforschung muss vor diesem Hintergrund mehr als bisher Ungleichheit, Marginalisierung und damit verbundene Machtverhältnisse in den Blick nehmen. Die Perspektivlosigkeit ganzer Alterskohorten in vielen Weltregionen rückt durch die hohe Arbeitslosigkeit unter jungen Menschen in Spanien oder Portugal auch den modernen Wohlfahrtsstaaten näher. Dieser Herausforderung hat sich die Forschung bislang noch zu wenig angenommen, wenngleich gerade die systematische Bearbeitung des Konzeptes von Child Well-Being hier einen reflexiven Beitrag leisten könnte (Andresen et al. 2010; Andresen/Fegter 2011). Die kontextuelle Verortung subjektiven Wohlbefindens bietet möglicherweise systematische Anknüpfungspunkte an Kindheit als Teil generationaler Ordnungen. Dies eröffnet die Perspektive auf Ungleichzeitigkeiten, wie dies beispielsweise Didem Gürses in einem Beitrag über Child Well-Being und Kinderarmut in der Türkei verdeutlicht (Gürses 2010). Sie zeigt auf, dass und wie die Türkei in den letzten Jahrzehnten den Anschluss an westliche Wohlstandsstandards über die globalen Märkte geschafft hat und wie sich zugleich Armutsverhältnisse etwa in ländlichen Regionen reproduzieren konnten. Vielen Kindern, nicht nur in der Türkei, sichert Arbeit das Überleben. Damit sei abschließend auch diese Kategorie als dringend zu reflektierende Größe kindheitstheoretischer Diskussionen benannt. Das Konzept von Kindheit als Moratorium schließt, wie oben gesehen, Arbeit im Sinne von Erwerbsarbeit und als unverzichtbaren Bestandteil zum Familieneinkommen zugunsten von Lern- und Bildungsarbeit systematisch aus. Damit aber ließe sich Kindheit in Kirgistan, Aserbaidschan, Tadschikistan oder Teilen der Türkei nicht angemessen beschreiben, geschweige denn theoretisch fassen, es sei denn, man hat ein dezidiertes Interesse an normativen Setzungen.

Fazit

Die Schwierigkeit der Kindheitsforschung liegt bislang darin, dass sie über zu wenig dichte Beschreibungen von Kindheiten, von Praktiken in unterschiedlichen Regionen und Kontexten verfügt, um daran anschließend theoretische Konzepte diskutieren und erproben oder gar pädagogische Handlungsstränge oder politische Vorschläge formulieren zu können.

Der hier vorliegende Band schließt aus meiner Sicht eine zentrale Forschungslücke und öffnet vor allem den interdisziplinären und wirklich internationalen Dialog. Hier muss nun die kindheitstheoretische Arbeit beginnen.

Literatur

Andresen, Sabine (2006): Sozialistische Kindheitskonzepte. Politische Einflüsse auf die Erziehung. München/ Basel: Wissenschaftliche Buchgesellschaft.

Andresen, Sabine/Diehm, Isabell/Sander, Uwe/Ziegler, Holger (Hg.) (2010): Children and the Good Life. New Challenges for Research on Children. Dordrecht/New York: Springer.

Andresen, Sabine/Fegter, Susann (2011): Children Growing Up in Poverty and Their Ideas on What Constitutes a Good Life: Childhood Studies in Germany. In: Child Indicators Research. The official journal of the International Society for Child Indicators. Springer. 1/2011, S. 1-19.

Brumlik, Micha (2010): Jugend, Religion und Islam – einige grundsätzliche Erwägungen. In: Hunner-Kreisel, Christine/Andresen, Sabine (Hg.): Kindheit und Jugend in muslimischen Lebenswelten. Aufwachsen und Bildung in deutscher und internationaler Perspektive. Wiesbaden: VS, S. 29-44.

Courbage, Youssef (2012): Kinder der Revolution. Der Arabische Frühling war auch die Folge eines demografischen Wandels in der arabischen Welt. In: Edition. Le Monde diplomatique. Arabische Welt. Ölscheichs, Blogger, Muslimbrüder. Taz-Genossenschaft. 11/2012, S. 90-91.

Gürses, Didem (2010a): Well-Being of Children in Turkey. In: Andresen, Sabine/Diehm, Isabell/Sander, Uwe/Ziegler, Holger (Hg.): Children and the Good Life. New Challenges for Research on Children. Dordrecht/New York: Springer, S. 177-188.

Gürses, Didem (2010b): Children and Child Poverty in Turkey. In: Hunner-Kreisel, Christine/Andresen, Sabine (2010): Kindheit und Jugend in muslimischen Lebenswelten. Aufwachsen und Bildung in deutscher und internationaler Perspektive. Wiesbaden: VS, S. 257-270.

Hunner-Kreisel, Christine (2008): Erziehung zum »Wahren Muslim«. Islamische Bildung in den Institutionen Aserbaidschans. Bielefeld: transcript.

Hunner-Kreisel, Christine/Andresen, Sabine (2010): Kindheit und Jugend in muslimischen Lebenswelten. Aufwachsen und Bildung in deutscher und internationaler Perspektive. Wiesbaden: VS.

Key, Ellen (2000): Das Jahrhundert des Kindes. Neu herausgegeben und mit einem Nachwort von Ulrich Herrmann. Weinheim/Basel: Beltz. Zuerst 1902.

Munsch, Chantal (2010): Straßenkindheit in Tadschikistan. In: Hunner-Kreisel, Christine/Andresen, Sabine (Hg.): Kindheit und Jugend in muslimischen Lebenswelten. Aufwachsen und Bildung in deutscher und internationaler Perspektive. Wiesbaden: VS, S. 289-304.

Stephan, Manja (2010): Erziehung, Moralität und Reife: Zur Popularität privater religiöser Kurse im städtischen Tadschikistan. In: Hunner-Kreisel, Christine/Andresen, Sabine (Hg.): Kindheit und Jugend in muslimischen Lebenswelten. Aufwachsen und Bildung in deutscher und internationaler Perspektive. Wiesbaden: VS, S. 125-142.

Zelizer, Viviana A. (1985): Pricing the priceless child. The changing social value of children. New York: Basic Books.

Zinnecker, Jürgen (2000): Kindheit und Jugend als pädagogische Moratorien. Zur Zivilisationsgeschichte der jüngeren Generation im 20. Jahrhundert. In: Zeitschrift für Pädagogik, 42. Beiheft: Beltz, S. 36-68.

I. (Post-) Sowjetische Realitäten: Kontinuitäten und Wandel von Kindheitskonzepten

Alla Salnikova

Great Transformation:
The World of Russian Children before and after the First
World War and the Bolshevik Revolution

The final imperial and early Soviet years were a very special period in the history of Russian childhood. At this time, childhood obtained new characteristics and features, new qualities and dimensions, and became different even in the way it was defined.

When exploring the history of childhood in a particular historical period, it is necessary to ascertain the basic concepts that determined attitudes toward children. In post-revolutionary Russia, the idea of childhood was associated with the notion of a »Soviet childhood« in its dichotomy with »pre-revolutionary« and »pre-Soviet« childhood.

In reality Russian and Soviet childhood represents a single whole, so it is hardly accurate to study it only within the concept of breaking off and ignoring the concept of continuity. However, when speaking of twentieth-century Russia it is possible to mention some events and periods that powerfully transformed the world and life of children, sometimes beyond recognition. The First World War and the 1917 Bolshevik Revolution are undoubtedly among such events.

The years from 1914 to 1922 were considered by some to be a single, inseparable period, something like a »continuous seven-year war« with its culmination from 1918 to 1920.[1] And this was actually so. The First World War (which was really first in comparison with previous wars, in terms of the quantity of participants, scope of military operations, the great number of losses and extreme brutality) led to the 1917 Bolshevik Revolution, with all its disturbances, suffering, and chaos. The revolution was followed by the bloody and cruel civil war, which affected, more or less, all Russian citizens. The children could not ignore these crucial events. The First World War broadened, and the 1917 Revolution then destroyed, the boundaries of the nursery, swiftly and unexpectedly pulling its inhabitants into a new political space, life, and reality. The war and revolution made the children their participants and actors, heroes and victims.

This period was a time of great migrations in which Russian children were heavily involved. They had to leave their homes because of hostilities that took place in their native villages or nearby. They fled from foreign troops and from the Russians (Reds or Whites) who became more alien then foreign invaders. They tried to escape horrible hunger, which

---

1 See: I. V. Narskiy, *Konstruirovanie mifa o grazhdanskoy voyne i osobennosti kollektivnogo zabyvaniya na Urale v 1917-1922* in »Vek pamyati, pamyat' veka: Opyt obrascheniya s proshlym v XX stoletii«, Kamennyy poyas, Chelyabinsk 2004, pp. 399-400.

spread in the Volga region from 1921 to 1922. They left Russia, with their families or with children's institutions, for different foreign lands in order to avoid the governance and rule of the despised Bolsheviks. But apart from these geographical migrations it is very important to point out the so-called symbolic migration, which lasted for decades and took place in Russia as a result of the Bolshevik revolution. This type of forced migration meant that boys and girls became »social and cultural foreigners« in their own motherland: Their geographic space remained intact, but their social space changed considerably, if not completely. Like the geographic migrants these children had to give up their former way of life and get used to new social and political conditions. They had to accept new ideals, values, rules, and behavioral norms.[2] Such changes didn't take place during the First World War but became extremely obvious only after the 1917 Revolution. These changes were deliberately reinforced and diligently controlled by the Bolsheviks, who dreamed of a new generation of »truly Soviet« children and tried to create this generation as quickly as possible. But the First World War prepared the necessary conditions for such changes. The war gave birth to the »youth consciousness« phenomenon, in which youth became the most valued and privileged age category. The war started an epoch in which a prefigurative culture[3] dominated in Russia. During this time, parents and grandparents had to accept and follow a new life style, which was created and proclaimed by the younger generation. So an examination of the transformations that took place in the world of Russian children during the First World War is conceptually and theoretically important for understanding later changes in the post-revolutionary era.

The aim of this article is to trace the changes that took place in the world of Russian children, during and after the First World War, due to the 1917 Revolution. Special attention is given to the so-called children's texts. These texts are original narratives from boys and girls, not only originally written, but originally and, more or less, independently created and organized by them. The texts give us an opportunity to look at the war and revolution, as they were perceived by the children themselves. Essentially different in origin, type, and content (and being in most cases memorates arrayed in different forms such as school compositions, essays, poems, stories, diary notes, letters, fairy-tales, etc.) all of the texts represent a complicated mixture of the children's mentality and culture of writing combined with the era's new semantic and semiotic code. This code was introduced by adults who often initiated, influenced, and even dictated some of the texts. Despite this fact, the children's texts form a special children's metanarrative, which occupies its own place in the textual polyphony and sometimes completely contradicts previous presentations formed on the basis of texts written by adults.

In traditional Soviet interpretations, the category of childhood was filled with highly important ideological and didactically edifying meanings. Pre-Soviet childhood was usually

---

2   On symbolic migration see: E. Foteeva, *Sotsial'naya adaptatsiya posle 1917: Zhiznennyy opyt sostoyatel'nykh semey* in »Sud'by lyudey. Rossiya XX vek: Biografii semey kak ob'ekt sotsiologicheskogo issledovaniya«, Institut sotsiologii RAN, Moscow 1996, p. 243; A.B. Cohen, *The Symbolic Construction of Community*, Routledge, London 1985, and others.

3   M. Mead, *Kul'tura i mir detstva*: Izbrannye proizvedeniya, Nauka, Mosow 1988, pp. 360-361.

depicted as a gloomy, difficult period, full of troubles, privations, and losses.[4] Pre-Soviet childhood was opposed to Soviet childhood, which was depicted as happy, unclouded, and protected. Though great Russian fiction literature, with all its »golden« nobility childhoods (for example, Nikolen'ka's childhood in Leo Tolstoy's *Detstvo*, Tyoma's childhood in Garin-Mikhailovskiy's *Tyoma's Childhood* or Nikita's in Aleksey Tolstoy's *Detstvo Nikity*) was not able to find its place in this scheme, a problem was also successfully solved. Such narratives were mainly pseudo-autobiographic, so they were presented not as a kind of ordinary, pre-revolutionary childhood, but as the specific childhood of a great Russian writer – a person close to common people in spite of his noble origins, suffering for common people, and living out their hopes and interests. Textbooks and readers for Soviet primary and secondary schools usually included the same abstracts from these masterpieces where »nobleness« was less obvious. Tyoma's childhood, for instance, was usually associated, in the minds of Soviet boys and girls, with his dog Zhuchka whom he managed to rescue from a draw well. If a prose writer did not satisfy the political and ideological requirements of the Soviets in power, his work was not offered to the children. This happened, for instance, to Vladimir Nabokov with his excellent Putya's childhood stories.

In reality, the world of Russian children was extremely different in its social, ethnic, gender, religious, and cultural content, though on the eve of the First World War the social stratification within their world became less pronounced due to the process of modernization, which spread over Russian society rapidly and overwhelmingly. This »closeness« was popularized by imperial propaganda in order to prove the achieved existence of the united home front in the face of outer enemies, and really grew step by step during the war years. But the boundaries between different childhoods were not broken or liquidated. They became even more unstable and relative.

»This war has involved all classes, all ages. It has also seized the children«. Such sentiments could be found in many articles, written by Russian teachers, psychologists, historians, and journalists and published in the leading Russian pedagogic journals from 1914 to 1917.[5] These writers spoke of the »Russian children's militarization«,[6] using the term negatively to characterize all types of children's involvement in the war, both in action and in mind. Such familiarization with war was, for some children living in the Western provinces of Russia, rapid, immediate, and shocking. But for the majority of children this process was gradual and sobering, shedding light on their romantic emotions and misunderstandings about war. Russian pedagogue P.N. Nesterov mentioned some of the steps in the children's »cognition« of war, referring to boys and girls living in the home front: (1) »Patriotic demonstrations in the cities after announcement of war; (2) reservists (including close relatives) drafted and dispatched to the front line; (3) arrival of wounded, visits to hospitals, hearing stories told by participants of military operations; (4) hearing school talks on the

---

4   See, for example: *Deti-shakhtery*: Sbornik rasskazov, Leningrad 1925. The same image was used to depict the »Western« childhood. See: *Deti Zapada*: Sbornik dlya detey i yunoshestva, Gosizdatel'stvo, Moskva, Leningrad 1926.

5   P. N. Nesterov, *Voyna i uchaschiesya deti* in »Russkaya shkola«, volume 1, January 1915, p. 46. »Vestnik vospitaniya« and »Russkaya shkola« dominated among these kinds of periodicals.

6   »Children are real militarists«, – wrote in her article an anonymous teacher. (Teacher (Pseudonim), *Otrazhenie voyny v zhizni detey* in »Russkaya shkola«, volume 12, December 1915, p. 6).

importance and meaning of war«.[7] Many of the children (boys especially) cardinally changed their usual place and style of everyday existence: They went to the street in the metaphorical and figurative sense. From the beginning of the war they took an active part in the ecstatic demonstrations, holding patriotic slogans, national flags, and portraits of the tsar and crown prince. One of the boys wrote that he was yelling patriotic slogans so loudly that he »couldn't talk for some days because he became hoarse«.[8] Poorly controlled by their mothers, who had to take some of the men's duties and were preoccupied with the increasing problems of daily life, the children spent a lot of time in the street, discussing war issues and playing new military games. According to children's inquiries, recorded by the well-known Russian pedagogue V.V. Zenkovskiy in 1914, nearly all boys and 52 percent of girls played war. In this form of play Russians always possessed military superiority and won: There were no Russians among war prisoners and rarely among the killed. Children did not like to play the role of Germans. As one of the girls said, »When we play war I am always Russia«. The roles of enemies were very often given to dolls or domestic animals.[9] Indoor games were similar. While playing piano, »Masik gave special roles to every finger«, his mother wrote in her diary. »The thumb means Russia, the forefinger means Austria, the middle finger is Germany, the fourth finger, England, and the little finger, Serbia. Then he gives commands to every finger as to what to do (to attack, to dig trenches, to drop bombs) and plays piano in a corresponding tempo. Sometimes he hisses at the same time and explains to me, ›it's a bullet, it's shrapnel‹«.[10]

Unfortunately, besides these purely childish activities, children were now intensely engaged in adult life with all its hardships and anomalies, which became norms. Children's criminality, homelessness, and prostitution reached unprecedented levels. An article devoted to the fifth anniversary of the children's court in Petrograd stated that, »From the beginning of the war the quantity of young defendants has increased by 30 percent«.[11] Russian doctors stated that, while children's prostitution previously existed primarily in the »workers' space«, now even the female students in gymnasiums or secondary schools were ready to make a »two to three day trip to Odessa or Moscow, together with their elder brothers' friends« in order to get »a rather large sum« of 100 rubles. This kind of prostitute was called, »for 100 rubles«.[12] Children's alcoholism and drug addiction became a real social scourge. An impressive image during this time, of such a small »cocaine girl« was painted by the Russian poet and singer Alexander Vertinskiy, »Why are you crying here, a lonely, poor baby, crucified by cocaine in the wet boulevards of Moscow?«[13]

The war forced children to grow up prematurely, conducting themselves like adults. Independently leaving for the front line (the so-called children's volunteering) became extremely popular, not only among boys but also among girls. In the autumn of 1914, the

---

7   P. N. Nesterov, op. cit. (see note 5, p.37), p. 47.
8   At the same time children were at first unaware of the import of events. In their own words, they »knew nothing about Germans, and thought that Germans and Prussians were different nations« (ibid, p. 48).
9   V.V.Zenkovskiy, *O vliyanii voyny na detskuyu psikhiku* (Po dannym ankety) in Deti i voyna, Kiev 1915, pp. 51-52.
10   D. Stakhorskaya, *Dnevnik materi,* Moscow 1916, p. 180.
11   *Pyatiletie detskogo suda v Petrograde* in Russkaya shkola, volume 1, January 1915, p, 96.
12   V. Levitskiy, *Deti-prostitutki v dni voyny* in Vestnik vospitaniya, volume 2, 1917, p. 180.
13   A. Vertinskiy, *Pesni I stikhi,*no place, no date, p. 27.

newspaper *Birzhevye vedomosti* reported that boys, and girls in men's clothing, between the ages of 10 and 15 departed for the »theatre of war« every day: »Some of them with nothing, but some with birth certificates, money, and even weapons«.[14] The Ministry of the Interior had to issue a special circular »On the children volunteers« in order to organize the children's return under police escort.[15] An inquiry of 94 children between the ages of 6 and 13 (57 boys, 37 girls) in the autumn of 1914 revealed a desire to fight among 40 percent of the boys and 33 percent of the girls. The girls usually preferred to participate as medical assistants. One 12-year-old girl wrote, »I would like to go to the war but I am afraid. But if I go I will fight! If I am killed let it be so!«[16]

These children were moved, not only by adventurism and their desire to identify themselves with adult masculinity as they interpreted it but, by a real love for their Motherland. There were real heroes among them. For example, in November 1914 all the Russian magazines and newspapers published a photo of a 14-year-old volunteer scout named Alexander Markov who was wounded under Suvalki. And at the beginning of 1917, the 13-year-old volunteer Ivan Sobolev became known for managing to take away a machinegun's, two-wheeled cart from enemy fire. As a result he received the Cross of St. George, the highest military award in Russia. The people's collective memory fixed on such examples of the children's heroism.[17] But in spite of these young combatants' heroism the children were still children and their selfless courage had children's roots. »They didn't know the real value of life, so they were not aware of cowardice and had no fear of losing their bodies.... They didn't know their own tale«.[18]

From a child's perspective, wars are usually cloaked in romantic gauze and interpreted as a game.[19] But such illusions disappear quickly when boys and girls come into direct contact with war. Combining the reality of their own experience with the prevalent myths of the military propaganda at the time, the children constructed their own image of war and tried to find their own place in this new war world. They spent a lot of time helping nurses at hospitals; reading books and newspapers to the, often illiterate, wounded soldiers; writing letters to relatives on behalf of the soldiers; teaching reading and writing; sewing shirts and knitting scarves, helmets, and tobacco pouches; embroidering handkerchiefs, cuffs, and collars to send as presents to the front line; collecting valuables and money for injured people; and taking part in the field work as members of volunteer labor groups. »Oh, I would like to work so much!... I feel pity for the time I've lost while sleeping! ... There are so many interesting things to do!«[20] These were some of the sentiments written by children in

14   See: A. Kalmykova, *Kak otrazilas' voyna v zhizni detey i kakie zadachi postavila ona nam, vzroslym, roditeliam i vospitatelyam* in Russkaya shkola, volume 2, February 1915, pp. 6-7.
15   Russkaya shkola, volume 3, March 1915, p. II. Among those young volunteers was the famous Russian writer, Vsevolod Vishnevskiy (a 14-year-old gymnasium student at the time). Later he described his flight to the front line in his memoirs (V. Vishnevskiy, *Voyna* in V. Vishnevskiy, *Collected Works, volume II, Moscow 1954*, pp. 7-365).
16   V.V. Zenkovskiy, op. cit., pp. 62-63.
17   S. Fedorchenko, *Narod na voyne*, Sovetskiy pisatel', Moscow 1990.
18   A. Platonov, *Sokrovennyy chelovek* in A. Platonov, Zhivya glavnoy zhizn'u, Khudozhestvennaya literatura, Moscow 1989, p. 26.
19   On the combination of notions »armed conflict« and »game« see: J. Huizinga, *Homo ludens*, EKSMO-Press, Moscow 2001, pp. 149-150.
20   See: E. A. Zvyagintsev, *Otnoshenie detey k voyne* in Vestnik vospitaniya, April 1915, № 4, pp. 140-141.

their school compositions, letters, and diaries. The children were ready to reject Christmas presents in order to send the money to the »war«.[21] Like all children, they believed in good and were sure that the war would soon be over. They believed that their fathers and elder brothers would return home as victors, that there would be great celebrations and that everybody would be »rich and happy«.

At the same time, children's psyches suffered intensely from the war. All the children wrote that they were frightened, including those who were far from military operations and only heard or read about the war in children's books and illustrated magazines. »It's scary there, with yelling, bullets, fire, smoke ... It's very cold there, scary, and there are a lot of wounded«.[22] Children who found themselves at the very center of hostilities were also extremely frightened, such as young refugees who witnessed everything with their own eyes. »Soldiers came to our village and began to set fire. It was scary ... We were greatly frightened. Soldiers were passing by, villages everywhere were burning«.[23] Such fear turned into aggression as a mechanism of self-defense.[24] A 12-year-old girl, described by her teacher as »the kindest girl« among her classmates wrote to the front line as follows, »Dear soldiers, how do you treat Turks and Germans, with fists or with bayonets? Write if Germans can swim or not. If not, drive all of them into the lake and drown them«.[25] It is possible to give many of such »cruelty« examples, though it is difficult to prove that the children realized everything that they were speaking about. Nevertheless, some eyewitnesses described real cases of mercilessness, bordering on psychic anomalies, especially in regions that barely escaped from enemy troops: »Not far from me a group of 8- to 12-year-old children were playing .... They set up the dead body of an Austrian and began to shovel snow around him. So a dead body served as a skeleton for making a snowman. I came up closer, looked into their faces and was terrified. They were joyful, they were cheerful, they were laughing .... That means that they've gotten used to it«.[26] Such behavior evolved into a norm from 1918 to 1920, during the culmination of the civil war in Russia.

So in analyzing the influence of the First World War on Russian children, it is possible to stress that the war changed not only their style of life, but also, (what is more important) significantly changed their state of mind. To some extent these children could be referred to as war victims, but they didn't hide themselves behind the role of victim in order to protect themselves from hard realities or to arouse compassion. They tried to be independent and show initiative, they tried to be useful and active. Such features and characteristics were highly prized by the Bolsheviks, during and after the 1917 Revolution, in their new educational and child rearing practices. The children of the new Soviet world had to become an integral and prominent part of a new Soviet social, cultural, and political space. In order to create this space, the Bolsheviks crushed the »old« Russian, children's world. It was split into pieces and it took the Bolsheviks years to put the pieces together again (or to get rid of some of them) in order to carry out their project for children, though the result was not exactly what they had planned.

---

21   See: Teacher (Pseudonim), *Otrazhenie voiny v zhizni detey*, p. 9.
22   S. Levitin, *Deti i voyna* in Russkaya shkola, May-June 1915, volume 5-6, p. 100.
23   A. Grinberg, *Rasskazy besprizornykh o sebe,* Novaya Moskva, Moscow, 1925, pp. 111, 115, 119, 125, etc.
24   See: A. Freud, Ego i mekhanizmy zaschity, Eksmo, Moscow 2003, pp. 58-63.
25   S. Levitin, *Krest'yanskiye deti i voyna,* Russkaya shkola, September-October 1915, volume 9-10, p. 83.
26   S. Levitin, *Deti i voyna,* p. 91.

According to the Bolshevik approach, all Russian children had to be divided in two basic groups: »friends« or »foes«. And these divisions became stricter during the Civil War of 1918-1922. This categorization didn't depend on the children's age, gender, ethnicity, place of birth, or location, but only on the children's social origins and attitude to the Soviet state. Friends (proletarian »Red« children) were supposed to be completely devoted to Soviet power and were going to be its embodiment and the bearers of its ideas and ideals in the future. The most appropriate candidates for such a role seemed to be homeless and abandoned children known as *besprizorniki*. These boys and girls were considered to be »free« from family and, consequently, from the »retrograde« and »harmful, bourgeois« norms, rules, traditions, former life style, and state of mind. It was they who became the main object of the Soviet socialist upbringing *(sotsvos)*. Because of the war and revolution, there were more than 5,000 children's homes, boarding schools, orphanages, and communes in Russia at the beginning of the 1920s.[27]

As for the foes, a lot of them left Russia together with their relatives, or they fled with the departing White Army as pupils of military or Cossack schools, and formed a specific Russian children's, émigré world. This world combined previous, pre-revolutionary features with new, unusual experiences and practices. For example, pupils of the Don Cossack military school wrote that only in Egypt, where they had fled with the Whites, could they play football, for the first time in their lives.[28] These children were under the powerful influence of the Russian émigré schools, teachers, and special émigré pedagogic organizations, such as the »Pedagogic Bureau for Secondary and Primary School Abroad«, founded in Prague in 1923. According to its data from 1924 to 1925 (earlier statistics are absent) there were nearly 18,000 to 20,000 refugee children of school age abroad. Approximately 12,000 of the children went to the Russian émigré schools and 4,380 lived in boarding schools.[29] This émigré childhood was one of the fragments of Russian childhood disrupted by the revolution.

At the same time, the majority of Russian boys and girls who didn't leave their native land also found themselves in a new, sometimes unknown, and even hostile situation. Many of these children expressed the attitude that everything was good and became bad. This binary opposition can be found in all the children's texts written in the early Soviet period, regardless of the author's social origin. The detailed descriptions of a golden childhood are commonplace in all the narratives of the children known as foes: »The years 1915 and 1916 were peaceful years. You quickly get up in the morning, then have tea, then take buns and patties and go to school. There is nothing there except pleasure. Three months pass and Christmas comes .... After the Christmas holidays, lessons again ... later, Easter. Church bells ring for a whole day ... congratulations, presents…at the end of April classes are over. School festivals, performances, recitation of poems, letters of commendation ... then the field work, only pleasure«.[30] This remarkably routine world was suddenly smashed by the revolution: »In the morning as usual father went to his regiment while we were drinking

27   *Narodnoe obrazovanie v RSFSR (1917-1967 gg.)*, Prosveschenie, Moscow 1967, p. 7.
28   *Deti russkoy emigratsii: Kniga, kotoruyu mechtali i ne smogli izdat' izgnanniki*, TERRA, Moscow 1997, p. 93.
29   L. Petrusheva, *Ottsy i det russkoy emigratsii* in Deti russkoy emigratsii, p. 8.
30   *Deti russkoy emigratsii*, p. 114.

tea. Suddenly he returned and said that we should leave the city because of the coming Bolsheviks. We fled and left everything, including the set table«.[31] The children wrote that experiences such as the panicked flight from a set table, in the literal and figurative sense, caused the feeling of something »awful, unpredictable, and vague«.

Children labeled as friends, with their hard, pre-revolutionary childhood (or anti-childhood[32] as brilliantly described by M. Gor'kiy in his famous trilogy *Childhood, From Home to Work*, and *My Universities*) full of sufferings and privations, also lost their severe but habitual world, a style of life to which they were accustomed. »After free, spacious streets, school began to strangle me...there was nothing to read, and nothing to write with, and, being hungry, there was no desire to go to school«.[33] It is not strange that the typical duration of school attendance was only 3.5 years, in Kazan province for example, during the early post-revolutionary period.[34] Life didn't become better. A peasant girl wrote in her school composition, »It's so bad to live now, there is nothing at all, no bread«.[35]

The above cited, bitter words appeared not only because of a difficult economic situation worsened by political reforms and war. It so happened that the Soviets in power were not able to protect their red children, at least during the first years of Soviet rule. The regime was too much engaged in »more important« and »urgent« tasks, was too weak economically, and initially had no concrete plans about how to confer »sovietness« to this heterogeneous mass of boys and girls. During the civil war years, under circumstances such as cold, hunger, and epidemics, which led to high mortality,[36] the new power concentrated its resources on saving children from premature death by organizing the different types of orphanages, where no attention was given to »political education«.[37] Despite a decree on a comprehensive labor school, issued in October 1918, such labor schools really appeared only after the civil war in 1921. Around this time Bolshevik educators and teachers began to use different adaptation methods such as special children's organizations (especially pioneer organizations) as well as children's literature, songs, cinema, holidays, and celebrations in order to implant new Soviet values in the children's minds and to create a truly new Soviet, children's world. But this change didn't happen swiftly. Even a large-scale inquiry of the schoolchildren, organized in 1927, ten years after the Bolshevik revolution, in which more than 120,000 boys and girls from twenty-three provinces in Russia participated, showed that among the almost »satisfied« answers (»I like everything ... nothing has to be

31   Ibid., p. 61.
32   This notion was suggested by A. Wachtel in his »The Battle for Childhood: Creation of a Russian Myth« (Stanford, Calif., 1990, pp. 131-135, 203-207).
33   N.A. Rybnikov, *Avtobiographii rabochikh i ikh izucheni: Materialy k istorii avtobiographii kak psikhologicheskogo dokumenta*, Gosizdat, Moscow 1930, p. 51.
34   See details in: A.A. Salnikova, *Rossiyskoe detstvo v XX veke: Istoriya, teoriya i praktika issledovaniya*, Kazanskiy gosudarstvennyy universitet, Kazan 2007, pp. 105-117).
35   G. Spasskaya, *Sovremennaya zhizn' v detskikh sochineniyakh* in »Sovremennyy rebenok«, Moscow 1923, p. 53.
36   Only in the Tatar Republic from January 1, 1921 to January 1, 1922, 326,106 children out of 1,304 425 died from starvation. (*Vo imya spaseniya detvory:* Izdanie Komissii po uluchsheniyu zhizni detey, Kazan 1922, p. 9-10.
37   See, for example: K. Tchukovskiy, *Dnevnik: 1901-1929*, Sovetskiy pisatel', Moscow 1991, p. 176.

done.«) more than 3 percent of the children called for their »former life, former times, and former school«.[38] However it is difficult to verify how sincere the satisfied children were.

So in general, we can assume that as a result of specific processes from 1914 to 1922 – whether historical, political, economic, cultural, ideological or educational – the old, Russian children's world was destroyed, though a new Soviet world for children had not yet appeared. This world came later, in Stalin's time in the 1930s, when the concept of a »happy Soviet childhood« was widely indoctrinated into the minds of Soviet citizens. In the special conditions created by the war and revolution, from 1914 to 1922, a new generation of boys and girls grew up in Russia. These children were psychologically mobile and receptive to everything new. This generation formed a favorable basis for the different social and cultural Soviet experiments and was highly militarized, such that they facilitated the successful introduction of Pioneer organization, with all its military and political ideology, attributes, and rituals. Constant readiness to go to war, intensified vigilance, and the search for an enemy (real or potential) became integral characteristics of the new, Soviet child rearing and educational practices.

---

38   *Deti i Oktyabr'skaya revolutsiya. Ideologiya sovetskogo shkol'nika,* Gosudarstvennoe izdatel'stvo, Moscow 1928, pp. 139-147.

Christine Gölz

Das gebändigte Kind – Kinder außer Rand und Band.
Vom sowjetischen Edukationsnarrativ zu den
Schulgeschichten im neuen Russland

Unter den in der Presse im März 2011 hervorgehobenen Diplomarbeiten der *Moscow Rodchenko-School of Photography and Media* findet sich auch eine Videoarbeit der jungen Künstlerin Polina Kanis, die den Titel »Urok« (Schulstunde) trägt. Die gefilmte Performance zeigt vorbildliche Viert- oder Fünftklässler während einer Patriotismusstunde in einer Moskauer Schule. Sie lauschen aufmerksam den Ausführungen der jungen Lehrerin und antworten geflissentlich. Auf ideale Weise der bereits in der Sowjetzeit für das Dispositiv Schule normierten Körperhaltung angepasst, bieten sie das perfekte Bild von Musterschülern.

Ungewöhnlich ist hier auf den ersten Blick nur die Lehrerin, die ausschließlich durch eine Trillerpfeife spricht. Die Belehrung erfolgt in monotonen Pfiffen und ruft beim Betrachten Assoziationen wie Redundanz, Drill, Maßregelung u.ä. hervor: Das Patriotismustraining wird hier vorgeführt als ein ganz augenscheinlich seiner primären Referenz entleertes und in der Folge daher Sekundärmythen generierendes Symbolsystem. Der präsentierte Unterrichtsstoff besteht aus einfachen Plakaten (Wald, Fluss, Kreml, Armee, Gazprom, Präsident) und ebenso schlichten Antworten (groß, mächtig, unbesiegbar, reich). Die Ideologie ist simpel und dichotomisch – hier die Helden: Puškin, Gagarin, Medvedev, dort der Feind: die Chinesen, die Deutschen, Rom. Polina Kanis' sehr durchsichtige Inszenierung hat erst zum Ende einen Kippeffekt eingebaut, dann nämlich, wenn die Schüler alles andere als textsicher und stimmfest die neu-alte russische Hymne intonieren und schließlich, nach einer offensichtlich angeordneten Besinnungspause, doch noch in befreiendes Lachen ausbrechen.

Bei genauerem Hinsehen sind es die Musterschüler, die in dieser Arbeit ungewöhnlich sind, hatte doch gerade ihr Fehlen oder präziser: die aktuellen Probleme von Schule und Schülern und damit verbunden die Irritationen an herkömmlichen Bildern von Kindheit und Kindern in den der Ausstellung vorangegangenen Monaten die Gesellschaft in Russland in seltenem Ausmaß erregt. Auslöser war der Skandal um eine filmische Bearbeitung des sattsam bekannten Schul- oder Edukationsnarrativs gewesen, mit dessen Hilfe schon seit den frühen Sowjetjahren am Mythos eines »neuen Menschen« gestrickt und mal gesellschaftliche Utopien, mal dystopische Szenarien entworfen worden waren. Auch diesmal ging es um ein exemplarisches Gesellschaftsmodell, um richtige oder falsche Bilder von Kindern sowie um die Erwachsenen und deren Verantwortung für die in den Kindern verkörperte Zukunft. Allerdings hatte dies alles seinen Ort nicht etwa im Film selbst gehabt, sondern in den sich anschließenden Debatten, die sich nicht zuletzt gerade an der als unerträglich empfundenen Verweigerung eines Deutungs- und Lösungsansatzes für die im Film entworfenen Probleme entzündeten.

Nicht dass in den letzten Jahren keine Lösungen vorgeschlagen worden wären. Ausgangspunkt war die Diagnose, Russland befinde sich trotz einiger positiver Tendenzen im sozialen und wirtschaftlichen Bereich noch immer in einer umfassenden geistig-moralischen Krise. Deren Ausdruck sah man u.a. in der extrem hohen Selbstmordrate (auch unter Kindern), in der übermäßigen Anzahl von Abtreibungen gerade bei Minderjährigen, dem hohen Gewaltpotenzial in der gesamten Gesellschaft, Gewalt, die sich auch gegen Kinder richtet und die zudem unter Minderjährigen erschreckende Formen angenommen hat, im alarmierenden Drogen- und Alkoholmissbrauch in allen Altersgruppen sowie in der Häufigkeit zerrütteter Familienverhältnisse und der Anzahl an Sozialwaisen, die prozentual die höchste in der ganzen Welt sei.[1] Daher hatte 2008 das Gremium zur Vermittlung zwischen Staatsapparat und Zivilgesellschaft, *Obščestvennaja palata,* dringenden Handlungsbedarf konstatiert:

»Wenn nicht in allernächster Zeit die nötigen Maßnahmen zur Bekämpfung der Krise ergriffen werden, sieht sich Russland als zentrales, eigenständiges Staatswesen mit eigener kultureller und historischer Identität der Gefahr ausgesetzt, in nicht ferner Zukunft zu verschwinden (sollten die derzeitigen Tendenzen anhalten)« *(1 ijulja – Den' zaščity detej 2008).*

Um dem zu begegnen, wurden auf höchster Ebene Maßnahmen erörtert, die unter dem Schlagwort »Kampf gegen Sittenverfall« und »Kampf gegen jugendliche Subkulturen« die als unzureichend eingestufte Sozial-, Bildungs- und Familienpolitik betrafen und die mit der seit einigen Jahren betriebenen russischen Schulreform Hand in Hand gehen sollten.[2] Das von *Duma* und *Obščestvennaja palata* diskutierte »Staatspolitische Konzept« mit dem Titel »Zur geistig-moralischen Erziehung der Kinder der Russischen Föderation und zum Schutze ihrer Moral« enthielt eine Reihe neuer Gesetze und Gesetzesänderungen. Diese sollten u.a. die Einführung einer sanktionierten Sperrstunde für Kinder bis 14 Jahren, das Verbot von Tätowierung und Piercing sowie Gothic- oder Emo-Attributen in der Schule, den Bann vulgärsprachlicher SMS mittels Zensur durch die Provider und die Abschaffung

---

1   Statistische Angaben, die diese Symptome untermauern, s. Jurevič/Ušakov 2009.
2   Seit zwanzig Jahren reformiert die Russische Föderation bereits ihr Schulwesen, angefangen von neuen Schultypen bis hin zu neuen Lerninhalten und Lehrmitteln, und steht in ihren Bemühungen nun vor einem ersten Abschluss. In der Öffentlichkeit werden in den letzten Monaten am heftigsten drei Themen diskutiert: das Zentrale staatliche Examen (ein zentraler Multiple-Choice-Test, der die Zugangsberechtigung zur Hochschule verleiht), eine neue Bildungsgesetzgebung und Bildungsstandards. Dabei sollen auch diese Reformen auf die »geistig-moralische Krise« des Landes reagieren. Das wegen seiner »Dressur-Eigenschaften« umstrittene Zentralexamen z.B. wurde nicht zuletzt zur Herstellung von Chancengleichheit und zur Bekämpfung der stark verbreiteten Korruption unter Lehrern und Aufnahmekommissionen der höheren Lehranstalten eingeführt, die sich auch negativ auf das Verhältnis der Schüler zu Leistung niederschlug. Allerdings ist die erhoffte »sittliche« Verbesserung der Situation an den Schulen noch nicht eingetreten: Nach einer aktuellen Umfrage unter Moskauer Zehnt- und Elftklässlern halten nur 54,7 % der Schüler das Bestehen dieser Prüfung aus eigenen Kräften für den richtigen Weg, die anderen verlassen sich lieber auf das Internet/Mobiltelefon, Spickzettel, Eltern oder die erkaufte Hilfe der Lehrer (vgl. hierzu die Expertendiskussion in Ljalenkova 2011).

von nicht-russischen Schulfesten wie Halloween oder Valentinstag umfassen. Die Reaktionen auf diese Bestrebungen, die »geistigen und moralischen Grundlagen« zu sichern, waren nicht nur positiv. Nicht wenige Stimmen äußerten Bedenken gegen die Stoßrichtung der Maßnahmen, die sich besonders auf subkulturelle Ausdrucksformen der jungen Generation richteten.[3] Man vermutete in der Kriminalisierung von alternativen Selbstentwürfen die Angst der Eliten vor einer Radikalisierung der nachwachsenden Generation.

Der Soziologe Lev Gudkov, Direktor des renommierten unabhängigen Meinungsforschungsinstituts *Levada-Zentrum*, sollte mit seiner Folgerung Recht behalten, es handele sich um den Versuch einer ideologischen Vereinnahmung der Kinder und Jugendlichen und um die Etablierung eines Instruments zur Unterdrückung unliebsamer Jugendbewegungen (Gudkov et al. 2011). Im Zuge der noch andauernden Schulreform wurde nämlich in einem ersten Schritt die Rubrik »geistig-moralische Kultur« in den Lehrplan der weiterführenden Schulen aufgenommen und seit 2009 wird »Orthodoxe Kultur« als Fach an Pilotschulen im ganzen Land unterrichtet.

Damit sind die Maßnahmen als Teil einer Tendenz zu sehen, staatlicherseits die »außer Rand und Band« geratenen Kinder in ein Werte- und Verhaltensparadigma zurückzuholen, das die soziologischen Erhebungen des *Levada-Zentrums* unter dem Begriff »Generation Putin« führen. Für diese erste postsozialistische Generation der heute 18- bis 25-Jährigen, die nicht aus den Hauptstädten stammen oder sich mehrheitlich aus bildungsferneren und sozial schwächeren Schichten rekrutieren und deren Formung mit gezielt eingesetzten Propagandamitteln über Ressentiments und Sozialneid erfolgt ist, bedeutet Putin die Verkörperung ihrer Wünsche. Diese jungen Erwachsenen, die über 80 % ihrer Altersgruppe ausmachen, werden von den Soziologen als politisch passiv, extrem konsumorientiert, konformistisch und ohne moralische Werte und Ideale charakterisiert. Sie stellen daher eine die derzeitigen Eliten stabilisierende, dabei jedoch die sonst mit der Jugend verbundenen Modernisierungsschübe bremsende Größe dar, deren Wurzeln in den noch immer merklichen Altlasten des *homo soveticus* gesehen werden (s. Gudkov/Dubin/Zorkaja 2009, insbes. S. 56-58; Dubin 2011). Allerdings konstatieren Gudkov et al. erste Veränderungen in der Haltung der Jugendlichen, auf die auch die staatlicherseits mittels Erziehungs- und Schulpolitik initiierten Stabilisierungsversuche eine Antwort zu sein scheinen.

»Im Laufe der letzten zehn Jahre lebte das Land in Stabilität ohne den Wunsch, etwas zu ändern. Doch seit letztem Herbst [2010] zeichnet sich ein deutlicher Trend ab: In der Gesellschaft wächst die Verunsicherung, die Beunruhigung darüber, was morgen sein wird. Eine Ahnung macht sich breit, die Aufrechterhaltung der aktuellen Ordnung könne noch größere Verluste in der Zukunft nach sich ziehen. Gründe für diese Be-

---

3   Zwei Stimmen seien hier exemplarisch angeführt. Die stellvertretende Direktorin des Antiextremismus-Zentrums SOVA, Galina Koževnikova, äußerte gegenüber der Presse: »Die vorgeschlagenen Maßnahmen imitieren heftige Betriebsamkeit. Mit Skinheads und Gothics kann nicht in ein und derselben Weise verfahren werden. Das Ergebnis eines solchen Kampfes wird immer das gleiche sein, der Protest der Heranwachsenden wird weiter anwachsen und die Jugend wird sich erst recht von allem Verbotenen angezogen fühlen. Unser Staat hat gegen Hippies gekämpft, gegen Rocker und Heavy Metal-Anhänger und immer verloren, weil es immer jugendliche Subkulturen geben wird«. Eine Vertreterin des Bildungs- und Wissenschaftsministeriums erklärte ihre Forderung nach Überarbeitung wie folgt: »[...] die Konzeption beinhaltet trotz aller positiven Momente eine ganze Reihe von starken Übertreibungen. Zum Beispiel wird alles verurteilt, was aus dem Westen kommt. Unabhängig ob gut oder schlecht. Der größere Teil des Gesetzesprojekts setzt auf Zwang den Eltern und den Kindern gegenüber. Das wird nicht funktionieren« (zit. nach Kozenko 2008).

unruhigung sind administrative Willkür, Korruption, das Gefühl des Ausgeliefertseins bei den Menschen und ein sinkender Lebensstandard« *(Gudkov/Ivanov 2011)*.

Um diese Verunsicherung, die sich nicht zuletzt an der Korrumpierung gesellschaftlicher Institutionen wie Justiz, Miliz, Staatsapparat, aber eben auch Schule, entzündet, und um ihre exemplarische Manifestation im Skandal um eine Fernsehserie über den Schulalltag von Kindern soll es im Folgenden nun gehen. Was war passiert? Gleich zu Beginn des Jahres 2010, am ersten Montag nach den Weihnachtsferien, hatte der *Erste Kanal* des Staatlichen Fernsehens, der mit hoher Definitionsmacht ausgestattete Regierungssender *Pervyj Kanal*,[4] die neue Saison der Prime-Time-Serien mit einem besonderen Beitrag zum Jahr des Lehrers eröffnet – mit der Daily-Soap *Škola (Die Schule)*. An Werktagen sollte nun parallel zum Schulalltag aus dem Leben der Klasse 9a einer gewöhnlichen Moskauer Mittelschule erzählt werden. Die Ausstrahlung war zu zwei Sendeterminen vorgesehen, zum Auftakt des Abendprogramms, das in Russland bereits um 18 Uhr beginnt, und im Spätprogramm kurz vor Mitternacht. Die Serie konfrontierte die Zuschauer mit einer für das Unterhaltungsfernsehen mehr als unüblichen Stilistik, geprägt durch den exzessiven, dabei amateurhaft anmutenden Einsatz der Handkamera, deren Effekt die Illusion einer hohen Authentizität des Gezeigten ist. Noch unerwarteter aber war die präsentierte Sicht auf Schüler, Schule und Eltern, die von vielen als unerhört, ja völlig ungehörig empfunden wurde.

»Die erste und vermutlich heftigste Reaktion auf den Film ist ein unspezifisches Gefühl von Beunruhigung bei den Zuschauern. Es wird durch die primitiven Dialoge der Jugendlichen ([in Deutsch etwa:] was geht, escht krass, hey Aldä) und die graue Teilnahmslosigkeit der Lehrer hervorgerufen sowie durch die pseudodokumentarische Art zu filmen, durch die wackelnde Handkamera und die Einstellungen häufig aus einer ›am Boden liegenden‹ Position. Der Eindruck drängt sich auf, dass die Rede der Jugendlichen nicht aus deren Mündern, sondern aus den Hosenbeinen fließt, was in gewisser Weise sogar passender ist, zieht man da mehr die Wortwahl in Betracht. Und schließlich die sich durchziehende Atmosphäre von Entfremdung, von Gleichgültigkeit vor dem Hintergrund eines trüben Winterhimmels und der Wohnblocks. Viele Zuschauer teilen in Blogs ihre durch die Serie hervorgerufenen Empfindungen mit und beginnen damit, dass ihnen übel sei und ihr Erbrechen mehr als nur eine Metapher. Verwunderlich ist das nicht, [...] der größere Teil der Zuschauer des Ersten Kanals, deren Prägung durch das ›prä-lumière Kino‹, wie der Kinokritiker Jurij Bogomolov TV-Serien nennt, erfolgte, sind natürlich geschockt« *(Archangelskij 2010)*.

Schon nach den ersten Sendungen schlugen die Wellen so hoch, dass sich die Aufregung nicht mehr ignorieren ließ. Diese Serie konnte erstaunlicherweise nicht einfach als marginales, popkulturelles Phänomen der Jugendkultur abgetan werden. Noch bevor sie sich dort hätte etablieren können, war sie bereits in breiten gesellschaftlichen Schichten generationenübergreifend zum Skandalon erklärt worden. Besonders empört zeigten sich die 2010 ja eigentlich zu ehrenden Lehrer. Sie wollten weder ihre Schüler noch sich selbst in den Protagonisten dieser Schule wiedererkennen. Man forderte ein Verbot, der Sender reagierte mit

---

4   Der *Erste Kanal*, dessen Aktien zur guten Hälfte von der russischen Regierung gehalten werden, hat eine herausragende Stellung in der russischen Medienlandschaft inne. Sein Generaldirektor Konstantin Ernst startete im Jahr 2010 eine Kampagne mit dem Ziel, auf das veränderte Medienverhalten zu reagieren und durch neue Formate die ins Internet abgewanderten kindlichen und jugendlichen Zuschauer für das Fernsehen zurückzugewinnen (vgl. Volobuev/Ernst 2010).

Diskussionsrunden und turbulenten Talkshows.[5] Selbst die Duma befasste sich mit der skandalösen Serie, und Ruhe kehrte erst ein, nachdem sich auch Regierungsoberhaupt Putin öffentlich gegen die um sich greifende Hysterie und – ziemlich unerwartet – zugunsten künstlerischer Freiheit ausgesprochen hatte.[6] Trotz der Proteste wurde die Serie nicht abgesetzt, wie kurzfristig erwogen, sondern ganze 69 Folgen lang bis zu ihrem erzähllogischen Ende ausgestrahlt. Als allerdings auch der Kompromiss einer »Kinderfassung« die Kritiker nicht verstummen ließ, wurde die Serie bald nur noch auf dem kindersicheren Sendeplatz kurz vor Mitternacht und unter Verzicht auf einige besonders deutliche Szenen, die Sex und Vulgärsprache betrafen, gesendet.[7]

Ausgerechnet einer Schul-Serie, die für ein junges bis sehr junges Publikum gemacht scheint und von der man eigentlich in schillernde Seifenblasen verpackte kommerzielle und ideologische Indoktrination erwartet, war es gelungen, gleich eine ganze Palette von brennenden Themen der russischen Gesellschaft (Wertewandel, Orientierungsverlust, Diskreditierung von Institutionen, Bildungsmisere, Generationenkonflikt etc.) in die Diskussion zu bringen. Dies hat – so meine These – drei Gründe, von denen jeder auf einer produktiven Täuschung beruht: *Erstens* lässt die spezifische neo-naturalistische Filmästhetik die fiktionale Serie auf seltene Weise ›wirklichkeitsgesättigt‹ erscheinen und erklärt die in den festgehaltenen Reaktionen häufig anzutreffende ›dokumentarische‹ und für eine TV-Serie untypische Rezeption, die das Gezeigte ernst nimmt und für diskussionswürdig hält. Das Erstaunliche daran besteht darin, dass sich der Skandal häufig nicht an dem entzündete, was in dieser scheinbaren Dokumentation zu sehen war, sondern daran, dass man so etwas überhaupt zeigte. *Zweitens* hat die Rahmung der Ausstrahlung, der kremlnahe Sender sowie die prominente Sendezeit, eine eindeutige Bewertung der dargestellten Probleme und eine zukünftige Richtung bei der Suche nach einer Lösung erwarten lassen, was von der Serie in keiner Weise eingelöst wurde. Die Regisseurinnen forderten in ihren Stellungnahmen die Zuschauer vielmehr explizit dazu auf, vor dem Bildschirm selbst mit dem Denken anzufangen und ihre Vorstellungen zu überprüfen,[8] was dann in den Debatten seinen Anfang nahm.

---

5 Im *Ersten Kanal* beschäftigte man sich bereits am 14.2.2011 in der gesellschaftspolitischen Talkshow *Sudite sami (Bilden Sie sich selbst ein Urteil)* mit der zu diesem Zeitpunkt schon von Politikern und offiziellen Schulvertretern kommentierten Serie. Am nächsten Tag wurde sie unter großer Zuschauerbeteiligung in der Kultursendung *Zakrytyj pokaz (Exklusivvorführung)* des gefürchteten Kritikers Aleksandr Gordon kontrovers diskutiert, und alle großen Radiosender widmeten sich den Zuschauermeinungen (Petrovskaja 2010). Im Internet entstanden schnell mehrere Portale zur Sendung, auf denen vor allem jüngere Zuschauer ihre Meinungen hinterließen. Neben den Diskussionen zum gesellschaftspolitischen Zündstoff der Serie bemühte sich die Filmzunft, den künstlerischen Anspruch der Serie und ihre Fiktionalität nicht aus dem Blick zu verlieren. So lud z.B. die Filmzeitschrift *Seans* zu einer Zuschauer-Gesprächsrunde mit Lehrern und »ehemaligen Schülern« aus der Redaktion, die, ausgehend von der zwiespältigen Rezeption, die in der Serie entweder eine Verleumdung des russischen Schulwesens oder eine noch zu wenig radikale Offenlegung der aktuellen Zustände an den Schulen sah, die Filmästhetik der Regisseurin Valerija Gaj Germanika und ihre Effekte diskutierten (Učenie ... 2010). Die Filmzeitschrift *Iskusstvo kino* lud ebenfalls zum Expertengespräch (Šakina 2010).

6 Anlässlich eines Treffens mit Studierenden an der Tschuwaschischen Staatsuniversität, landesweit ausgestrahlt in einer Nachrichtensendung am 25. Jan. 2010 (Putin 2010).

7 Zu dieser ›Zensur‹ siehe z.B. das Interview mit dem Chef des Senders und Produzenten der Serie, Konstantin Ernst (Volobuev/Ėrnst 2010).

8 So erklärt z.B. die Co-Regisseurin Natal'ja Meščaninova in einem Interview: »Ich habe verstanden, dass das Hauptproblem nicht darin liegt, dass wir die ›Unwahrheit‹ zeigen, sondern darin, dass das im Ersten Kanal läuft. Viele sind der Meinung, die wichtigste Funktion des Fernsehens sei eine erzieherische. Welches Pfläs-

Drittens hält die kultur- und filmhistorische Folie, vor der die Serie gesehen und diskutiert wurde, mit ihren über Jahrzehnte kodifizierten Kindheits- und Schulbildern zumindest für die erwachsenen Zuschauer offensichtlich sehr mächtige Deutungsmuster bereit. In der Konfrontation mit den nun gezeigten anderen Bildern erwiesen sich die alten auf verstörende Weise als inadäquat. Ein sprechendes Beispiel für eine solche irritierte Rezeption, die auf der Folie alter Kindheitsbilder erfolgte, war die Ankündigung des Duma-Sprechers Boris Gryzlov, eine »Gegen-Schule« in Auftrag zu geben, die sich an den althergebrachten Bildern orientieren solle. Die Nachrichtenagentur RIA Novosti meldete dazu:

> »Der Erste Kanal zeigt Schule in einer eigentümlichen Form, daher gibt es den Vorschlag, im Zweiten Kanal eine andere Schule zu zeigen‹, erklärte Gryzlov [...]. Eine ›positive‹ Serie ist dringend nötig, so Gryzlov, der daran erinnerte, dass die alten Schulfilme wie Bol'šaja peremena (Große Pause) oder Doživem do ponedel'nika (Warten wir den Montag ab) allen gefallen hätten. ›Lasst uns zeigen, wie Schule im 21. Jahrhundert aussehen kann‹, sagte der Sprecher der Gosduma« *(RIA Novosti 2010a).*[9]

Um die Differenz in der Modellierung einer postsozialistischen und einer sowjetischen Kindheit am Beispiel des Schulnarrativs deutlich zu machen, wird diese dritte Teilthese im Weiteren im Fokus stehen. Doch bevor hier ein Abriss der Entwicklung des Bilderkanons in der Literatur und vor allem im Film der sowjetischen Epoche gegeben wird, soll zunächst am Beispiel aktueller Schulfilme die Genese der Serie und ihrer Bilder aufgezeigt werden.

Gaj Germanikas Schulfilme oder neue Bilder einer postsozialistischen Kindheit

Bestellt hatte der *Erste Kanal* die TV-Serie *Die Schule* bei Valerija Gaj Germanika, dem derzeitigen *Enfant terrible* der unkonventionellen Filmemacher, die sich um das Festival *kinoteatr.doc* herum tummeln und von denen mehrere an Drehbuch und Regie beteiligt waren. »Doc« von ›dokumentarisch‹ ist in den letzten Jahren zum Schlagwort einer aus der britischen *verbatim theatre*-Tradition hervorgegangenen neuen, neo-naturalistischen Strömung im russischen Theater und Kino geworden, deren Ziel eine experimentelle, analytische Kunst ist. Sie soll, an der Realität orientiert, auf neue Sinnsysteme reagieren und ist dabei bemüht, die veränderte Wirklichkeit zu verstehen, so die programmatische Selbstverortung (kinoteatr.doc o.J.).[10]

Die der juvenilen Subkultur der russischen Nuller-Jahre zuzurechnende Regisseurin Germanika (Jahrgang 1984) hat als Dokumentarfilmerin begonnen und ist für die Themen Kinder, Jugendliche und Schule bereits mit Preisen ausgezeichnet worden. Die Serie kann

---

terchen auf welches Pickelchen zu legen ist, welche Produkte man kaufen soll, wie man seine Beziehungsprobleme löst ... wobei klar ist, in welche Richtung das zielt. Und dann zeigt man ihnen Škola. Was soll das, ist das die offizielle Position der Regierung? Was soll ich aus dieser Serie lernen? Dabei lehrt diese Serie nichts, rein gar nichts. Sie erklärt nicht, was gut ist und was schlecht. Das muss man selbst verstehen, eigene Schlüsse ziehen, das ist die Arbeit der Zuschauer, zu der ganz offensichtlich viele nicht bereit sind« (Meščanina 2010).

9 Nicht nur der Politiker verweist auf das sowjetische Bilderarsenal. Kaum eine der Besprechungen in der Presse oder den Blogs kommt ohne Vergleiche mit Filmen aus dem sowjetischen Korpus aus.

10 Zur Entstehungsgeschichte des Doc-Theaters in Russland siehe Dugdale 2009.

sowohl inhaltlich als auch filmästhetisch als eine Weiterentwicklung von zwei früher entstandenen Filmen angesehen werden: Germanikas 2006 nach Cannes eingeladenem dokumentarischem Kurzfilm *Devočki (Girls)* und ihrem mehrfach ausgezeichneten Spielfilmdebüt *Vse umrut a ja ostanus' (Jeder stirbt, nur ich nicht)* von 2008, das unter anderem in Cannes mit einer »Lobenden Erwähnung« geehrt worden war.

Im Dokumentarfilm *Girls* dokumentiert Germanika auf den ersten Blick eine Comingof-Age-Situation. Und doch ist es keine Schwelle, die in der dargestellten Handlung überschritten wird, sondern vor allem der Spalt, der die drei Protagonistinnen sowohl von der im russischen Kontext üblichen Darstellung von Kindheit als auch vom Erwachsenenleben trennt. Das ist durchaus ungewöhnlich, fokussiert doch das traditionelle sowjetische Edukationsnarrativ häufig gerade die Phase nach Überschreiten der unterschiedlich markierten Schwelle.

In *Dorogaja Elena Sergeevna (Liebe Jelena Sergeewna)* von 1988 haben die Schüler, die sich in ihren aus »erwachsenen« Argumenten abgeleiteten monströsen Handlungen verfangen haben, ihr Schlussexamen gerade hinter sich. Sergej Solov'evs Film *Sto dnej posle detstva (Hundert Tage nach der Kindheit)* aus dem Jahre 1974 oder Vladimir Tendrjakovs Novelle *Noč' posle vypuska (Die Nacht nach der Entlassung)* von 1975, die beide Fragen nach der Ethik des eigenen Handelns im Kontext des schulischen oder Pionierlager-Kollektivs verhandeln, tragen die überschrittene Grenze bereits im Titel. Andererseits wurden traditionell dort, wo nicht das Erwachsenwerden, sondern Kindheit das Thema war, Kinder häufig – zumindest auf einer allegorischen Ebene – als kleine Erwachsene gezeigt: in den frühen Filmen als »neue Menschen« und ideale Miniatur-Staatsbürger oder zumindest auf dem besten Wege dorthin, später dann als »politisch« handelnde Stellvertreter, an deren Beispiel aktuelle gesellschaftliche Konflikte der Erwachsenen mit der Macht (z.B. während der Entstalinisierung) verhandelt wurden.[11] Das Bild der Kindheit doppelte somit die Welt der Erwachsenen. Die Attribute dieser stereotypen Kindheit waren dann auch auf einige Konstanten reduziert (Pionierhalstuch, Schuluniform, Kindheitsinstitutionen und vorbildliche Autoritätspersonen in Gestalt von älteren Komsomolzen, Pionierführern, Lehrern, Frontkämpfern u.ä.), ohne dass in den Filmen eine eigene Kinderwelt mit zur Welt der Erwachsenen alternativen Themen, Gesetzen und Bildern entworfen worden wäre.

Ausnahmen stellen »Kindheitsfilme« der Umbruchszeiten dar, die gerade wegen ihrer Darstellung von Kindheit als eigenständigem Lebensabschnitt, der sich von der Welt der Erwachsenen auf vielfältige Weise unterscheidet, aus dem Kanon sowjetischer Edukationsnarrative herausfallen, z.B. der Tauwetter-Film *Serëža (Ich hab dich lieb, Serjosha)* von 1961 oder der autobiografische Perestrojka-Film *Zamri, umri, voskresni (Halte still, Stirb, Erwache)* von 1989. Heute sind es vor allem dokumentarische Filme, die Kinder jenseits von herkömmlichen Bildern zeigen und an einer differenzierten Vorstellung von Kindheit im postsozialistischen Russland mitarbeiten.[12]

---

11 Siehe hierzu Gölz 2010.
12 Zu nennen sind hier exemplarisch außer Germanikas Kindheitsdokus *Girls* und *Boys* (letztere über zwei Brüder und ihre Roma-Verwandtschaft) sowie weiteren Kinoteatr.doc-Produktionen wie *Nikita* (über den Alltag eines behinderten Jungen) oder die Dokumentation *Den znanij (Tag des Wissens)*, die einen Tag lang einen obdachlosen Jungen vor dem Hintergrund des Schulfestes zum 1. September begleitet, vor allem das Langzeitprojekt *Roždennye v SSSR / Born in the USSR-7 up, -14 up, -21 up* von Sergej Mirošničenko. In der

Auch Germanika zeigt eine »andere« Kindheit, die bei ihr wie ein »Spalt« gestaltet ist, als seien die letzten Tage vor dem Erwachsensein auf Pause gestellt. Die Kamera begleitet die beinahe vierzehnjährigen Freundinnen ein paar Ferientage lang in ihrer heruntergekommenen Plattenbau-Siedlung und beobachtet ihren trostlosen, immer gleichen und ziemlich überspannten Alltag: wie sich die Mädchen Alkohol beschaffen, wie sie rauchen und trinken und sich über ihre Zukunftserwartungen unterhalten, wie sie sich hysterisch lieben und hassen. Und nicht zuletzt wie sie mehr als nur verbal mit dem Tod spielen, weil das Leben schon jetzt eine einzige Enttäuschung ist. Dies wird radikal von Katja unter Einsatz beinahe aller Ausdrucksmittel des russischen Mat, der tabuisierten Vulgärsprache, am Kulminationspunkt des Films herausgeweint: »Заёбала просто жизнь. Зачем вообще на хуй придумали все это, гавно это все« (»Das Leben geht mir einfach nur auf den Sack. Wer hat sich das alles hier, verfickt noch mal, bloß ausgedacht. Das ist doch alles totale Scheiße«).

Noch tritt das Ereignis nicht ein, das einer Initiation gleichkäme und den Spalt zwischen einer heilen, aber begrenzten Kinderwelt und der als grenzenlos imaginierten Welt der Erwachsenen zur Schwelle werden ließe. Die Dokumentation zeigt zwar in einer Episode, wie die Älteste der drei Protagonistinnen ihren ersten Pass erhält[13] und wie sie verkündet, nun endlich ein Mensch zu sein, doch wird dieses ›inititationsverdächtige‹ Moment noch einmal auf der visuellen Ebene zurückgenommen. Der Film endet in einer Umkehrung des gewöhnlichen, synchronen Schulnarrativs und der diesem Genre inhärenten Entwicklungslogik mit Bildern, die in Filmen und Schulromanen für gewöhnlich ganz am Anfang zu finden sind und zur Markierung der beginnenden Schulzeit eingesetzt werden: Die letzte Einstellung des Films ist eine Totale auf das Schulportal und die darin verschwindenden Kinder. Die bislang aufgrund ihrer extremen Nähe zu den Protagonistinnen und ihrer unruhigen Bewegtheit nicht nur zur Zeugin, sondern regelrecht zur Komplizin gewordene Handkamera bleibt in dieser Schlussepisode statisch und in der Funktion eines Zaungastes zurück. Die frisch gebackenen Achtklässlerinnen ziehen am 1. September[14] – wie verkleidet in ordentlichen weißen Blüschen und mit den obligatorischen Blumen für die Lehrerin – in die Schule ein, als ob sie noch einmal brave Kinder spielten.

Bereits in diesem 46-minütigen Film erfolgt – ohne Fiktionalisierung, vielmehr dokumentarisch – eine Auseinandersetzung mit den üblichen Kindheitsbildern, die hier als Verkleidung vorgeführt werden. Diese fluchenden, saufenden und am Leben leidenden jungen Mädchen entsprechen so gar nicht dem stereotypisierten Bild des russischen Schulmädchens mit der großen weißen Haarschleife im adretten Kleidchen[15] und auch nicht den ver-

---

13   In der »Russischen Föderation erhält man mit vierzehn Jahren den ersten Personalausweis.

14   Der »Tag des Wissens« (Den' znanij) wird seit 1984 als Staatsfeiertag am 1. September begangen. Die Schulkinder versammeln sich in Festkleidung (die Mädchen mit überdimensional großen weißen Haarschleifen) auf dem Schulhof, stellen sich im Klassenverband in feierlicher Formation auf, begrüßen die Erstklässler und gratulieren ihren Lehrerinnen und Lehrern, für die sie Blumen mitgebracht haben, zum Schuljahresbeginn.

15   Der Verkleidungscharakter dieses Schulmädchen-Images lässt sich auch in einer eigenartigen »invented tradition« (Eric Hobsbawm) der russischen Transformationszeit finden. Seit einigen Jahren begehen die Schulabgängerinnen und -abgänger das »letzte Läuten«, den gefeierten letzten Schultag, in stilisierten sowjetischen Grundschuluniformen, die Mädchen also in weißen Schürzen über kurzen Kleidchen und mit weißen Riesenschleifen im Haar – eine Tradition, die das sowjetische Schulsystem nicht kannte. Damals trugen

russischen 7 up-Version werden seit 1990, also kurz vor dem Systemwechsel, in Sieben-Jahres-Schritten ganz unterschiedliche Kindheiten der »letzten« sowjetischen Generation dokumentiert.

trauensvoll in ihre Zukunft blickenden jungen Menschen in einer Reihe von Adoleszenz-Filmen der Vergangenheit.[16] Ebenfalls alles andere als brave Mädchen sind die drei Protagonistinnen von Germanikas Spielfilm-Debüt zwei Jahre später, einer fiktionalen Weiterentwicklung der Dokumentation und ihrer Stilistik. Dieser Film setzt genau ein Jahr später dort ein, wo *Girls* seine Mädchen zurückgelassen hat: in der Schule. Die nun von professionellen Jungschauspielerinnen gemimten Neuntklässlerinnen Vika, Žanna und Katja träumen von der angekündigten Schuldisco. Euphorisiert schwören sie einander Treue und sich niemals die Jungs auszuspannen. Allerdings vereinbaren sie auch gleich ein Verfallsdatum: Ihr Schwur soll gelten, bis sie groß sind.

Doch genau das ereignet sich umgehend und unter Einsatz psychischer und physischer Gewalt: Die in *Girls* noch gedehnte Schwelle wird hier während der Disco erreicht und brutal überschritten. Der Film zeigt, wie sich die Freundinnen für die Realisierung ihrer Illusionen aus Egoismus verraten und wie sich ihre naiven Träume gegen sie kehren. Die eine, unter Drogen gesetzt, halluziniert sich ihren Traumjungen und lässt sich von einer zufälligen Bekanntschaft benutzen, die andere wird, verlacht von den Mitschülern und bis zur Bewusstlosigkeit betrunken, von ihren Eltern aus der Schuldisco getragen. Die dritte, Katja, vergewaltigt und von einer Mitschülerin auch noch aus Eifersucht eben dafür brutal zusammengeschlagen, muss zu ihren nicht minder gewalttätigen Eltern zurückkehren. Diese verbal und handgreiflich eskalierende Eltern-Kind-Beziehung setzt der Film in ein eindrückliches Bild: Die elterliche Wohnung – ein »Totenhaus« mit verhängten Fenstern und Spiegeln und nicht enden wollenden *pominki*, dem russischen Leichenschmaus – wird im Lauf des Films immer deutlicher zum unentrinnbaren Gefängnis. Zuerst verbarrikadieren die Eltern nur das Fenster des Kinderzimmers, in dem sie die Tochter einzusperren versuchen. Am Ende, nachdem sich Katja in obszönster Weise zumindest verbal von ihren Eltern lossagt, beschließen sie, die gesamte Wohnung samt Tochter – wie einen Sarg – zuzunageln.

Mit dem Eingesperrt-Sein in ein unerträgliches Zuhause beginnt dann auch Germanikas TV-Serie *Škola*. Anja Nosova, deren keinesfalls wehrlos hingenommene Leidensgeschichte sich zum roten Faden der Sendungen entwickelt, lässt der Großvater und Schuldirektor gegen ihren Willen von den Kollegen zuhause unterrichten, um sie nicht den schlechten Einflüssen der Schule auszusetzen. Da er selbst Klassenlehrer der 9a ist, verzahnt hier Germanika die eine in ihrem Scheitern vorgeführte Institution mit der anderen: die selbst in den Augen des Pädagogen zur Gefahr gewordene Schule und die in doppelter Hinsicht fehlenden Eltern.[17] Sie sind im Film in der Regel sowohl in Bezug auf das Leben

---

die Schüler in den Abschlussklassen bereits ›erwachsene Kleidung‹, Anzug bzw. Rock mit Bluse. Zur Geschichte der Schuluniform in Russland siehe Balina/Rudova 2008.

16 Diese ›Leichtigkeit des Seins‹ wird z.B. in dem Jugendfilm mit Kultstatus *Ja šagaju po Mosvke (Walking the Streets of Moscow)* von 1963 dargestellt.

17 Nicht nur im Film werden die Kernfamilien als prekär vorgeführt, auch in der Realität sind viele der Eltern »abwesend«. Die russische Regierung geht für das Jahr 2010, wie die russische Presse mit Berufung auf die Nachrichtenagentur Interfax (24. April 2010) berichtet, bei ca. 20 Millionen Kindern von 697.000 Waisen und Sozialwaisen aus, eine Zahl, die laut dem Präsidialen Ombudsmann für Kinderrechte, Pavel Astachov, sogar die Anzahl der ohne Eltern lebenden Kinder nach dem Zweiten Weltkrieg (678.000) übersteigt. Denselben Quellen ist zu entnehmen, dass etwa 100.000 Kinder jährlich extremer elterlicher Gewalt ausgesetzt sind (vgl. z.B. pravda.ru vom 25.4.2010).

ihrer Kinder abwesend als auch in ihrem eigenen Handeln moralisch mehr als fragwürdig und geben daher keine Orientierung. In Nosovas Fall findet die fehlende Institution Familie mit den völlig gestrigen Großeltern ein verhängnisvolles Surrogat.

Mit diesem Setting tritt nun in Germanikas Schulfilmschaffen auch das dritte Element des Edukationsnarrativs auf den Plan, nach Schülerinnen und Eltern nun die Schule und ihre Lehrerschaft. Die Ankunft eines neuen Schülers und Anjas Flucht vor den Großeltern in die Schule setzen das Sujet in Gang, das im Folgenden kaum etwas auslassen wird: all-tägliche Korruption, Erpressung, Denunziation, Diebstähle, Alkohol, Drogen, Fremdenhass, Sex unter und mit Minderjährigen ... und immer wieder – physische und psychische – Gewalt.

Auch in *Škola* behält Germanika die Grundstruktur der Mädchen-Clique bei, nur sind hier die drei Alpha-Mädchen (um es ganz vereinfacht auszudrücken: das Emo-Mädchen, die Sexbombe und die Sportskanone) keine Freundinnen mehr. Als erbitterte Konkurrentinnen kämpfen sie um die Anerkennung ihrer Klassenkameradinnen und -kameraden und insbesondere um die beiden begehrten Jungs, um Lëcha aus der Zehnten und um Ėpifanov, den Neuen in der Klasse. In wechselnden Konstellationen gruppieren sich die anderen Schülerinnen und Schüler um diese Leitfiguren. Die hier in einer multinationalen Schulklasse zusammengefassten Kinder sind in erster Linie Vertreter sozialer Typen, wie wiederholt in den Reaktionen auf den Film festgestellt wurde. Sie entstammen allerdings nicht nur sehr unterschiedlichen Schichten und leben in allen nur denkbaren Familienkonstellation bis hin zu völlig fehlenden Eltern; sie gehören zudem verschiedensten subkulturellen Jugendrichtungen an. Im Verlauf der Serie dynamisiert sich das übliche Personenarsenal eines Schulnarrativs: die Musterschülerin, die Dichterin, der privilegierte Sohn reicher Eltern, der Underdog und weitere erhalten ein je eigenes Profil und eine Entwicklungsgeschichte – allerdings nicht auf ein eindeutiges »Besser, Klüger, Reifer« hin.

In dieser Schule sind sich alle fremd und feindlich, die Fronten verlaufen nicht mehr nur zwischen den Statusgruppen und Generationen, sondern jeder kämpft hier gegen jeden. Gewalt und eine extrem auf Vulgarismen und anachronistische Autoritätsformeln hin reduzierte Sprache sind die einzigen Mittel einer nicht mehr gelingenden Kommunikation.

Die filmische Darstellung dieses Mikrokosmos führt einen Mechanismus vor, den Lev Gudkov *die Herausbildung einer »negativen Identität«* nennt, und die er als typisch für die russische Gesellschaft der letzten Jahre beschreibt.[18] Er meint damit ein soziales Selbstbewusstsein, das über Abgrenzung zu den als Feinde wahrgenommenen Anderen und nicht durch die Zugehörigkeit zu einer mit positiven Werten besetzten Gruppe entstehe, ein Vorgang, der sich seit dem Ende der ersten Transformationsphase in der Augustkrise von 1998 und mit dem seither von ständiger Terrorgefahr begleitenden zweiten Kriegsgang nach

---

18 Der 2002 in Gudkovs Studie *K probleme negativnoj identifikacii (Zum Problem der negativen Identifika-tion)* empirisch belegte und begrifflich gefasste Vorgang ist zu einem Schlüsselbegriff für Beschreibungen der Nuller-Jahre in Russland geworden. Seit Gudkov seine soziologischen Analysen der Transformationszeit in einem Band mit diesem Titel zusammengestellt hat (2004), liefert der Begriff der ›negativen Identität‹ ein übergreifendes Etikett für die ersten Jahre der Putin-Ära. In Anwendung auf den kulturellen Sektor können Beumers und Lipovetsky überzeugend zeigen, wie das Phänomen der Herstellung einer negativen Identität im zeitgenössischen russischen Theater in Form des Neuen Dramas *(novaja drama)* dargestellt und ästhetisch reflektiert wird. (Beumers/Lipovetsky 2009). Von dort ist es nicht mehr weit zu Germanikas Filmästhetik.

Tschetschenien für die Gesellschaft in der Putin-Ära beobachten lasse (Gudkov 2004, S. 266f.). Die Schulserie führt diese Form der Identitätsherstellung als eine vor, die nicht nur die gesellschaftliche Ebene einer erwachsenen Welt erfasst hat, sondern sich ebenso in den Mikrokosmen der Familie und der Schule und somit für die Kinder im postsozialistischen Russland beobachten lässt.

Die Serie endet entsprechend tragisch. Nosova stellt das Sprechen ein und richtet die Gewalt gegen sich. Endete der Film *Alle sterben, nur ich nicht* noch metaphorisch mit dem Bild vom Sarg, nimmt sich in dieser Schulgeschichte Anja Nosova das Leben – und alle tragen Schuld daran. Allerdings scheint selbst dieser radikale Ausgang keine länger anhaltenden Einsichten zur Folge zu haben. Dass dies so ist, wird nicht nur erzählt, sondern auch stilistisch gezeigt, und damit wird ein besonders deutliches Beispiel dafür geliefert, dass gerade auch die scheinbar »nicht-künstlerische« Amateurhaftigkeit der Kameraführung nur ein weiteres gezielt eingesetztes Authentizitätsverfahren in Germanikas spezifischer Filmpoetik ist: Die 66. Sendung, die den Selbstmord erzählt, unterscheidet sich stilistisch von allen anderen. Sie ist ganz auf Nosova fokussiert und in einem einzigen Take gefilmt – größtenteils so, als ob Anja mit der filmimmanenten Digitalkamera ihre letzten Stunden direkt für uns, die Zuschauer, dokumentiert.

Allerdings erhalten auch nur wir, die Rezipienten, die ja der Intention nach zum Nachdenken animiert werden sollen, diesen Einblick und damit die Möglichkeit zur Einsicht. Fiktionsimmanent findet selbst jetzt keine auch nur annähernd gelingende Kommunikation zwischen den einzelnen Figuren statt. Diese lassen sich nur kurz von den Ereignissen berühren und sind schnell wieder von scheinbar Wichtigerem absorbiert: einer Shoppingtour oder einem Karaoke-Abend. Und gehetzt verfolgt dann auch wieder die ständig ihren Fokus ändernde Kamera die einzelnen Protagonisten. Der Schnitt lässt am Ende der Serie die Schulgemeinschaft, die nie eine war, in viele einander nicht mehr berührende Lebensgeschichten zerfallen.

In Bezug auf den ersten Teil der These, der sich auf die eigenwillige Filmästhetik der Serie und ihre unerwarteten Effekte bezieht, lässt sich konstatieren: Der gezielt eingesetzte Home-Video- oder Mobiltelefon-Stil, in dem diese Schulgeschichte im Serienformat vorgestellt wird, erzeugt eine scheinbare Authentizität. Er potenziert die medienspezifische »Präsenz des Dokumentarischen«, die der Filmtheoretiker Oleg Aronson für den Film und seine Abbildlogik als konstitutiv beschreibt (Aronson 2000). Diese Stilistik provozierte unter den Zuschauern die Frage nach dem ›wahren‹ Zustand der Schule, ja letztlich der Gesellschaft. Die in einem suggestiven Pseudo-Dokumentarismus vorgeführten Bilder von Kindheit und Schulzeit regen die oben dargestellte Diskussion über brennende reale Probleme an, die die neue postsozialistische Generation, insbesondere die derzeitigen Kinder und Jugendlichen also, betreffen. Die entsprechend breit geführte Debatte drehte sich daher auch nicht etwa um die ungewohnte und für die leichte Konsumierbarkeit einer Unterhaltungsserie nicht sonderlich funktionale Filmpoetik – eine Diskussion, die bei einem Pilotprojekt zur Rückgewinnung eines jungen TV-Publikums eigentlich zu erwarten gewesen wäre –, sondern um den Wirklichkeitsgehalt der Soap. Dies ist aber eine Frage, die an dieses TV-Genre für gewöhnlich nicht sinnvoll zu stellen ist. Als dokumentarische Zustandsanalyse aufgefasst, alarmierte die Sendung allerdings ihr sich darin mehr oder weniger treffend abgebildet fühlendes Publikum so sehr, dass die Debatten auch eineinhalb Jahre nach *Škola* noch nicht abgebrochen zu sein scheinen. Nicht zufällig bedient sich die aktuelle Diskussion um eine radikale Schulreform in Russland vieler Anspielungen auf die Serie (Fillipenko 2011).

Der Ausstrahlungskontext tat sein Übriges: Während nämlich die beiden ersten Produktionen, die ja mindestens so eindrücklich und ohne Rücksichten auf die Genregesetze eines mehrteiligen Fernsehformats von Kindheiten im postsozialistischen Russland erzählten, von einem eher als marginal einzustufenden Arthouse-Publikum unter filmästhetischen und innovatorischen Gesichtspunkten rezipiert worden waren, veränderte das im Mainstream angesiedelte neue Format der TV-Serie und der prominente Sendeplatz im offiziellen Regierungskanal die Bedeutungsdimension eklatant. Aus einer kleinen, dokumentarischen Milieustudie und einem darauf aufbauenden Spielfilm zu universalen Fragen, die weit über den Schulalltag von heranwachsenden Mädchen hinausreichen, war im Kontext des Staatsfernsehens eine offiziell anmutende Stellungnahme zur Situation an Russlands Schulen geworden, die sich zudem noch auf die gesamte Gesellschaft übertragen ließ.

Die staatliche Rahmung war ganz offensichtlich gewollt, legte doch der *Erste Kanal* diesbezüglich noch einmal nach. In der eigenen Zeichentrick-Politshow *Mul't ličnosti (Promi-Trick)*[19] reagierte der Sender in eingängiger Form auf die Diskussionen um die Serie. In der Episode vom 13. Februar 2010 machte man sich nun mit höchster Autorität über die negativen Zuschauerreaktionen lustig, indem Staatspräsident Medvedev stellvertretend die Promis entlarvte, die publicity-wirksam ein Verbot der Serie gefordert hatten, ohne *Die Schule* überhaupt gesehen zu haben. Aber auch dem Präsidenten fällt nichts Besseres ein als – wie das deutsche Sandmännchen – die ›Kinder‹ dazu aufzufordern, gut zuzusehen. Das Staatsfernsehen markiert also das, was gezeigt wird, als einer gesteigerten Aufmerksamkeit wert, und doch bleibt die Haltung zum Gezeigten auch hier merkwürdig indifferent.

Darüber, ob es sich bei diesen unterschiedlichen Irritationserzeugern wider Erwarten um einen bewussten Anstoß staatlicherseits handelte, in eine zivilgesellschaftliche Diskussion über die aktuelle Situation einzutreten, oder doch nur um eine ›Auftaktveranstaltung‹ mit Legitimationsfunktion für die 2010 in ihre letzte Phase gegangenen radikalen Schulreformen, lässt sich nur spekulieren.

Die Irritationen des Publikums an der Serie hatten nun aber, um zum dritten, wichtigsten Punkt meiner These zu kommen, über das bislang Dargestellte hinaus ihren Grund auch darin, dass die Serie *Škola* im Kontext einer ausgeprägten Tradition wahrgenommen wurde, in der entsprechende Fragen auch früher schon in Form von fiktionalen Schulgeschichten verhandelt wurden. Diese Schulgeschichten hatten in der sowjetischen Literatur und im Film ein eigenes Subgenre des Edukationsnarrativs gebildet und eine deutliche identitätsstiftende bzw. -stabilisierende Funktion gehabt. Germanikas TV-Schulfilm setzt eine ganze Reihe von gewohnten Elementen dieses Genres ein und provoziert damit einen scheinbaren Wiedererkennungseffekt – durch das Schulgebäude-Setting, die typischen Figuren, vertrauten Motive und spezifischen, altbekannten Plots. Nicht zufällig wirbt die Serie mit einem Bildzitat, das auf das prototypische sowjetische Kind, den jungen Pionier, an-

---

19 *Mul't ličnosti* im *Ersten Kanal* ist ein schwacher Abklatsch der satirischen Puppenshow *Kukly* des lange Zeit als oppositionell geltenden Fernsehsenders *NTV*, die in einem anzunehmenden Zusammenhang mit Putins Machtantritt 2002 abgesetzt worden war. Der Macher von *Kukly (Die Puppen)*, Viktor Šenderovič, nannte dann auch den Erste-Kanal-Klon seiner Show »keine Parodie auf *Die Puppen*, sondern die Simulation von Satire« (Šenderovič 2010).

spielt. Der Hauptheld Epifanov wird hier als trompetender Jungpionier gezeigt, wie er von unendlich vielen Skulpturen in den Kindheitsinstitutionen der Sowjetzeit von Pionierlager über Kulturpalast bis hin zur Schule repräsentiert wurde und schon einmal parodistisch in einem Kindheitsfilm, in Élem Klimovs Pionierlagersatire *Dobro požalovat', ili postoronnim vchod vospreščen (Herzlich willkommen oder Unbefugten Zutritt verboten)* aufgegriffen worden war (Abb. 1 und Abb. 2, S. 57).

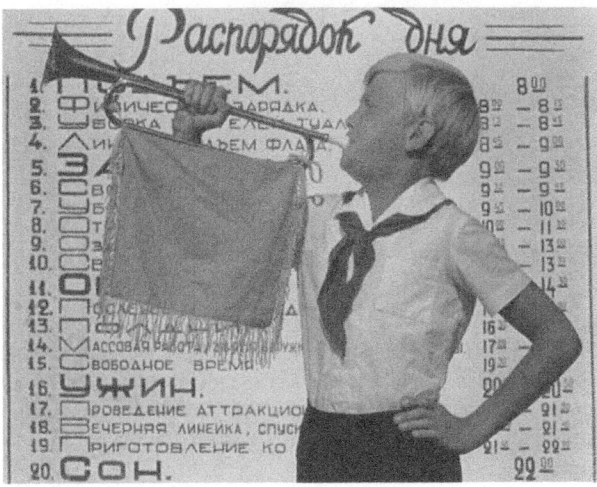

Abb. 1: Filmstill aus *Dobro požalovat'*

Die in der Serie angespielten traditionellen Elemente werden in Germanikas Schulvariante allerdings zur Darstellung einer sich radikal von der sowjetischen unterscheidenden, anderen Kinder-Welt eingesetzt. Germanikas Kinder sehen sich in der zu Ende gehenden postsozialistischen Transformationszeit in Russland mit einer Gesellschaft und ihren Institutionen konfrontiert, die in völliger Auflösung begriffen sind und keine Berührung mehr mit der Welt der Schüler zu haben scheinen. Eine hierfür symptomatische Szene enthält der Serientrailer, in der das Eintreten der Klassenlehrerin und ihre versuchte Kontaktaufnahme mit den ›neuen Menschen‹ gezeigt wird. Während die Lehrerin verbal noch immer den gewohnten Autoritätsdiskurs führt: »Guten Tag, Kinder!«, »Setzt euch, Kinder«, »Wer fehlt?«, »Sechs!«, »Raus!«, geschieht in der Klasse nichts, was diesem Diskurs entspräche. Während die Lehrerin die Schüler sich setzen lässt, hat niemand auch nur die geringste Notiz von ihr genommen, geschweige denn hätte sich erhoben, um nun wieder Platz nehmen zu können. Die mit Rauswurf sanktionierte Interesselosigkeit an der Unterrichtssituation ebenso wie am Verbleib der abwesenden Mitschüler führt zwar zu Ausführungen eines der Schüler über sein staatlich verbrieftes Recht auf Bildung, wird aber auch nur wieder mit Ausschluss geahndet, den die Schüler keineswegs als Strafe, vielmehr als Befreiung erleben.

Abb. 2: Foto zu *Škola*

In welchem Maße allegorisch aufgeladen das Edukationsthema ist und entsprechend wie schockierend dieses andere Bild von den unverbesserlichen ›Kindern außer Rand und Band‹ für die Zuschauer sein muss, wird deutlich, betrachtet man die Geschichte des sowjetischen Schulnarrativs etwas genauer.

Zur Geschichte eines Kindheitsbildes: Vom wilden zum gebändigten Kind

Zu Beginn der Sowjetunion, noch bevor sich das Bild einer glücklichen sowjetischen Kindheit als Chiffre für das kommunistische Paradies etabliert hatte, waren schon einmal ›Kinder außer Rand und Band‹ Gegenstand der Edukationsnarrative. Damals erzählten faktuale und fiktionale Texte und bald auch Filme davon, wie dank einer neuen Pädagogik Kinder aus ihrer schlechten Kindheit befreit und zu neuen Sowjetmenschen »umgeschmiedet« wurden. Die Schule in ihrer herkömmlichen Form spielte in diesen Erzählungen keine Rolle, zu stark besetzt war sie – entweder als gute, jedoch adelige Bildungsinstitution z.B. in Lev Tolstojs autobiografischer Trilogie oder als schlechter Ort der sozialen Unterdrückung, z.B. in den nach der Oktoberrevolution verfassten Jugenderinnerungen von Samuil Maršak oder Kornej Čukovskij.

Wie Marina Balina (2005) in ihrer Untersuchung zu russischen Autobiografien der ersten Hälfte des 20. Jahrhunderts zeigt, wurde gegen die um die Jahrhundertwende prominente Vorstellung einer glücklichen, adeligen Kindheit in den Jahren rund um die Oktoberrevolution ein anderes Modell von Kind-Sein gesetzt. Ausgehend von Maksim Gor'kijs mustergültigen Erinnerungen entwickelte sich ›Kindheit‹ bald in Propaganda und Fiktion der jungen Sowjetunion zu einer sekundärmythischen Erzählung mit festen Bestandteilen (Balina 2005, S. 249), zu denen die repressive Schulerfahrung und das Bewusstsein einer großen sozialen Ungerechtigkeit ebenso gehörten wie der permanente Zustand von Unglücklichsein, Mangel und gesellschaftlicher Exklusion. Eben diese Erfahrungen wurden in den retrospektiven Narrativen als charakterbildende Komponenten ausgemacht. Sie waren begleitet von der sich herausbildenden Gewissheit der Kinder, sich nur auf sich selbst verlassen zu können und sich in einem andauernden Zustand des Widerstandes zu befinden (Balina 2005, S. 250) – eine ideale Folie also für hagiografische Lebensentwürfe von Revolutionären und ähnlichen Vorbildfiguren. In diesem Modell einer Anti-Kindheit, in dessen Zentrum ein isoliertes Kind stand, hatten die traditionellen Institutionen von Familie und Schule ausschließlich negative Auswirkungen oder wurden in der Erinnerung auf solche hin umgedeutet (Balina 2005, S. 252).

Marina Balina (2005, S. 262) nennt den Entwurf einer sowjetischen Kindheit einen Balanceakt zwischen diesen beiden, sich auf die vorrevolutionäre Zeit beziehenden Kindheitsmodellen, also zwischen dem Bild einer glücklichen Kindheit, die allerdings die privilegierten Bedingungen der späten Adelsgesellschaft voraussetzte, und einer Anti-Kindheit, deren Statisten unglückliche kleine Erwachsene waren. Meiner Ansicht nach scheint es sich allerdings nicht um einen Balanceakt zu handeln, vielmehr eine konsekutive Beziehung zwischen diesen beiden Bildern zu bestehen. Der Umweg über das Bild einer Anti-Kindheit, das nämlich auch noch die ersten Jahre der Sowjetepoche die Darstellung der zeitgenössischen Kindheit bestimmen sollte, war ein notwendiger Schritt auf dem Weg zur Etablierung des Bildes von der glücklichen sowjetischen Kindheit, die sich endgültig im Stalinismus vollzog.

Zwei Besonderheiten der Vorstellung von einer negativen vorrevolutionären Kindheit arbeiteten nämlich der angestrebten Mythenbildung einer paradiesischen Sowjetkindheit zu: Erziehung und Bildung fanden im Mythos einer Anti-Kindheit eben gerade nicht in den traditionellen Institutionen statt, sondern im Volk[20] und in der früh aufgenommenen Arbeit – was sich leicht durch das Kollektiv als Erziehungsorgan sowie die Formung des neuen Menschen durch Arbeit, also Schlüsselkonzepte der Sowjetpädagogik, ersetzen ließ. Und eine zweite Besonderheit: Wie Balina bereits an exemplarischen Beschreibungen von »schwierigen Kindheiten« aus der zaristischen Zeit feststellen konnte, tauchen in diesen Narrativen erwachsene Retterfiguren auf und weisen dem armen und verlorenen Kind den rechten Weg.[21] Die in ihrer magischen Allmacht märchenhaft anmutenden Figuren arbeiten nicht nur der schema-literarischen Struktur des zukünftigen sowjetischen Edukationsnarrativs zu, sie entwickeln sich im sowjetischen Mythos zuerst zum außergewöhnlichen Pädagogen für das elternlose Kind und dann zum Übervater Stalin, der an der Wiege jedes Sowjetbürgers steht.

Die frühen sowjetischen Edukationsnarrative zeigen am Beispiel ›wilder‹ oder ›verwilderter‹ Kinder, wie der »neue Mensch« gemacht wird. Die Umerziehung unter sowjetischen Bedingungen konnte allerdings nicht in der in den Beispielen der Anti-Kindheiten diskreditierten Schule, sondern nur in neuen, anderen Institutionen stattfinden, um zu einem glücklichen Ende zu führen – so zumindest erzählen es die Texte und bewegten Bilder. Am

---

20 Der zweite Teil von Maksim Gor'kijs autobiografischer Trilogie von 1916 heißt entsprechend *V ljudjach (Unter fremden Menschen)*.

21 Vgl. hierzu Balina 2005, S. 249-265. Prototypisch für diesen pädagogischen ›Zauberer‹ ist Aleksej Svirskijs Roman *Ryžik, Priključenija brodjagi (Rotschopf. Abenteuer eines Vagabunden)* von 1904, in dem ein wandernder Magier auftritt, der dem Jungen die Geheimnisse des Lebens enthüllt.

realen Problem dieser Jahre, den 4,5 Millionen (für 1921; Rožkov 2000, S. 134), nach anderen Quellen sogar 7 Millionen (für 1922; »besprizornost'« 1928) sowjetrussischer Bürgerkriegswaisen und Kinder ohne Zuhause, den sogenannten »besprizorniki«, ließ sich die neue Sowjetpädagogik und ihre Institutionalisierung besonders eindrücklich demonstrieren. Als vorbildliche Werkstatt, in der die »perekovka«, das »Umschmieden« der Kinder stattfand, dienten Kolonien und Arbeitskommunen, also eigentlich institutionalisierte Orte der Strafpraxis in einer Disziplinargesellschaft. Dort, später dann auch in den städtischen Umerziehungsinternaten, wurde aus dem alleine schon aufgrund seiner Herkunft aus einer vergangenen Zeit ›verbrecherischen‹ Kind der neue Sowjetmensch einer kommunistischen Zukunft. In diesen neuen Kinderinstitutionen fanden aber auch bis zur Gleichschaltung der Pädagogik zu Beginn der 1930er-Jahre unterschiedliche, von empirischer Forschung begleitete pädagogische Experimente statt, die sich allerdings allesamt in ihren Grundzügen glichen: Erziehung durch das Kollektiv und zum Kollektiv, militärische Rituale und ein an praktischer Arbeit ausgerichteter polytechnischer Unterricht. Diese Umerziehungsanstalten und ihre Zöglinge wurden zum Modell für das frühe sowjetische Edukationsnarrativ. Die sowjetische Pädagogik und die staatliche Fürsorge ersetzen darin die im Modell der Anti-Kindheit diskreditierten Eltern. Die jeweilige Umerziehungsinstitution wird in diesen Narrativen auch als utopisches pars pro toto gezeigt, als für die gesamte Gesellschaft erst noch zu erringendes kommunistisches Paradies. Wichtiger Faktor in diesen gelingenden Erziehungsgeschichten ist die Retterfigur, der Ausnahme-Pädagoge, der in dieser Zeit noch mit unkonventionellen Methoden den glücklichen, gebändigten Kindern hilft, das »richtige« Bewusstsein zu entwickeln.

Populärstes Beispiel hierfür ist nicht etwa Anton Makarenkos in den Jahren 1925 bis 1935 erschienenes *Pedagogičeskaja poèma (Pädagogisches Poem; dt. auch Weg ins Leben)*, das seine Bedeutung erst im Hochstalinismus entfaltete (vgl. Kelli 2008), sondern der an eigene Erlebnisse angelehnte Erziehungsroman zweier junger Absolventen einer Schulkommune für schwer erziehbare Jugendliche – Leonid Panteleevs und Grigorij Belychs *Respublika Škid (Die Republik der Strolche)*. Der Roman wurde 1927 publiziert und stellte die unkonventionellen Erziehungsmethoden von Viktor Nikolaevič Soroka-Rozinskij an seiner in den Jahren 1920 bis 1925 in Petrograd unterhaltenen Reformschule vor. Im autobiografischen Roman gründen die ehemals straffälligen Schüler nicht ohne eine Reihe von Rückfällen in alte Gewohnheiten und nicht ohne verschiedene Palastrevolten unter der Schirmherrschaft des Pädagogen eine Schulrepublik, organisieren einen Untergrund-Komsomol und ergreifen schließlich angesehene Berufe.

Ein weiterer Höhepunkt der Narrative über die gelungene Bändigung wilder Kinder ist Nikolaj Ėkks *Putevka v žizn' (Der Weg ins Leben)*, ein Kultfilm in den frühen 1930er-Jahren, der als erster Tonspielfilm in die Kinogeschichte eingehen sollte. Dieser Film, der die erfolgreiche Umerziehung der Straßenkinder dank des engagierten Pädagogen Sergeev in einer Kinderkolonie erzählt, markiert aber bereits das Ende dieser Form von Erziehungsnarrativen, die immer auch eine allegorische Komponente hatten. Die Handlung wird explizit durch eine erläuternde Einleitung an den Anfang der 1920er-Jahre zurückverlegt und die Umerziehung als abgeschlossenes historisches Faktum behandelt, das seinen Tribut gefordert hat, nämlich das Leben des erfolgreich ›umgeschmiedeten‹ Straßenjungen Mustafa. Er wird in der Schlussszene in einer Apotheose zum Märtyrer für die neue Zeit, und mit ihm stirbt auch das Bild von einer schlechten Kindheit, die ihre Wurzeln in der vorrevolutionären Zeit hat. Anstelle des wilden, elternlosen Mustafa wird der nur kurzfristig auf Abwege geratene, gute Sohn Kolja mit dem Vater wiedervereint und zum Muster des gebändigten Schülers zukünftiger Edukationserzählungen.

Auch das Bild des Pädagogen unterliegt in dieser Zeit einer Veränderung: In Leonid Traubergs und Grigorij Kozincevs auch filmästhetisch bemerkenswerter Arbeit *Odna (Allein)*, ebenfalls von 1931, sind die ›wilden‹ Kinder mit der schlechten Kindheit schon nicht mehr im Herzen des neuen Sowjetimperiums zu finden, sondern nur noch an seiner Peripherie, im Altaj-Gebirge.[22] Es ist auch nicht länger mehr der pädagogische Zauberer, der Experimentator der Revolutionsepoche, der hier die Kinder rettet. Im Mittelpunkt dieses Übergangsfilms steht die junge Absolventin einer sowjetischen Bildungsinstitution, ein neuer Sowjetmensch also. Des Appells und der Führung bedarf die Junglehrerin zwar noch, um sich nicht unverdient der Illusion eines »schönen Lebens« hinzugeben, doch dann lernt sie schnell, alles für ihren Erziehungsauftrag zu opfern. Doch letztlich wird auch diese Lehrerin noch als Persönlichkeit, nicht als Schablone gezeigt. Im Unterschied zum korrumpierten Vertreter der sowjetischen Macht vor Ort erweist sie sich – ganz ohne Ideologie – als starke, vorbildliche Persönlichkeit.

Mit dem politischen und kulturellen Paradigmenwechsel Mitte der 1930er-Jahre, der auch ein Wechsel von dezidierter Zukunftsgerichtetheit hin zur heroischen Gegenwart und zu einer Begeisterung für die bereits erreichten Errungenschaften im Stalinismus ist, enden die pädagogischen Experimente. Das Problem der *besprizorniki*, der unbeaufsichtigten Kinder, wird für die Sowjetgesellschaft als gelöst erklärt.[23] Das schlägt sich auch in den visuellen und narrativen Repräsentationen von Kindheit und Kindern nieder: Die gerade noch obligatorische Lektüre jedes guten Pioniers, *Die Republik der Strolche*, wird 1936 verboten, der eine ihrer Verfasser, Belych, verhaftet und Opfer des beginnenden Großen Terrors. Gleichzeitig, während die als problematisch aufgefassten ›wilden‹ oder auf jedwede Art ›anderen‹ Kinder immer stärker in den Zuständigkeitsbereich des NKWD und seiner Institutionen fallen,[24] etabliert sich in der Propaganda endgültig das »glückliche Kind« mit einer paradiesischen Kindheit. Hierzu zählt nun auch wieder die Schule in ihrer herkömmlichen Form: als Institution, die ein Abbild des großen Staats *en miniature* ist – mit kleinen Stoßarbeiterinnen und -arbeitern, mit Schaubildern von Arbeitsplänen und ihrer Übererfüllung, mit militaristischen Ritualen und einer Komitee- und Rätestruktur wie im erwachsenen politischen Leben[25] – und mit einem Oberlehrer, dem geliebten Genossen Stalin (Abb. 3).

---

22 Noch einmal taucht 1933 im weltweit ersten Tonfilm für Kinder *Rvanye bašmaki (Die zerrissenen Schuhe)* das Thema der ungebändigten Kinder und ihrer schlechten Kindheit auf, allerdings nun schon als Problem des unterdrückten Proletariats im westlichen Ausland.

23 Zum Beschluss des ZK der KPdSU und der Union der Volkskommissare vom 31. Mai 1935 »Über die Liquidierung der Kinderobdachlosigkeit und Nichtbeaufsichtigung« vgl. die Zusammenstellung von RIA Novosti (2010b), hier auch Ausschnitte aus dokumentarischem Archivmaterial.

24 Mit Erlass vom 7.4.1935 wurde das Alter der Strafmündigkeit auf Zwölf herabgesetzt. In den Jahren bis 1940 wurden über 100.000 Zwölf- bis Sechzehnjährige wegen Straftaten verurteilt und Teil des GULAG-Systems (s. Figes 2008, S. 173).

25 »An den Wänden wurden Arbeitspläne und -leistungen in Form von Diagrammen und anderen Schaubildern dargestellt, die Klassen waren wie Regimenter aufgebaut, und der Alltagsbetrieb der Schulen unterlag der Kontrolle einer bürokratischen Struktur von Räten und Komitees, durch die man die Kinder in die Erwachsenenwelt der Sowjetpolitik einführte« (Figes 2008, S. 66f.).

Abb. 3: Filmstill aus *Pervoklassnica*

Eine solche Schule und ihre durchschlagende Bändigungsfunktion zeigt der mustergültige Kinderfilm *Pervoklassnica (Die Erstklässlerin*, dt. Verleihtitel *Ihr großer Tag)* nach einem Kurzroman von Evgenij Švarc.

Dieser Film kann auch als Beispiel dafür dienen, wie verbindlich das Bilderarsenal des Schulfilms von Anfang an war. *Die Erstklässlerin* setzt zur Darstellung der Initiation in die sowjetische ›große Familie‹ deutliche Anleihen aus einem anderen Film des Genres ein, aus dem oben erwähnten Junglehrerinnen-Film *Allein* von 1931.[26] In beiden Filmen erwachen die Protagonistinnen, die kleine Erstklässlerin und die pädagogische Novizin, in einer bild-ästhetisch sehr ähnlich gestalteten, emblematischen ›Wecker‹-Szene am Morgen ihres neuen Lebens. Beinahe identisch ist auch eine weitere Bildfolge: Wie in *Allein* die Stimme der neuen Gesellschaft zur Lehrerin durch den aus einer Froschperspektive gezeigten Straßen-lautsprecher spricht und sie an ihre Pflicht erinnert, wird auch die kleine Marusja von einem solchen Lautsprecher über ihre Aufgaben als neue Schülerin unterrichtet. So wird in diesem Kinderfilm durch die bildliche Analogie zu *Allein* schon der Schulbesuch zum Staatsauftrag an eine durch die Institution schnell in Form gebrachte kleine Sowjetbürgerin.

---

26 Auch Andrej Michalkov-Končalovskijs filmische Bearbeitung von Čingiz Ajtmatovs Novelle *Pervyj učitel'* *(Der erste Lehrer)* aus dem Jahr 1965 ist ein Beispiel für diese retrospektive Anleihe an die ästhetischen und ideologischen Gestaltung des Themas. *Der erste Lehrer* ist ein Film über den erbitterten Kampf eines in Kirgistan kurz nach der Revolution zum Lehrer bestellten Rotarmisten – gegen die archaischen Strukturen, aber auch gegen die eigenen Zweifel. Ebenso zu nennen ist Ėlem Klimovs Debütfilm *Dobro požalovat', ili Postoronnim vchod vospreščen (Herzlich willkommen oder Unbefugten Zutritt verboten)* aus dem Jahre 1964, eine als Pionierlager-Komödie getarnte ironische Allegorie auf die Sowjetgesellschaft, die sich der frühen sowjetischen Filmästhetik bedient, allerdings nach wenigen Vorführungen in den Regalen von Gosfilmfond verschwindet

Erst mit dem poststalinistischen Tauwetter wird der staatstragende Mythos von der glücklichen Kindheit auf neue, gleich zweifache Weise in seinen symbolischen Repräsentationen in Frage gestellt. Einerseits geschieht dies durch Rückgriffe auf das Edukationsnarrativ der 1920er-Jahre und dessen wilde Kindern, häufig begleitet von filmästhetischen Anleihen beim Revolutionsfilm bzw. der Exzentrik der Avantgarde, und andererseits durch immer dramatischer werdende Störungen im ursprünglich wenig dramatischen Schulnarrativ über die glückliche Kindheit.

Für die erste Form der Demontage eines Mythos können noch einmal die Schulmemoiren *Die Republik der Strolche* als Beispiel dienen.[27] Die dürfen nun wieder erscheinen, und 1966 wird sogar eine Filmkomödie im Retrostil des frühen exzentrischen Sowjetkinos daraus *(Respublika Škid)*.

Sowohl die revoltierenden ›Kinder außer Rand und Band‹ als auch ihr auf der Folie des stalinistischen Schulmythos anachronistisch anmutender, reformpädagogischer Lehrer sind in diesem Film eindeutige Sympathieträger. Fokussiert werden im Film weniger die individuellen ›Umschmiede‹-Ergebnisse und damit Bilder von Musterkindern, vielmehr stehen die Aushandlungsprozesse dieser Mikrogesellschaft im Zentrum. Die wandelt sich von der Diktatur des Kapitals in Gestalt eines erpresserischen Mitschülers über Stadien der Anarchie zu einer gemeinsam zu verantwortenden Republik. Damit präsentiert der Film auch eine Lösung für die aktuelle historische Situation, in deren Kontext er entstanden ist. Dem ›magischen‹ Pädagogen gelingt es nämlich in einer Schlüsselszene – in Anspielung auf die Zeitumstände des Tauwetters –, mit der Idee einer selbstverwalteten ›Schulrepublik‹ die real durch den Raum gezogene, trennende Linie zwischen aufbegehrendem und um Selbstbestimmung ringendem Schülervolk und einer regierenden Lehrerschaft zu überwinden.

Diese positive Umdeutung und Aufwertung der schwierigen Kinder, die ganz eigentlich zur Identifikation – auch für Erwachsene – aufrufen, sowie die fröhliche Auflösung aller Konflikte dank einer unkonventionellen erwachsenen Vorbildfigur, die die Kinder versteht, ist eines der Kindheitsmodelle, die das erwachsene TV-Publikum von Germanikas *Škola* im Bilder-Gepäck hat. Zu sehen bekam es bei Germanika aber nicht etwa ausgelassene Strolche, sondern ausschließlich wilde, gefährliche Kinder – und nicht einen charismatischen Pädagogen weit und breit.

Viel bildmächtiger als das Bilderarsenal der sympathischen wilden Kinder, die Hoffnungsträger einer guten Zukunft sind, ist allerdings ein zweites. Diese Bilder stehen zwar in der Tradition des Mythos eines im Musterschüler gebändigten Kindes, arbeiten aber gleichzeitig einer langsamen Demontage zu, an deren Ende statt Musterschüler Monster stehen. Hierzu gehört ein umfangreiches Korpus von Schulerzählungen und Schulfilmen von den Fünfzigern bis in die achtziger Jahre, die sich aufgrund ihrer großen Strukturähnlichkeit wie ein einziges großes Narrativ in Variationen lesen lassen. Sie alle nehmen ihren Ausgang beim Märchen von der glücklichen sowjetischen Kindheit, um immer deutlicher daran Kritik zu üben. Es ist zusätzlich zu den Strolchen und den begnadeten Pädagogen vor allem diese Form des sowjetischen Schulnarrativs, die allerdings mindestens so idealistisch wie kritisch ist, die die letzte sowjetische Generation und ihr Bildergedächtnis geprägt hat und

---

27 Allerdings konnte auch diese ursprünglich als Zweiteiler angelegte Verfilmung nicht ohne Eingriffe der Zensur in die Kinos kommen.

nun die Erwartungen beeinflusste.[28] Denn Germanikas Serie *Škola* bedient, wie bereits bemerkt, sehr wohl die kanonischen Elemente des Genres: Schulkorridor und Klassenzimmer, Direktoren- und Lehrerzimmer sind die beinahe ausschließlichen Handlungsorte. Direktor, Lehrplanbeauftragte (Zavuč) und Lehrer – und natürlich die exemplarische Schulklasse stellen auch hier die Protagonisten. Auch der für eine ganze Reihe von Schulfilmen wichtige »Neue« taucht auf – und bringt die Handlung ins Rollen.

Und doch unterscheidet sich dieses Schulnarrativ in einem Punkt radikal. Kommunikation wird hier als völlig unmöglich dargestellt, sowohl die Kommunikation der verschiedenen Generationsvertreter, als auch die der einzelnen Akteure einer Gruppe untereinander. Bei Germanika treten die Akteure vor allem über Gewalt miteinander in Kontakt. Trotz aller Schul- und damit Gesellschaftskritik hatten die sowjetischen Filme eigentlich immer mindestens eine Figur etabliert, die wenn schon keine Parteilinie, so doch humanistische Werte vertrat und eine Perspektive der Hoffnung eröffnete. Und selbst dort, wo auch das nicht mehr der Fall war, wie z.B. im Perestrojka-Film *Dorogaja Elena Sergeevna (Liebe Elena Sergeevna)* von 1988, in dem eine Gruppe zynisch-berechnender Schulabgänger in einem Machtspiel ihre allzu gestrige Lehrerin in den Selbstmord treibt, kam es zu Momenten, in denen die Gegner sich ihre Frustrationen aneinander und an der Schule als Institution mitteilen konnten.

Ganz anders in Germanikas Schulgeschichte. Hier gibt es niemand unter den Lehrerinnen und Lehrer, der wie der Direktor in *Dnevnik direktora školy (Tagebuch eines Schuldirektors)* trotz undankbarer Schulroutine sagen könnte: »Ja verju v tebja, moj uvazhaemyj Devjatyj b« / »Ich glaube an dich, meine geschätzte Klasse 9b«. Auch keine Eltern oder Großeltern, die wie in *Čučelo (Die Vogelscheuche)* die Außenseiterin vor der sie mobbenden Meute der Klassenkameraden und vor der völlig unbeteiligten Lehrerschaft retteten – zumal hier, in dieser post-sozialistischen Schule, alle, Lehrer, Eltern und Schüler, voreinander gerettet werden müssten. Hier wird nicht einmal mehr der Versuch unternommen, das zu erreichen, was einer der Schüler in *Doživem do ponedel'nika (Warten wir den Montag ab)* sich in seinem Aufsatz zur Schlüsselfrage des Films für die Zukunft wünscht: »Glück ist, wenn man dich versteht« – ein Kernanliegen der klassischen, spätsowjetischen Schulfilme. Schüler und Erwachsene leben in Germanikas Schulversion längst in nichtkompatiblen Welten, ähnlich schrecklichen Welten.

Und noch ein zweiter Unterschied zu den sowjetischen Schulfilmen besteht: Er liegt in der Verweigerung einer filminternen, auktorialen Sinnzuweisung an das Geschehen. Denn Germanikas pseudo-dokumentarische Filmästhetik ist auf die »Horizontale der kleinen Welt« gerichtet, wie es die Filmemacherin Marina Razbežkina (2007) ausdrückt. Während nämlich die sowjetische Kinoschule und die an ihr Geschulten an einen vertikalen Weltentwurf gewöhnt sind, der den kleinen Menschen mit der großen Geschichte oder den großen Erzählungen in einen Zusammenhang stellt und ihm und seinem Leben darüber Sinn zu geben verspricht, nimmt das neue, alternative Kino die Welt horizontal und aus geringem

---

28 In den Rezensionen und Kommentaren zur Serie werden zum Vergleich immer wieder Beispiele aus diesem Korpus herangezogen, die Kinderliteratur sowie deren Verfilmungen, eigenständige Kinder- und Jugendfilme und an ein erwachsenes Publikum gerichtete Spielfilme umfasst. Um nur die am häufigsten genannten aufzuführen: *Doživem do ponedel'nika (Warten wir den Montag ab)*, *Dnevnik direktora školy (Tagebuch eines Schuldirektors)*, *Čučelo (Die Vogelscheuche)*, *Dorogaja Elena Sergeevna (Liebe Elena Sergeevna)*. Siehe auch Arkus 2010.

Abstand in den Fokus. Diese Filmästhetik, die selbst im Spielfilm die Ereignisse radikal realistisch und in ihren Details, so, wie sie sind, filmt, mit Originalton und schnittlosen Einstellungen über ganze Episoden hinweg, verweigert sich einer hierarchisierenden Auswahl und einer eindeutigen Bewertung.

Indem sich damit der Film auch einer jahrzehntelang dem Medium zugeschriebenen, gelenkten erzieherischen Funktion entzieht, hat Germanika mit *Škola* eine in ihrem Ausmaß erstaunliche, auf den ersten Blick zumindest ergebnisoffene Auseinandersetzung über den Zustand der Gesellschaft am Beispiel der Schule initiiert. Sie hat damit zudem gezeigt, was das neo-naturalistische Kino selbst im Daily-Soap-Format im Kreml-TV kann. Zu hoffen bleibt allerdings, dass sich hier auf den zweiten Blick nicht etwa eine bislang unangepasste Regisseurin »außer Rand und Band« ungewollt von den heutigen »Oberlehrern« hat bändigen lassen. Denn die Gefahr besteht, dass Germanika mit ihrer *Schule* und der sich anschließenden, schlimmstenfalls eine zivilgesellschaftliche Diskussionskultur nur simulierenden Internet- und TV-Blase von Postings, Talkshows und Expertenrunden lediglich ein Steinchen beim Bau einer neuen Vertikalen ist, der das Schreckensbild einer entgleisten Kindheitsinstitution zu pass kommt. Doch das lässt sich sicher erst dann beurteilen, wenn die russische Schulreform, die derzeit noch auf heftigen gesellschaftlichen Protest stößt, Geschichte geworden ist.

Literatur

1 ijulja – Den' zaščity detej (2008): 1 ijulja – Den' zaščity detej. Nravstvennyj krizis (20 maja 2008) (1. Juli – Tag zum Schutz des Kindes. Die moralische Krise; 20. Mai 2008): In: Obščestvennaja palata Rossijskoj Federacii. URL: www.oprf.ru/news block/news/1796/chamber_news (letzter Zugriff 29.7.2011).

Ajtmatov, Čingiz (1965): Pervyj učitel' (Der erste Lehrer). Moskva: Izd. Detskoj literatury 1967.

Archangelskij, Andrej (2010): Doumrem do ponedel'nika (Lasst uns bis zum Montag sterben). In: Ogonek 2 (5111), 18.1.2010. URL: www.kommersant.ru/Doc/1305855 (letzter Zugriff 29.7.2011).

Arkus, Ljubov' (2010): Priključenija beloj vorony: Évoljucija ›škol'nogo fil'ma‹ v sovetskom kino (Die Abenteuer eines Outsiders: zur Entwicklung des ›Schulfilms‹ im sowjetischen Kino). In: Seans (2.6.2010) URL: seance.ru/blog/whitecrow (letzter Zugriff 30.7.2011).

Aronson, Oleg (2000): Pustoe vremja. Montaž i dokumental'nosti kino (Die leere Zeit. Montage und der Dokumentarfilm). In: Kinovedčeskie zapiski 49 (2000), S. 147-153.

Balina, Marina (2005): Troubled Lives: The Legacy of Childhood in Soviet Literature. In: Slavic and East European Journal, 49,2, S. 249-265.

Balina, Marina/Rudova, Larisa (2008): Rasmyšlenija o škol'noj forme (Gedanken zur Schuluniform). In: Teorija mody: Odežda Telo Kul'tura (Moskva), 9 (2008), S. 25-47.

Belych, Grigorji/Panteleev, Leonid (1959): Respublika Škid (Republik der Strolche). Leningrad: Detskaja literatura 1965.

besprizornost' (1928): Eintrag besprizornost'. In: Malaja Sovetskaja Énciklopedija v 10 t. Tom 1, Moskva 1928.

Beumers, Birgit/Lipovetsky, Mark (2009): Performing Violence. Literary and Theatrical Experiments of New Russian Drama. Bristol/Chicago: Intellect Ltd.

Dubin, Boris (2011): Rossija nulevych. Političeskaja kul'tura. Istoričeskaja pamjat'. Povsednevnaja žizn' (Russland in den Nullerjahren. Politische Kultur. Geschichtsgedächtnis. Alltagsleben). Moskva: Rosspen.

Dugdale, Sasha (2009): Preface. In: Beumers, Birgit/Lipovetsky, Mark (Hg.): Performing Violence. Literary and Theatrical Experiments of New Russian Drama. Bristol/Chicago: Intellect Ltd., S. 12-25.

Figes, Orlando (2008): Die Flüsterer. Leben in Stalins Russland. Berlin: Berlinverlag.

Fillipenko, Maria (2011): Škola. Serial. Interv'ju (Die Schule. Eine Serie, Interview). In: Openspace.ru, 15.2.2011 URL: www.openspace.ru/society/russia/details/20565 (letzter Zugriff 20.4.2011).

Gölz, Christine (2010): Himmel und Hölle: Sowjetische Kindheit am Beispiel ›revolutionär wachsamer‹ Kinder im Film. In: Gölz, Christine/Hoff, Karin/Tippner, Anja (Hg.): Filme der Kindheit – Kindheit im Film. Beispiele aus Skandinavien, Mittel- und Osteuropa. Frankfurt a.M./New York: Peter Lang, S. 101-126.

Gor'kij, Maksim (1916): V ljudjach (Unter fremden Menschen). Moskva/Leningrad: Detgiz 1949.

Gudkov, Lev (2004): K probleme negativnoj identifikacii (Zum Problem der negativen Identifikation) (2002). In: ders. Negativnaja identičnost'. Moskva: NLO, S. 266-267.

Gudkov, Lev/Dubin, Boris/Zorkaja, Neja (2009): Postsovetskij čelovek i graždanskoe obščestvo (Der postsowjetische Mensch und die Zivilgesellschaft). Moskva: Mosk. škola polit. issled.

Gudkov, Lev/Ivanov, Dmitrij (2011): V Rossii podroslo ›pokolenie Putina‹ (In Russland wird die ›Generation Putin‹ erwachsen) [Interview vom 14.6.2011]). In: Svobodnaja pressa. URL: svpressa.ru/society/article/44304 (letzter Zugriff 29.7.2011).

Jurevič, Andrej/Ušakov, Dmitrij (2009): Nravstvennost' v sovremennoj Rossii (Moral im heutigen Russland). In: Kapital Strany. Federal'noe Internet Izdanie 4.3.2009. URL: www.kapital-rus.ru/index.php/articles/article/1041 (letzter Zugriff 29.7.2011).

Kelli [Kelly], Katriona (2008): Deti gosudarstva, 1935-1953 (Kinder des Staats, 1935-1953). In: Neprikosnovennyj Zapas 58,2. o. S. URL: magazines.russ.ru/nz/2008/2/kk5.html (letzter Zugriff 30.7.2011).

kinoteatr.doc (o.J.): [Manifest]. In: URL: www.kinoteatrdoc.ru/about.php (letzter Zugriff 30.7.2011).

Kozenko, Andrej (2008): ›Vertikal‹ detstva. Vospitatel'naja politika stanovitsja ochranitel'noj (Die Vertikale der Kindheit. Erziehungspolitik wird konservative Staatspolitik). In: Gazeta Kommersant, 94,2911, 03.06.2008. URL: www.kommersant.ru/doc/899256 (letzter Zugriff 29.7.2011).

Ljalenkova, Tamara (2011): Obščestvennoe mnenie i reforma obrazovanija (Die öffentliche Meinung und die Bildungsreform). In: Radio svoboda. Klassnyj čas. Sendungsprotokoll vom 3.7.2011. URL: www.svoboda.news.ru/content/transcript/24251582.html (letzter Zugriff 29.7.2011).

Makarenko, Anton (1927): Pedagogičeskaja poèma (Der Weg ins Leben). Moskva: Izd. Chud. Lit. 1963.

Meščanina [Meščaninova], Natal'ja (2010): [Interview]. In: schkola1.ru URL: schkola1.ru/bntervyu-smeshhaninoj (letzter Zugriff 20.4.2011).

Petrovskaja, Irina (2010): Klassnyj čas na Pervom kanale (Schulstunde im Ersten Kanal). In: Izvestija.ru, 22.1.2010. URL: www.izvestia.ru/news/357543 (letzter Zugriff 31.7.2011).

Putin, Vladimir (2010): [Mitschnitt einer Reportage über ein Studierendentreffen an der Tschuwaschischen Staatsuniversität, Nachrichtensendung 25.1.2010]. In: [Internetauftritt Gaj Germanika] URL: gai-germanika.ru/imho (letzter Zugriff 29.7.2011).

Razbežkina, Marina (2007): Problemy dramaturigii v dokumental'nom kino: Marina Razbežkina – gorizontali malen'kogo mira (Dramaturgie im Dokumentarfilm: Marina Razbežkina und die Horizontale der kleinen Welt). In: Iskusstvo kino 8 (2007). URL: kinoart.ru/2007/n8-article13.html (letzter Zugriff 30.7.2011).

RIA Novosti (2010a): Gryzlov predložil snjat' kino v protivoves serialu ›Škola‹ (Gryzlov schlägt vor, einen Gegenfilm zur Serie Die Schule zu drehen). In: RIA Novosti online, 26.1.2010. URL: www.rian.ru/edu_news/20100126/206356075.html (letzter Zugriff 20.4.2011).

RIA Novosti (2010b): Postanovlenie ›O likvidacii detskoj besprizornosti i beznadzornosti‹ (Beschluss ›Über die Liquidierung von Kinderobdachlosigkeit und Nichtbeaufsichtigung‹) In: RIA Novosti vom 31.5.2010, hier auch Ausschnitte aus dokumentarischem Archivmaterial. URL: www.rian.ru/spravka/20100531/239205216.html, letzter Zugriff 20.4.2011.

Rožkov, A. Ju. (2000): Bor'ba s besprizornost'ju v pervoe sovetskoe desjatiletie (Der Kampf gegen die Kinderobdachlosigkeit in der ersten sowjetischen Dekade). In: Voprosy istorii 1 (2000), S. 134-139.

Šakina, Ol'ga (2010): Uroki školy – Natalija Meščaninova – Vsevolod Kaptur – Genadij Meder – Približenie k real'nosti – Besedu vedet Ol'ga Šakina (Lehren aus Die Schule. Natalija Meščaninova – Vsevolod Kaptur – Genadij Meder – Annäherungen an die Realität. Das Gespräch führt Ol'ga Šakina). In: Iskusstvo kino 8 (2010). URL: kinoart.ru/2010/n8-article19.html (letzter Zugriff 31.7.2011).

Šenderovič, Viktor (2010): Osoboe mnenie (Die besondere Meinung). In: Ècho Moskvy, 7.1.2010 URL: echo.msk.ru/programs/personalno/646853-echo (letzter Zugriff 21.4.2011).

Švarc, Evgenij (1948): Pervoklassnica (Die Erstklässlerin). Moskva/Leningrad: Detgiz 1950.

Svirskij, Aleksej Ivanovič (1904): Ryžik. Priključenija brodjagi (Rotschopf. Abenteuer eines Vagabunden). Moskva/Leningrad: Gos.Izdatel'stvo. 9. Aufl. 1927.

Tendrjakov, Vladimir (1975): Noč' posle vypuska (Die Nacht nach der Entlassung). Moskva: Sovetskaja Rossija 1976.

Učenie ... (2010): Učenie bez pljuchi ne dovleet (Unterrichten ohne Prügel bringt nichts). In: Seans 26.4.2010. URL: seance.ru/blog/uchenie-bez-plyuhi-ne-dovleet (letzter Zugriff 31.7.2011).

Volobuev, Roman/Ernst, Konstantin (2010): Otvety. Konstantin Ernst. General'nyj direktor Pervogo kanala (Der Generaldirektor des Ersten Kanals Konstantin Ernst antwortet). In: Afiša 3.2.2010. URL: www.afisha.ru/article/ernst_266 (letzter Zugriff 20.4.2011).

Filme

Čučelo (Die Vogelscheuche), UdSSR 1983. Regie: Rolan Bykov, Spielfilm (127').

Den' znanij (Tag des Wissens), RU 2007. Regie: Aleksej Jakovlev, Dokumentarfilm (14').

Devočki (Girls), RU 2005. Regie: Valerija Gaj Germanika, Dokumentarfilm (46').

Dnevnik direktora školy (Tagebuch eines Schuldirektors), UdSSR 1975. Regie: Boris Frumin, Spielfilm (78').

Dobro požalovat', ili Postoronnim vchod vospreščen (Herzlich willkommen oder Unbefugten Zutritt verboten), UdSSR 1964. Regie: Ėlem Klimov, Spielfilm (74').

Dorogaja Elena Sergeevna (Liebe Elena Sergeevna), UdSSR 1988. Regie: El'dar Rjazanov. Spielfilm (94').

Doživem do ponedel'nika (Warten wir den Montag ab), UdSSR 1968. Regie: Stanislav Rostockij, Spielfilm (101').

Ja šagaju po Mosvke (Walking the Streets of Moscow). UdSSR 1963. Regie: Georgij Danelija, Spielfilm (78').

Kukly (Die Puppen), RU 1994-2002. Regie: Viktor Šenderovič. Satirische TV-Puppenshow des Senders NTV.

Mal'čiki (Boys), RU 2006. Regie: Valerija Gaj Germanika, Dokumentarfilm (36').

Mul't ličnosti (Promi-Trick), RU 2009ff. Regie: Dmitrij Azadov, Anna Liberman. TV-Animationsserie des Senders Pervyj kanal. Staffel 3, Sendung 5, Ausstrahlung 13.2.2010 (26').

Nikita i Nikita (Nikita and Nikita), RU 2006. Regie: Marija Tjuljaeva. Dokumentarfilm (17').

Odna (Allein). UdSSR 1931 Regie: Grigorij Kozincev. Spielfim, Fragment (82').

Pervoklassnica (Die Erstklässlerin; Verleihtitel: Ihr großer Tag), UdSSR 1948. Regie: Il'ja Frėz, Spielfilm (67').

Pervyj učitel' (Der erste Lehrer), UdSSR 1965. Regie: Andrej Michalkov-Končalovskij, Spielfilm (82').

Putevka v žizn' (Der Weg ins Leben). UdSSR 1931 Regie: Nikolaj Ėkk. Spielfilm (94').

Respublika Škid (Die Republik der Strolche), UdSSR 1966. Regie: Gennadij Poloka, Spielfilm (98').

Roždennye v SSSR, 14 let (Born in the USSR: 14 up), RU/GB 1998. Regie: Sergej Mirošničenko, Dokumentarfilm (89').

Roždennye v SSSR, 21-letnie (Born in the USSR: 21 up), GB 2005. Regie: Sergej Mirošničenko, Dokumentarfilm (175').

Roždennye v SSSR. 7 let (Born in the USSR: 7 up), UdSSR/GB 1990. Regie: Sergej Mirošničenko, Dokumentarfilm (69').

Rvanye bašmaki (Die zerrissenen Schuhe). UdSSR 1933. Regie: Margarita Barskaja, Spielfilm (88').

Sereža (dt. Verleihtitel: Ich hab dich lieb, Serjosha), UdSSR 1960. Regie: Georgij Danelija/Igor' Talankin. Spielfim (74').

Škola (Die Schule), RU 2010. Regie: Valerija Gaj Germanika, Ruslan Malikov, Natal'ja Meščaninova, 69-teilige TV-Serie (à 25').

Sto dnej posle detstva (Hundert Tage nach der Kindheit), UdSSR 1974. Regie: Sergej Solov'ev. Spielfilm (94').

Urok (Schulstunde), RU 2011. Regie: Polina Kanis, Video (17'30'') URL: www.open space.ru/art/projects/11375/details/21106 (letzter Zugriff 20.4.2011).

Vse umrut a ja ostanus (Jeder stirbt, nur ich nicht), RU 2008. Regie: Valerija Gaj Germanika, Spielfilm (85').

Zamri, umri, voskresni (Halte still, Stirb, Erwache), UdSSR 1989. Regie: Vitalij Kanevskij, Spielfilm (105').

Bildernachweis

Abb. 1: Filmstill aus *Dobro požalovat', ili postoronnim vchod vospreščen (Herzlich willkommen oder Unbefugten Zutritt verboten).* UdSSR 1964. Regie: Ėlem Klimov, Mosfil'm, Quelle: URL: youtu.be/gi7gs4EGnCI.

Abb. 2: Epifanov, Hauptfigur der Schulserie *Škola,* Quelle: Eintrag zu *Škola* in der online-Filmenzyklopädie *Ėnciklopedija otečestvennogo kino* URL: russiancinema.ru.

Abb. 3: Filmstill aus *Pervoklassnica (Die Erstklässlerin,* dt. Verleihtitel *Ihr großer Tag).* UdSSR 1948. Regie: Il'ja Frėz, Sojuzdetfil'm, Quelle: URL: youtu.be/P9OS DeDkwl0.

Doris Bühler-Niederberger und Jessica Schwittek

Kleine Kinder in Kirgistan – lokale Ansprüche und globale Einflüsse

Generationale Ordnung – ein struktureller Ansatz zur Erforschung unterschiedlicher Kindheiten

Seit mehreren Jahren erforschen wir das Aufwachsen von Kindern mit dem theoretischen Konzept *der generationalen Ordnung.* Dieser Zugang eignet sich, den Blick für Merkmale von Lebensphasen zu schärfen – insbesondere Kindheit und Jugend – wie auch diese Charakteristika als relevante Strukturmerkmale einer Gesellschaft oder von sozialen Gruppen zu erkennen (Bühler-Niederberger 2011).

Auf einer *Makroebene* erfasst der Begriff das gesellschaftlich konstruierte Verhältnis der Altersgruppen: die je besonderen Erwartungen, Rechte, Verpflichtungen, Bedürfnisse, die Angehörigen verschiedener Altersgruppen zugeschrieben werden. Solche altersspezifischen »Programme« sind in formellen und informellen gesellschaftlichen Normen enthalten und schlagen sich in Institutionen nieder. Dabei sind die Programme der verschiedenen Alterskategorien aufeinander bezogen; besonders deutlich ist die Komplementarität im Falle der Alterskategorien »Kinder« versus »Erwachsene«. Am auffälligsten an dieser gesellschaftlichen Konstruktion altersspezifischer Programme – weil sich hier die offensichtlichsten Variationen finden – sind die jeweiligen Vorstellungen und Realitäten von Kindheit, und die Gestaltung einer Transitionsphase in das Erwachsenenalter, also von »Jugend«. Zentral für das Konzept der generationalen Ordnung ist die Annahme, dass solcherart normierte und institutionalisierte Lebensphasen nicht beliebig sind, sondern vielmehr eingepasst in die Struktur der sozialen Ordnung: Sie sollen das in einer Gesellschaft resp. Gruppe angestrebte Verhältnis des Individuums zum Gesamt (der Gesellschaft oder dem unmittelbaren Kollektiv) herstellen, indem sie den einzelnen Heranwachsenden entsprechend einpassen. Das Konzept der generationalen Ordnung ist also ein *struktureller* Ansatz zur Erfassung variierender Bedingungen des Aufwachsens. Zwei Eigenarten unterscheiden einen solchen Zugang von den wesentlich bekannteren *kulturellen* Ansätzen:[1] (a) Er zielt nicht in erster Linie auf eine möglichst umfassende Darstellung der Varietät menschlicher Entwicklung und deren Determination durch tradierte Normensysteme, sondern konzentriert sich vielmehr auf ganz bestimmte Merkmale von altersspezifischen Programmen. (b) Er deutet deren Ausprägungen und Variationen nicht vorrangig als *tradiert*, sondern als

---

[1] Solche werden etwa von Barbara Rogoff (2003), Heidi Keller (2007) und zunächst einmal von Margaret Mead (2001) vertreten.

strategisch ausgerichtet auf ein bestimmtes Muster der Vergesellschaftung (das auf diese Weise sichergestellt werden soll), und dieser Deutungszusammenhang leitet die Auswahl der zu berücksichtigenden Merkmale an. Dabei ist der Unterschied zwischen einem kulturellen und einem strukturellen Ansatz kein prinzipieller, denn auch in der angestrebten Art der Vergesellschaftung, die der strukturelle Ansatz in den Mittelpunkt seiner Aufmerksamkeit rückt, drücken sich im weiteren Sinne »kulturelle« Überlieferungen aus. Allerdings impliziert die strukturelle Fokussierung, dass sich diese Überlieferungen innerhalb einer untersuchten Gesellschaft zwischen einzelnen (unterschiedlich positionierten) Bevölkerungsgruppen durchaus in Inhalt und Relevanz unterscheiden können.

Tabelle 1: Exemplarische Typen generationaler Ordnungen (Makroebene)

Kindheitsmuster	Angestrebte Art der Vergesellschaftung
Historische Gesellschaft, Westeuropa 16./17. Jahrh.	
Prinzip der »Lehre«, Lebensaltersdienstbotenschaft; geringe »Besonderung« der Kinder und wenig Versuche der inneren Formung (Ariès 1978; Gillis 1980; Cunningham 2006)	»Subsumtion«: Soziale Ordnung wird hergestellt über die Einfügung in patriarchale Kollektive (Laslett 1991); soziale Kontrolle erfolgt im »Funktionszusammenhang«, dem Geflecht von Erwartungen und Ansprüchen des Kollektivs (Elias 1991: 31f., 1976: 330ff.)
Historische Gesellschaft, Westeuropas bürgerliche Familie im 19./20. Jahrh.	
Intrusive Sozialisation; Über-Ich-Bildung in dichten emotionalen Konstellationen behüteter Kindheit (Schütze 1991; Budde 1994; Parsons/Bales 1955)	Soziale Ordnung wird hergestellt über Selbst-Disziplin und Praktiken des Selbst; der Einzelne soll direkt durch zentrale Instanzen »erreicht« werden können (Elias 1976: 312ff.)
Moderne Gesellschaft: Mittelschichtssozialisation heute:	
»Concerted cultivation« als individualisierte, intensive Förderung (Lareau 2003; Gillies 2005; Vincent/Ball 2006)	»Stand out«, individualistische und statusdistinktive Gesellschaftskonzeption
Moderne Gesellschaft: Unterschichtssozialisation heute:	
»Natural growth« als Modell, das deutliche Verhaltensgrenzen markiert, die für Kinder generell gelten, das aber wenig intrusiv oder fördernd angelegt ist (Lareau 2003; Gillies 2007; Vincent/Ball 2006)	»Fit in«: stärkere Kollektivorientierung in tieferen sozialen Schichten; weitgehendes Akzeptieren der benachteiligten sozialen Position

Zur exemplarischen Verdeutlichung dieses strukturellen Ansatzes zeigt Tabelle 1 – typisierend und etwas vereinfachend – einige aus der Forschungsliteratur bekannte, unterschiedliche Kindheitsmuster und die jeweiligen Vorstellungen des Verhältnisses von Individuum und Gesellschaft, die nicht zuletzt über eben diese Kindheiten umgesetzt werden sollten.

Auf einer *Mikroebene* zielt der Begriff der generationalen Ordnung auf die unmittelbaren Interaktionen in Familien, pädagogischen Institutionen und unter Peers: die gegenseitigen Erwartungen und Leistungen, die Sanktionen, die Arten und Zeichen der Zuwendung sowie die Verteilung von Arbeit und von materiellen und immateriellen Gütern innerhalb des Haushaltes. Er ist damit auch geeignet, die Sichtweise der Beteiligten auf die Beziehungen zwischen den Angehörigen unterschiedlicher Altersgruppen zu erfassen, ihr Erleben von Zumutungen und Gratifikationen.

»Sie wachsen daher wie das Gras auf der Wiese« – Ausgangspunkt der Studie

Unser Projekt, das von UNICEF und Aga-Khan-Foundation unterstützt wird und ohne diese Unterstützung nicht hätte realisiert werden können, untersucht die generationale Ordnung am Beispiel der Kinder im Alter von drei bis sieben Jahren in Kirgistan. Die Wahl fiel auf diese Altersgruppe, weil deren Sozialisationsbedingungen in den Reports der internationalen Organisationen als besonders problematisch dargestellt werden. Die internationalen Organisationen operieren nicht mit einer Vorstellung generationaler Ordnung. Im Konzept generationaler Ordnung interessiert die Variation gesellschaftlicher Definitionen und Praktiken in Bezug auf Kindheit, mithin zunächst einmal eine *relative* Qualität, entsprechend der Passung zu den Mustern gesellschaftlicher Ordnung, die über unterschiedliche Kindheiten angestrebt werden können. Die internationalen Organisationen dagegen vertreten in ihren Reports eine Vorstellung einer universell bestimmbaren, absoluten Qualität von Kindheiten. Diese Vorstellung wird nicht genauer expliziert oder gar hergeleitet. Man könnte sie allerdings argumentativ weitgehend auf die UN-Kinderrechtskonvention abstützen; erkennbar orientiert sie sich darüber hinaus an westlichen Vorstellungen von einer guten Kindheit. Dabei setzt sie sich zusammen aus Indikatoren des »well-becoming«, im Sinne einer in Aussicht stehenden Entwicklung zu einem leistungsfähigen Individuum, und des »well-being«, im Sinne einer aktuellen Qualität von Kindheitserfahrungen (Ben-Arieh 2006, 2008). Dass diese Vorstellung aber nicht weiter expliziert oder begründet wird, zeigt das Ausmaß fragloser Geltung, das sie für internationale Organisationen besitzt.

Gemessen an der Qualität von Kindheit, wie sie internationale Organisationen definieren, erscheint die Beschreibung der frühen Kindheit in Kirgistan als Mängelkatalog. Die Kindersterblichkeit ist hoch, 2011 beträgt die Sterblichkeit von Kindern unter einem Jahr 29,3 auf 1000 Kinder. Damit liegt Kirgistan an 71. Stelle der Rangliste aller Länder resp. im schlechteren Drittel der erfassten 222 Länder der Welt (CIA World Factbook 2011). Die Versorgung mit Vorschuleinrichtungen ist mangelhaft: Im Schuljahr 2007/2008 besuchten 14,3 % aller 3- bis 7-jährigen Kinder eine Vorschuleinrichtung. Während die Versorgung mit solchen Einrichtungen in Städten noch einigermaßen gut ist – in der Hauptstadt Bishkek sind es über 40 % aller 3- bis 7-jährigen Kinder, die eine solche Einrichtung besuchen –, ist sie in ländlichen Regionen weit schlechter; in der armen Batken-Region (die im geopolitisch unsicheren Fergana-Tal im Grenzgebiet zu Usbekistan und Tadschikistan liegt) sind es lediglich 6 % (UNICEF 2009a). Seit dem Zerfall der Sowjetunion und der Unabhängigkeit des zentralasiatischen Landes ließ man die Gebäude verfallen, benutzte die Steine zur Renovierung der eigenen Häuser oder nutzte die Gebäude als Gemeindehaus, Lagerhalle etc.

Nicht besonders hoch erscheint auch das elterliche Engagement für einen Umgang, den man nach westlicher Auffassung als kindzentriert bezeichnen könnte. In einer Repräsentativbefragung, die im Auftrag von UNICEF durchgeführt wurde, gaben 14 % der Mütter an, dass sie mit ihren dreijährigen Kindern »schon lange nicht mehr« gespielt hätten und jedenfalls diese und letzte Woche nicht resp. sie könnten sich »gar nicht mehr erinnern«, wann das der Fall war. Mit dem Alter der Kinder steigen diese Zahlen an, bei den vierjährigen Kindern sind es 20 % der Mütter, die eine der beiden Antworten wählten und bei den fünfjährigen mehr als 30 %. Etwas höher liegen diese Zahlen bei den Vätern: 22 % der

Väter der dreijährigen Kinder und über 26 % der Väter der vierjährigen Kinder spielen in dieser Weise selten oder nie mit den Kindern. Dagegen wird dem Einfordern von angepasstem Verhalten bei kleinen Kindern eine große Bedeutung zugemessen, und es fällt harsch aus: Mehr als die Hälfte der Eltern gaben an, dass sie auch mit Körperstrafen sanktionieren (Expert Consulting Agency 2004). In einer neueren Untersuchung von UNICEF, die elterliche Gewalttätigkeit erfasste, wie sie von den Jugendlichen und älteren Kindern (rückblickend) berichtet wird, wird ein hohes Maß erlebter Misshandlung sichtbar (UNICEF 2009b).

Aus westlicher Sicht ist die Situation also unbefriedigend. Das drückt auch der im Titel zitierte Satz aus: »Die kleinen Kinder in Kirgistan ... wachsen daher wie das Gras auf der Wiese«. Eine unserer Kontaktpersonen – ein kirgisischer Universitätsdozent, der uns bei der Forschung vor Ort verschiedentlich unterstützte – kritisierte in dieser Weise die gängige Art, sich der kleinen Kinder anzunehmen. Er hatte mehrere Jahre in Deutschland gelebt und studiert, und in seinem Büchergestell fanden sich deutsche Erziehungsratgeber, an denen er und seine Frau sich bei der Erziehung der beiden Töchter orientierten. Ein Verantwortlicher einer internationalen Organisation spitzte seine Kritik in der Formulierung zu, dass Väter sich mehr mit ihrem Vieh abgäben als mit den Kindern.

Internationale Organisationen fördern Vorschuleinrichtungen und die Ausbildung von Personal für solche Einrichtungen. Dieser Einsatz schlägt sich in den Besuchszahlen nieder: Die bereits erwähnten lediglich 14,3 % Kinder, die 2007/2008 eine Vorschuleinrichtung besuchten, bedeuten immerhin schon eine Verdoppelung der Rate, die 2000/2001 noch bei 7,3 % gelegen hatte (UNICEF 2009a). Über die von ihnen geförderten Einrichtungen versuchen die Internationalen Organisationen auch Einfluss zu nehmen auf die Erziehung in der Familie. Sie drucken und verteilen Merkblätter, die die Erwachsenen zum Spiel mit den Kindern und zur Aufmerksamkeit vor allem für die kognitive Entwicklung der Kinder anhalten sollen; nicht nur Mütter werden darin angesprochen, sondern ganz explizit auch Großmütter und vor allem Väter. Der Einbezug des Vaters, wie er für das westliche Modell (resp. Ideal) einer partnerschaftlichen Familie typisch ist, fällt sogar als besonderes Anliegen auf. So zeigen z.B. die von UNICEF gedruckten Lehrmittel für Vorschulkinder einen Familienalltag, in dem stets Vater und Mutter in die häuslichen Aktivitäten involviert sind, ob es sich um den Hausputz, die Gartenarbeit, den Waschtag oder das Einkaufen handelt. Dies ist definitiv nicht die Realität kirgisischer Familien, das haben unsere Hausbesuche in 30 Familien der Untersuchungsgruppe sowie zu zahlreichen privaten Anlässen gezeigt. Die väterliche Beteiligung an der frühen Förderung der Kinder ist auch einer der Indikatoren, der von UNICEF im MICS Survey (Multiple Indicator Cluster-Survey) in den Ländern Osteuropas und Zentralasiens zur Bestimmung der Qualität des Aufwachsens verwendet wird. Kirgistan liegt dabei mit mehr als 50 % der Väter, die nach der MICS-Messung als nicht beteiligt an der frühen Förderung der Kinder eingestuft wurden, zusammen mit Tadschikistan, Usbekistan, Albanien und Kasachstan weit hinten (UNICEF-MICS-Survey o. J.). Die internationalen Organisation veranstalten rund um ihre Vorschuleinrichtungen auch Spieltage, zu denen die ganzen Familien eingeladen sind, basteln mit den Eltern Spielsachen für die Kinder aus einfach verfügbaren Materialien usw.

Untersuchungsfragen, Projektanlage und Erhebungsmethoden

Unser Projekt untersucht, (1) welche Vorstellungen kirgisische Eltern von kleinen Kindern, ihren Bedürfnissen und Möglichkeiten in ihren Erziehungsstrategien und auch über die Verteilung wichtiger Güter, Pflichten, Rechte in den Haushalten täglich praktizieren. Es erhebt (2) die Erwartungen, die Eltern an ihre Kinder haben, wenn diese dereinst erwachsen werden. Es berücksichtigt (3) die Perspektive der Kinder und deren eigene Leistungen in der Gestaltung ihres Alltags. (4) Da wir das Material an den Kindern hauptsächlich in den Kindergärten erhoben haben, liegt auch reichlich Beobachtungsmaterial vor über den Umgang des Kindergartenpersonals mit den Kindern, das Verhalten der Kinder untereinander, die Lernprogramme und -materialien. (5) Über alle Kinder und Familien haben wir zusätzlich soziodemografische Daten (zur ökonomischen Situation, zu Bildung und Beruf der Eltern und zur wirtschaftlichen und Entwicklungssituation des Wohnortes) erhoben. Schließlich besichtigten wir in den zahlreichen Wochen unserer bisher sieben Aufenthalte im Land auch Kinderspielplätze, beobachteten das Spiel der Kinder in Straßen und Hinterhöfen, Eltern-Kind-Interaktionen in den Straßen, Geschäften, an Busstationen etc. Diese Kombination von Daten ermöglicht Einblicke in die generationale Ordnung und wird dem kindheitssoziologischen Anspruch gerecht, die eigenen Deutungs- und Handlungsbeiträge der Kinder auch zu erfassen.

Zur Erhebung der erzieherischen Praktiken, der ökonomischen Situation der Familie und der Verteilungen im Haushalt wurde ein Fragebogen mit offenen und geschlossenen Fragen konstruiert, der bei insgesamt 60 Eltern eingesetzt wurde. Der Fragebogen wurde auch als Ausgangsbasis für weiterführende offene Interviewteile benutzt, sofern sich dazu im Interviewverlauf Ansatzpunkte zeigten. Dazu arbeiteten wir meist mit zwei Helferinnen. Eine führte das Interview in dem jeweiligen regionalen kirgisischen Dialekt, die andere Person übersetzte im Hintergrund simultan die Antworten für uns Forscherinnen, sodass gegebenenfalls nachgefragt werden konnte. Ein Protokoll zur Wohnsituation wurde erhoben, das u.a. erfasste, welche Räume von den Kindern genutzt werden konnten, ob es Möbel, Gegenstände für Kinder in dem Haushalt gab, ob die Anwesenheit von Kindern – über ihre bloße Präsenz hinaus – über Zeichnungen, Spielsachen oder ähnliches in den Räumen sichtbar war. Die Auswahl und Operationalisierung der Dimensionen, die in die Erhebung elterlicher Praktiken eingingen, geschah zum Teil sensibilisiert an der schichtspezifischen resp. sozialstrukturellen Sozialisationsforschung, soweit es Disziplinar- und Förderpraktiken sowie Kindzentriertheit der Familie betraf (für einen Überblick über diese Forschungstradition vgl. Bühler-Niederberger 2011). Die Messung der Erwartungen der Eltern an ihre Kinder als zukünftige Erwachsene orientierte sich an der soziologischen Familienforschung und adaptierte einen Fragenkatalog zum »Value of Children«. Dieser besteht aus Fragen nach Wertungen und Erwartungen, von denen in der kulturvergleichenden Familienforschung angenommen wird, dass sie Fertilitätsentscheidungen und die Beziehungen zwischen den Generationen in unterschiedlichen gesellschaftlichen Gruppen/Kulturen je unterschiedlich anleiten (Nauck/Trommsdorff 2009, 2010). Die Daten zur ökonomischen Situation der Familien und zur Entwicklungssituation des Dorfes/der Stadt erfassten wir eng angelehnt an entsprechende Erhebungen von UNICEF. In 15 Haushalten erfassten wir zusätzlich die Interaktionen in der Familie über Videoaufzeichnungen von ca. einer Stunde.

Wir stellten dazu eine Kamera auf, etwa während der Mahlzeit oder wenn die Familie abends zusammen saß, und verließen das Haus der Familie während dieser Zeit. Wir analysierten dieses Material vor allem im Hinblick auf Kommunikation zwischen Erwachsenen und Kindern und orientierten uns bei der Auswahl von Auswertungsdimensionen teilweise an Hart/Risley (1995), z.T. geschah die Auswahl induktiv, d.h. in konzeptualisierender Auseinandersetzung mit dem Material.

Die Perspektive der Kinder und deren Bemühungen, ihre Kindheit auch selbst zu gestalten, erfassten wir über Verfahren, die zurzeit auch mit dem Schlagwort »participatory research« belegt werden. Mit den von uns angewendeten Verfahren ging zwar nicht der Anspruch einher, die Kinder als gleichberechtigte Partner am Forschungsvorhaben zu beteiligen und sie stets und umfassend als artikulationsfähige Experten ihrer Lebenswelten zu betrachten; beide Annahmen würden im übrigen jeder denkbaren soziologischen Vorstellung von Akteuren (sowohl von kleinen wie auch von großen Akteuren) zuwiderlaufen. Hingegen wurden die Erhebungsverfahren in einer Weise gestaltet, die den Ausdrucksmöglichkeiten und Aktivitätsbedürfnissen der Kinder Rechnung zu tragen versuchte: Zeichnungen, Übungen, die phantasievolle Elemente einschlossen, Spiele etc.[2] Diese Erhebungen wurden zumeist mit Gruppen von vier Kindern im Kindergarten durchgeführt, in kleinen Gruppen also, die einerseits die Durchführung der Übungen ohne allzu große Verzögerung noch zuließen, in denen die Kinder aber weniger schüchtern waren, als wenn sie uns alleine gegenüber gesessen hätten.

Ausgewertet wurde bisher das Datenmaterial von insgesamt 85 Kindern, von denen 53 in ländlichen Gegenden leben, 16 in den Provinzhauptstädten und 16 in der Hauptstadt Bishkek oder den zugehörigen Vororten. Da uns die Untersuchungspersonen auf dem Land über die Hilfsorganisationen und die von ihnen aufgebauten Kindergärten vermittelt worden waren, sind gerade auch arme und abgelegene Gegenden gut vertreten; in diesen leisten die Organisationen besonders viel Aufbauarbeit, weil es sich um Randzonen mit Grenzstreitigkeiten zwischen den Staaten handelt oder um Gegenden mit konflikttrüchtiger ethnischer Mischung der Bevölkerung. In der Hauptstadt gewannen wir den Zugang zu den Kindergärten auch über entsprechende Kooperation mit der zuständigen Behörde. Der Zugang über die Kindergärten resp. internationalen Organisationen hatte sowohl Vorteile als auch Nachteile. *Vorteilhaft* war die von Anfang an vertrauensvolle Situation bei den Hausbesuchen und den jeweiligen Interviews. *Nachteilig* war, dass sich damit unser Sample fast vollständig auf Kinder beschränkt, die einen Kindergarten besuchen. Einen Kindergarten besucht aber nur eine Minderheit der kirgisischen Kinder (s.o., S. 71), und es ist anzunehmen, dass *deren* Eltern mehr Wert auf die Förderung ihrer Kinder legen als der Bevölkerungsdurchschnitt. Erstens werden die Kinder für den Kindergartenbesuch mit hübschen Kleidern recht eigentlich heraus geputzt, zum zweiten müssen sie auf dem oft langen Weg dahin begleitet werden, zum dritten erheben die Kindergärten in der Regel kleine Gebühren. Schließlich können die Kinder während der Kindergartenzeit – und die erstreckt sich meist über den ganzen Tag – auch nicht zur Mithilfe eingesetzt werden, die in Kirgistan auch kleine Kinder in der Regel leisten.

---

2   Zu den Pro- und Contra-Debatten um solche Methoden und den Anspruch von »participatory research« vgl. Clark/Moss (2001), Punch (2002) und Gallacher/Gallagher (2008).

Die gleichen Erhebungsinstrumente wie in Kirgistan haben wir auch in Deutschland eingesetzt. Diese Datenerhebung ist noch im Gange. Wir achten auch hier auf eine variationsreiche Samplezusammensetzung, die also Kinder zwischen drei und sieben Jahren in Städten, auf dem Land, in belasteten und privilegierten Vierteln, im Osten und im Westen des Landes einschließt. Dabei betrachten wir die deutschen Daten nicht im eigentlichen Sinne als Vergleichsdaten zu den kirgisischen, vielmehr bieten sie einen kontrastiven Hintergrund zur Unterstützung bei der Interpretation des Materials.

Ausgewählte Ergebnisse: Einfügen in das hierarchische Kollektiv und funktionale Erwartungen

In einer ersten Projektphase wurde vor allem eine qualitative Annäherung an das Untersuchungsthema praktiziert (ausgenommen davon sind selbstverständlich die Erhebungsteile, in denen wir mit dem standardisierten Fragebogen arbeiteten). Nach dem Verfahren der Grounded Theory wurden in der theoretisierenden Auseinandersetzung mit dem empirischen Material empirisch begründete Konzepte herausgearbeitet. Einige der so gewonnenen theoretischen Dimensionen ließen sich – z.t. noch während der Phase der Datenerhebung, z.t. erst während der Auswertung – in vergleichsweise einfach quantifizierbare Indikatoren übersetzen; die Samplegröße ließ eine Quantifizierung für einige dieser Indikatoren auch als sinnvoll erscheinen. In der Folge greifen wir also sowohl auf ausgezählte Ergebnisse zurück, wie auch auf nicht quantifizierbare (weil nicht systematisch abrufbare) Befunde, die aber die spezifischen Charakteristika der jeweiligen Kindheiten zu verdeutlichen vermögen.

Einbindung in einen hierarchischen Funktionszusammenhang – die Sicht der Kinder: In der Wahrnehmung der Kinder besteht ihr unmittelbares Beziehungsnetz aus einem hierarchischen Zusammenhang funktionaler Erwartungen und Leistungen. Zwei verschiedene Übungen vermittelten vor allem Einblick in das Beziehungsnetz. Zum einen war das »der Käfer«, ein in Umrissen auf ein Blatt vorgezeichneter Marienkäfer, den die Kinder ausmalen konnten und für dessen sechs Beine sie sagen sollten, »wer« denn die Personen seien, die – genau wie die Beine den Käferleib stützen – ihnen helfen, sodass sie vorwärts kommen und nicht hilflos auf dem Rücken zappeln, und »was« es denn sei, was eine jeweils genannte Person (pro Bein eine Person) für sie täte. Weitere Angaben zum Beziehungsnetz der Kinder erhielten wir aber auch aus der Einstiegsübung, in der sie ihre »liebsten Menschen« zeichnen sollten. Dabei kommentierten die Kinder – spontan oder auf Nachfrage –, warum ihnen diese Menschen lieb sind. Sie nannten überwiegend Personen aus ihrer Familie: Vater, Mutter, Geschwister, manchmal auch Großeltern und seltener Freunde. Zur Auswertung der Angaben unterschieden wir fünf Kategorien der »Beziehungsvalenz«, die wir wie folgt definierten:

1. *funktionaler Charakter der Beziehungen:* Es wurden Leistungen genannt, wie »Mutter putzt«, »Vater heizt das Haus«, »Vater baut das Haus«, »Schwester wäscht die Kleider«;
2. *funktional in Bezug auf das Selbst:* Hier wurden funktionale Leistungen angesprochen, die das Kind explizit auf sich selbst bezieht, wie »Mutter wäscht meine Kleider«, »Vater holt mich vom Kindergarten ab«, »Schwester macht mir Tee«;

3. *funktionale Leistungen anderer Personen, die für das Kind mit Freude oder Spaß asso-
   ziiert sind oder das Kind trösten und auf diese Weise auch einen stärker emotionalen Anteil aufweisen:* Genannt wurden z.B. »Großmutter spielt mit mir«, »Bruder kauft mir Sü-
   ßigkeiten«, »Schwester macht mir ein Spielzeug, tröstet mich, wenn ich weine«;
4. *funktional beschützend:* Kinder nannten teilweise Personen, die sie vor Aggressionen
   anderer, zumeist durch Peers schützen: »mein Vater schimpft mit den bösen Nachbarsjungen«, »meine Freunde helfen, wenn mich die anderen hauen«;
5. *im engeren Sinne emotionale Charakterisierung der Beziehung:* Genannt wurden z.B.
   »meine Mutter liebt mich«, »ich habe meinen kleinen Bruder sehr gern«, »ich mag es,
   wenn meine Schwester mich kitzelt«.

Abbildung 1: Beziehungsvalenzen aus Kindersicht (in Prozent; 629 Nennungen von 84 Kindern)

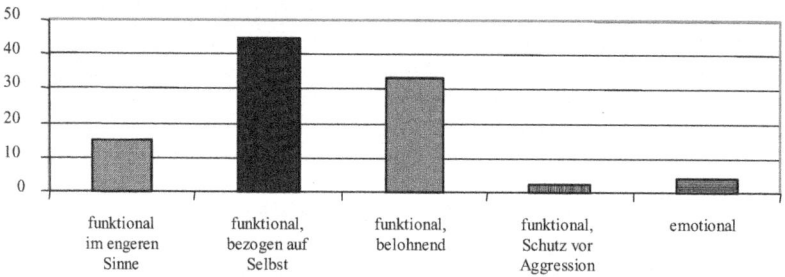

Wie Abbildung 1 zeigt, wurden die Beziehungen vorwiegend als funktional resp. funktional
in Bezug auf das Selbst charakterisiert. Verschwindend klein ist der Anteil emotionaler
Nennungen.

Die füreinander übernommenen Leistungen sind eingefügt in eine *Altershierarchie*, in
der Art von: Das ist mein großer Bruder, er bringt mich zum Kindergarten – das ist mein
kleiner Bruder, ich passe auf ihn auf; Mutter wäscht meine Kleider – ich helfe ihr. Besonders eindeutig lässt sich die Einordnung in den hierarchischen Zusammenhang in der Übung
»Zeichne die Menschen, die Dir am liebsten sind« erkennen. 80 Kinder haben auswertbare
Zeichnungen angefertigt, d.h. Zeichnungen, die einigermaßen erkennen ließen, was hier
dargestellt werden sollte, und die von den Kindern auch kommentiert wurden: 28 von ihnen
haben sich – das war ihren Kommentaren zu entnehmen – selbst mit auf die Zeichnungen
gesetzt: Innerhalb dieses Samples haben sich 22 Kinder proportional, d.h. im Vergleich zu
den Erwachsenen klein und im Vergleich zu allenfalls noch gezeichneten jüngeren Kindern
groß dargestellt. Diese klare Proportionalität deuten wir als Einsicht der Kinder in den hierarchischen Charakter des Beziehungsnetzes und ihre Stellung darin. Wir können bisher
nicht auf eine systematische Auswertung des deutschen Materials zurückgreifen, können
aber bereits sagen, dass eine Vielzahl detailreicher Selbstdarstellungen anfiel, in denen das
Kind oft am größten ist und am meisten Platz im Bild einnimmt und sich mit vielem
umgibt, was ihm lieb ist: mit Menschen und Haustieren. Die Zeichnungen der deutschen
Kinder sind oft nicht realistisch, vielmehr zielen sie in expressiver Weise darauf, das besondere Erleben darzustellen. So erscheinen auch verstorbene Familienmitglieder im Bild

oder verstorbene Haustiere, von denen das Kind angab, dass sie ihm besonders nahe standen. Die Darstellung einer verstorbenen Oma erklärte eines der Kinder folgendermaßen: Die Oma rage vom linken Bildrand parallel zum unteren Rand in das Bild hinein, in großem Abstand vom Grund (»weil sie schon im Himmel ist«, wie das Kind kommentierte), aber auch in deutlichem Abstand vom Himmel (Kommentar: »weil sie noch dazugehört«). Solche Darstellungen der eigenen Welt, in der das Selbst zentral und riesig gesetzt und die Welt entsprechend ihrer emotionalen Bedeutung für Ego darum herum gruppiert wird – auch jenseits der Realität –, haben wir bei keinem der kirgisischen Kinder angetroffen.

Die folgenden Zeichnungen sechsjähriger Jungen veranschaulichen den Unterschied. Das Kind aus einer reichen Familie der kirgisischen Hauptstadt reiht die Familienmitglieder auf wie Orgelpfeifen und dazu die wichtigen Güter: Haus und Auto; es bildet die gesellschaftlichen und familiären Verhältnisse realistisch ab. Das gleichaltrige Kind aus einer deutschen Großstadt zeichnet sich in fast gleicher Größe neben seinem Onkel, der besonders stark sei, dazu seine eigenen Katzen, alle mit Herzen und Namen ausgestattet, wobei auch hier eine der im Bild erscheinenden Katzen »leider schon gestorben« sei. Die Mutter – angeschnitten am oberen Bildrand – sei »langsam«, »kommt nicht so ganz nach«, so erklärte der Junge, er habe es deshalb »jetzt so gemacht«. Die hier abgebildete Welt ist ein emotionaler Entwurf, geschaffen vom überaus zentralen Selbst und rund um dieses.

Abbildung 2: »Meine liebsten Menschen« – Zeichnungen sechsjähriger Knaben, Kirgistan und Deutschland

Innerhalb des hierarchischen Funktionszusammenhangs wird von den kleinen Kindern in Kirgistan auch erwartet, dass sie einen *eigenen Beitrag* leisten. Dieses Ergebnis erbrachte eine Übung, in der die Kinder im Spiel mit einem Puppenhaus ihren Tagesablauf schildern sollten, vom Aufwachen bis zum Zubettgehen. Die Übung wurde lediglich mit 38 Kindern durchgeführt, da wir sie erst in der zweiten Hälfte der Erhebungsphase entwickelt hatten. Die Kinder berichteten von zahlreichen kleinen Arbeiten, die sie zu Hause übernehmen. Lediglich 5 Kinder sagten explizit, dass sie nicht helfen. Hierbei handelt es sich zumeist um sehr junge Kinder oder aber Kinder mit mehreren älteren Geschwistern, die die Arbeiten an ihrer Stelle verrichten. Die häufigsten Arbeiten, die die Kinder übernehmen, sind in der

Rangfolge der Häufigkeit: Wasser holen, Saubermachen, Holz holen, kleine Geschwister hüten, kochen helfen oder servieren helfen.

Die funktionalen Erwartungen der Erwachsenen und das Trainingsmodell der Förderung: Im Verhalten und in den Aussagen der Erwachsenen finden sich Bestätigungen für den hierarchischen Funktionszusammenhang, in den sich die Kinder eingebettet finden. Einige sollen hier vorgestellt werden. Einmal lässt die Verteilung und Einrichtung von Räumen erkennen, dass den kleinen Kindern weniger zusteht als anderen Familienmitgliedern. Nur in vier der dreißig besuchten Wohnungen gab es Kinderzimmer, und dies waren stets mit Geschwisterkindern geteilte Räume, in denen sich außer Betten, einem Gestell und einem Schreibtisch für Schulkinder keine weiteren Einrichtungsgegenstände befanden. Diese vier Familien lebten alle in der Hauptstadt resp. ihren Vororten. Dass die von uns besuchten Kinder in ländlichen Gegenden nie ein Kinderzimmer hatten, ist nicht lediglich auf Raumknappheit zurückzuführen, da sich in mehreren dieser Häuser ein oder mehrere erkennbar kaum benutzte Räume für Gäste befanden.

Man könnte die gängige Praxis des »Co-sleepings« als Grund anführen, warum Kinder keine eigenen Räume bekommen, und argumentieren, dass diese Raumaufteilung also durchaus auch von den Kindern gewünscht sein könnte, die die Praxis des gemeinsamen Schlafens schätzen. Das erklärt aber noch nicht, warum sich keine Spielzimmer oder Spielecken finden lassen, ein Raum für das kleine Kind, in dem es auch dem Bedürfnis nach Abgrenzung des Phantasiespiels nachkommen könnte – ein Bedürfnis, das sich ja auch im Kindergarten (vgl. Strandell 1997), beim Hüttenbauen etc. konstatieren lässt. Dass die Kinder in einer Übung, in der sie ihren »liebsten Ort« zeichnen sollten, gelegentlich angaben, sich solche Räume zu »erobern«, ein unbenutztes Gästezimmer, einen unbenutzten Stall oder den »sörö« – eine Art Außenzimmer, das nur im Sommer von der Familie benutzt wird –, weist daraufhin, dass auch die kirgisischen Kinder dieses Bedürfnis durchaus haben und gelegentlich realisieren können. Sie bekamen diesen eigenen Raum aber nicht von den Erwachsenen zugewiesen als etwas, das ihnen zustünde.

Dass sich in den besuchten Haushalten auch keinerlei Zeichnungen der Kinder oder Bastelarbeiten entdecken ließen, die als Raumschmuck dienten – obschon die Kinder solche Gegenstände im Kindergarten anfertigten –, können wir einerseits als weiteren Aspekt einer Raumverteilung und -gestaltung zugunsten der älteren Familienmitglieder betrachten. Es kann jedoch andererseits auch als Bestandteil eines ganzen Bündels von Dimensionen betrachtet werden, für das wir den theoretischen Begriff *»Trainingsmodell«* vorschlagen. Gemeint ist damit, dass bestimmte Leistungen der Kinder hoch bewertet werden, nämlich Leistungen, die normierten Leistungsdimensionen entsprechen und die sich gemessen an diesen eindeutig beurteilen lassen: also etwa Rechnen, schönes Schreiben oder Rezitieren von Texten. Einem solchen Trainingsmodell können wir analytisch ein »individualisiertes Fördermodell« gegenüber stellen. In letzterem würden Äußerungen der Originalität und der spezifischen Kindlichkeit (also z.B. eine Kinderzeichnung) auch und sogar u.U. mehr Beachtung finden, es bestünde Aufmerksamkeit für besondere Interessen und unter Umständen ausgefallene Begabungen des Kindes, eine eigentliche Suche nach solchen Interessen und Begabungen könnte von den Erwachsenen geleistet werden. Über die so ermittelten besonderen Interessen des Kindes sollen dann Neugier und intrinsische Motivation des Kindes und der Aufbau weiterer Interessen unterstützt werden; in dieser Weise beschreiben etwa Lareau (2003), Vincent/Ball (2007) oder de Singly (1996) die individualisierte Mittelschichtsozialisation in westlichen Gesellschaften. In der Förderung der kleinen Kinder in Kirgistan fehlen diese Merkmale. Das Trainingsmodell dominiert im häuslichen Umfeld und ist auch im Kindergarten sehr präsent. Nicht nur das Kindergartenmodell, das wir in der Hauptstadt finden und das noch fest in der sowjetischen Tradition verankert ist, auch das Modell der Internationalen Organisationen ist klar auf die Förderung umrissener kognitiver Fähigkeiten – so etwa Buchstabenlernen, erste Leseschritte, Zahlenlernen und einfache Rechenaufgaben – zugeschnitten. Die Kinder erhalten auch bereits Noten im Vorschulunterricht; ganze Klassenzimmer der Vorschule sind mit fest installierten Einzelpulten auf Frontalunterricht ausgelegt. Man muss hier auch berücksichtigen, dass die international geförderten Vorschulprogramme darauf zielen, das Schulversagen und den Schulabbruch in den anschließenden Grundschuljahren zu reduzieren. Sie tun dies aus guten Gründen, wie eine Auseinandersetzung mit Abbruchraten in Entwicklungsländern zeigt (Arnold et al. 2008); das mag die starke Ausrichtung auf schulische Fertigkeiten teilweise erklären. Das Trainingsmodell der Förderung ließ sich auch anhand der Anleitungen verdeutlichen, die manche Kindergärtnerinnen den Kindern beim Zeichnen im Rahmen der von uns durchgeführten Übungen gaben: Umrisse vorzeichnen und dann ausmalen, schön zeichnen, die richtige Farbe wählen und nicht eine Phantasiefarbe – das waren oft gehörte Ermahnungen der Lehrkräfte. Die Annahmen des Trainingsmodells wurden in eine entsprechende Perspektive der Kinder übersetzt: Ihrer Ansicht nach ging es in den vorschulischen Programmen darum, gute Noten zu erreichen und keine Fehler zu machen und in dieser Weise ein »gutes Kind« zu sein. Sie lobten sich selbst im Gespräch mit uns, sie seien ein »gutes Mädchen«, ein »braver Junge«, denn sie würden gute Noten schreiben, wenig Fehler machen, fleißig lernen. Dagegen stellten sie uns keine besonderen Interessen vor, wiesen uns nicht auf Bücher, Lernmaterialien, Lektionen hin, die ihnen besonders gefielen, kurz: Sie nahmen keine Selbstdefinitionen über Steckenpferde, spannendes Wissen oder ähnliches vor.

Das Trainingsmodell kann man in einem Zusammenhang sehen mit den sehr hohen Bildungsambitionen der Eltern. Lediglich 3 % der interviewten kirgisischen Eltern (N=60) streben keinen akademischen Beruf für ihre Kinder an. Unabhängig vom eigenen Bildungshintergrund und den finanziellen Möglichkeiten, die eine Universitätsausbildung in dem vollkommen ökonomisierten Bildungsmarkt erst erlauben, wünschen sich also nahezu alle Eltern einen akademischen Abschluss für ihre Kinder. Der am häufigsten genannte Berufswunsch der Eltern für ihr Kind ist Arzt, gefolgt von Ingenieurberufen, Businessman oder Designer, letzteres für die Mädchen. Über die Hälfte der Eltern wünscht sich, dass ihre Kinder Ärzte werden – das ist bemerkenswert. Es ist nämlich nicht etwa so, dass Ärzte in Kirgistan besonders gut verdienen würden. Auf die Nachfrage hin, warum das Kind Arzt werden sollte, zielen die Antworten vielmehr auf einen Bedarf der Familie: die Versorgung der Eltern resp. weiterer Familienmitglieder, wenn diese im Alter häufiger krank werden, gelegentlich auch eigene Kränklichkeit des Kindes. Die Ambitionen fügen sich also auch unmittelbar ein in Erwartungen an einen *zukünftigen instrumentellen Nutzen des Kindes*. Aufschlussreich sind die Ergebnisse auf die Fragen nach dem »Value of Children«. Wir ließen unterschiedliche Wertedimensionen durch die Befragten in eine Rangfolge bringen.[3] In dieser Weise wurde dann die Aussage »Er/Sie soll eine Stütze für die Eltern sein, wenn sie älter werden« von über zwei Dritteln der Eltern in die erste Hälfte von insgesamt acht Items gerückt. Dagegen wurde die Aussage »Er/Sie soll fest in der Religion und Tradition verankert sein« nur von knapp 17% der Eltern als eine der vier wichtigsten Zukunftserwartungen an das Kind genannt. Dies interpretieren wir dahingehend, dass die Bedeutung des Kindes für den Erhalt der Familie nicht in erster Linie Traditionalität, sondern eben vorrangig Funktionalität impliziert. Ein solches Kalkül lässt sich besser greifen, wenn man es folgenden Erwägungen einer deutschen Mutter gegenüberstellt, die sorgfältig kindliche Fähigkeiten und gesellschaftlichen Nutzen aufrechnet, wenn sie überlegt, was ihr Kind denn »später werden könnte«:

> »… auf jeden Fall nicht in Richtung Soziales, dafür ist er zu sensibel, das kriegt er nicht hin. Wirtschaft … für mich ist Wirtschaft das, wo Ehrlichkeit nichts verloren hat; aber wir bringen ihm bei, dass er ehrlich sein soll. Er soll was Nützliches machen, was allen was bringt. Zum Beispiel sagt er, er will Sachen erfinden, neulich sagte er ›Ich möchte ein Auto erfinden, das die Luft nicht verschmutzt‹ –, so auf diesem Trip ist er gerade«.

Mittelbar ist mit einem solchen Kalkül, das einerseits Bezug nimmt auf das Kind und seine (von der Mutter unterstellten) besonderen Interessen und andererseits auf die Gesellschaft, zweifellos auch ein Gewinn an Satisfaktion oder Prestige für die Familie verbunden; in den Erwartungen der kirgisischen Eltern ist der angestrebte Gewinn für die Familie jedoch ein unmittelbarer.

Die generationale Ordnung, in die kleine kirgisische Kinder eingefügt werden, kann noch einmal verdeutlicht werden, wenn man sie mit zwei Sozialisationsmustern abgleicht, die zurzeit in der sozialstrukturellen Sozialisationsforschung besonders oft zitiert sind. Es sind die familiären Sozialisationsmodelle von »accomplishment of natural growth« und »concerted cultivation«, die Lareau (2003) als jeweilige Muster der tiefen und höheren sozialen Schichten in den Vereinigten Staaten herausgearbeitet hat. Im Modell des Daherwachsenlassens (»accomplishment of natural growth«), das Lareau (2003: 1-14) als unterschichttypisch charakterisiert, haben die Kinder viel freie Zeit, um mit anderen Kindern zu spielen, weil sie diese Zeit nicht für organisierte Freizeitaktivitäten brauchen, über die sie zusätzlich gefördert werden sollen. Für diesen Erziehungsstil ist nach Lareau die Ansicht bestimmend, dass Kinder mehr oder weniger von alleine groß werden und auch im Alltag hinreichend Lernmöglichkeiten geboten bekommen, dass sich mithin der erzieherische Aufwand auf elterlichen Schutz und die recht direktive Vermittlung einiger grundlegender Normen beschränken kann. Diese Normen betreffen vor allem die Einordnung des Kindes in gegebene (hierarchische) soziale Zusammenhänge. Diesem Sozialisationsmodell liegt auch die Überzeugung zugrunde, dass die Kinder einfach »Kind sein« sollen, das Erwachsenenleben werde dereinst noch hart genug. Die bereits zitierte (Selbst-)Kritik an den kirgisischen Verhältnissen, wie sie sich im Satz ausdrückt »Sie wachsen daher wie das Gras auf der Wiese«, der zu wenig elterliche Zuwendung und Förderung beklagt, ließe oberflächlich betrachtet auf ein solches Muster schließen. Das ist aber unzutreffend. Wohl fin-

---

3   Das Abfragen mit Antwortvorgaben von »sehr wichtig« bis »unwichtig« war wenig aufschlussreich: Fast alle Befragten bezeichneten – so gefragt – fast alle abgefragten Werte als »sehr wichtig«.

den wir einige Merkmale dieses Musters auch in den kirgisischen Erziehungspraktiken, etwa die direktive Normvermittlung oder die geringe Inanspruchnahme von fördernden Freizeitangeboten. Das kirgisische Kindheitsmuster steht aber in einem eindeutigen Erwartungszusammenhang, und die Erwartungen sind sogar sehr hoch. Was wir als »Trainingsmodell« des Lernens bezeichnet haben, belegt den Druck, der bereits auf kleine Kinder ausgeübt wird.

Ebenso wenig deckt sich das kirgisische Kindheitsmuster mit dem Modell der intensiven Förderung (»concerted cultivation«), das Lareau (ebd.) als mittelschichttypisch definiert. Zwar zielt das Trainingsmodell auf Erhöhung kindlicher Kompetenzen, wenngleich auch erst für Kinder, die für das Lernen in einem (vor-)schulischen Sinne alt genug sind, es fehlt aber jegliche individualisierte Förderung. »Concerted cultivation« dagegen meint, dass die Kinder zusätzlich zum Unterricht in der Schule entsprechend ihren (von den Eltern zu entdeckenden) Fähigkeiten und Neigungen in sportlichen oder kulturellen Fähigkeiten gefördert werden. Wichtig ist, dass für manche der von Lareau oder etwa auch von Vincent/Ball (2006) untersuchten westlichen Mittelschichteltern diese umfassende Förderung persönlicher Begabungen mindestens ebenso wichtig ist wie die rein schulische Förderung. »Concerted cultivation« meint eben auch den gezielten Aufbau kulturellen Kapitals. Insofern ist sie statusdistinktiv und nicht nur auf die Erhöhung der Fähigkeiten per se ausgerichtet. Es handelt sich also um das Sozialisationsmodell einer Klassengesellschaft, in der Klassenzugehörigkeit auch weitgehend kulturell definiert und abgegrenzt wird. Das kirgisische Kindheitsmuster ist über andere Praktiken auf andere Ziele ausgerichtet als die beiden von Lareau geschilderten Erziehungsmuster.

Ergebnisdiskussion und Fazit

Betrachten wir das generationale Verhältnis entsprechend dem theoretischen Zugang als ein Bündel von Routinen und Verteilungen, das strategisch ausgerichtet ist auf eine bestimmte Form der Vergesellschaftung, so kann man sagen, dass über das in Kirgistan ermittelte Verhältnis keine individualisierte Gesellschaft angestrebt wird: Personen erhalten ihre Bedeutung gemäß ihren Leistungen in einem unmittelbaren und hierarchischen Funktionszusammenhang; individuelle Interessen und Ausdrucksmöglichkeiten sind dagegen von nachrangiger Bedeutung. Die frühe Teilhabe an diesem hierarchischen Zusammenhang ist im Wesentlichen die Sozialisationspraxis, die sein weiteres Bestehen sichern soll. Die Kollektivorientierung lässt sich empirisch auf der Ebene praktizierter generationaler Ordnung – in den Routinen und Praktiken des Umgangs mit den kleinen Kindern – wie auch auf der Ebene der Wertorientierungen konstatieren. Die Eigenart dieses Gesellschaftsmodells lässt sich nicht einfach auf ein anderes Verhältnis Individuum-Gesellschaft reduzieren, vielmehr handelt es sich auch um ein anderes Verhältnis von Öffentlichkeit und Privatheit. Die Heranwachsenden werden auf das private Kollektiv und dessen Ansprüche hin erzogen. Für dieses sollen sie von Nutzen sein – solange sie Kinder sind, aber auch, wenn sie dereinst erwachsen sind. Vorstellungen universalistischer Art, dass die Erziehung der Kinder eine Leistung im Dienste einer irgendwie als solcher gedachten Gesamtgesellschaft sei oder auf eine wünschenswerte Öffentlichkeit hin ziele, haben wir nicht gefunden.

Für den westlichen Beobachter ist dies erstaunlich: Der Anspruch, dass Kinder für das allgemeine Wohl zu erziehen seien, wird in der europäischen Geschichte mit der Reformation zum ersten Mal unüberhörbar erhoben, später immer wieder von Moralisten und Staatsmännern vertreten und schließlich auch in entsprechende Institutionen übersetzt, die sowohl Ansprüche an die Familien resp. den Nachwuchs stellen, wie sie auch umgekehrt öffentliche Anschlussleistungen sichern (Bühler-Niederberger 2011). Umgekehrt verlassen sich die kirgisischen Familien aber auch nicht auf die Leistungen des öffentlichen Sektors; selbst basale Leistungen wie die medizinische Versorgung sollen vielmehr innerhalb des privaten Kollektivs abgesichert werden.

Mit einem strukturellen Ansatz der generationalen Ordnung, wie er hier gewählt wurde, darf keinesfalls unterstellt werden, der konkrete Umgang mit Kindern sei stets geplant und zielgerichtet. Selbst die eigentlichen erzieherischen Handlungen, mit denen man explizit versucht, auf das Verhalten der Kinder Einfluss zu nehmen, sind nicht immer von dieser Qualität. Sie ergeben sich vielmehr zum Teil aus Sachzwängen, Zeitnot, Ungeduld oder täglichen Reibereien. Sie entsprechen in diesen Fällen auch nicht immer den eigenen Ansprüchen der Erwachsenen. Entsprechend fanden sich in den Interviews mit den kirgisischen Eltern auch zahlreiche Beschönigungen. So gaben die Eltern meist an, keine Körperstrafen zu verwenden, vielmehr zu »erklären«, um das Verhalten der Kinder zu korrigieren. Dagegen berichteten die Kinder (in einer Übung, in der ihnen Smileys mit verschiedenen emotionalen Gesichtsausdrücken vorgelegt wurden) wiederholt von physischen und verbalen Aggressionen der Eltern, Großeltern oder anderer Verwandter im Haushalt, die sie traurig oder wütend machen würden wie den gezeigten Smiley. Ebenso zeigten die Videoaufnahmen von Interaktionen in der Familie, dass sich elterliche »Erklärungen« meist auf knappe Anweisungen beschränken; zutreffender sind sie als Befehle zu bezeichnen. Sie zeigten sogar Körperstrafen, eine erstaunliche Beobachtung, die auch darauf hinweist, dass den aufgezeichneten Interaktionen eine gewisse Validität zukommt und sie nicht einfach für die Kamera »gespielt« sind.

Beschönigungen, wie sie im Interview zu konstatieren waren, weisen darauf hin, dass den Eltern Normen bekannt waren, die ein weniger harsches Elternverhalten verlangen, und dass sie annahmen, dass solche Normen von den internationalen Besuchern vertreten würden. Was dagegen das Trainingsmodell als Bestandteil des funktionalen Erwartungszusammenhanges betraf, so waren die Eltern offensichtlich stolz auf seine Anwendung und seinen erzieherischen Erfolg: Sie ließen die Kinder rezitieren für die Besucher, sie wiesen stolz auf eine Rechentabelle für Grundaufgaben, die am Kühlschrank hing, ein Lernspielprogramm auf dem Computer, den Schreibtisch für das Schulkind etc., zeigten uns dagegen niemals eine Zeichnung des Kindes oder Phantasieprodukte. Das Trainingsmodell entspricht also durchaus den eigenen Ansprüchen der kirgisischen Erwachsenen. Zumindest in dieser Hinsicht ist der Umgang mit den Kindern rationales (zielgerichtetes) Handeln. Dass das Kindheitsmuster nicht einfach Produkt alltäglicher Sachzwänge ist, ließ sich auch daraus schließen, dass es auf den hier beschriebenen Dimensionen nicht erkennbar zwischen Stadt und Land, zwischen armen und reichen Familien variierte.

Welche Zusammenhänge zwischen dieser kollektivorientierten generationalen Ordnung und weiteren gesellschaftlichen Bedingungen lassen sich nun denken? Es interessiert dabei vor allem die Frage, ob dieses Muster in irgendeinem Zusammenhang steht mit der tiefgehenden gesellschaftlichen Transformation einer postsowjetischen Gesellschaft, ob es zum Beispiel auf Bedingungen gesellschaftlicher Unsicherheit reagiert und/oder sowjetische Traditionen transportiert und ob es allenfalls zusätzlich auch durch die Überzeugungsversuche und institutionellen Praktiken der in Kirgistan so überaus präsenten internationalen Organisationen beeinflusst wird.

Wir schlagen folgende Deutung vor: Das Muster reagiert auf eine von den Akteuren erfahrene Verunsicherung, ohne dass es tatsächlich als eine rationale Bearbeitung gesellschaftlicher Unsicherheit resp. neuer Anforderungen und Problemkonstellationen beurteilt werden könnte. Die Kollektive, an die das beschriebene Muster die Individuen bindet und die es damit stärkt, mögen zwar in einem gewissen Maße eine Sicherheit für den Einzelnen bieten und einen Schutz vor gesellschaftlicher Marginalisierung, allerdings tun sie dies stets gemäß ihrer eigenen privaten Logik – bezüglich Zugehörigkeit oder Ausschluss, bezüglich Nutzen, bezüglich Rechten und Pflichten, die den Einzelnen je nach Alter und Geschlecht zukommen. Sie sind also nicht eine unter allen Umständen dem Einzelnen und jedem Einzelnen zustehende, tragende Basis. Vorderhand ist in diesem Muster auch keine Grundlage für eine zukünftige gesellschaftliche Entwicklung erkennbar. Allenfalls indirekt nimmt dieser Modus der Zuordnung von Individuum und Kollektiv auf Gesellschaft im Sinne eines universalistisch verfassten, öffentlichen Zusammenhanges Bezug; gesellschaftliche Orientierungen sind vielmehr darin ebenso absent wie individualisierende. Im Vordergrund steht stets das (private) Kollektiv; bei seiner Definition von Grenzen des Einschlusses und Ausschlusses betont es nebst verwandtschaftlichen und bekanntschaftlichen Verknüpfungen auch ganz klar ethnische Unterschiede. Wir können diese Deutung nur beschränkt auf unsere empirische Forschung stützen, können aber auf einige Befunde aus weiterer Forschung verweisen und verknüpfen diese abschließend in drei (z.T. spekulativen) Überlegungen, die die vorgeschlagene Deutung spezifizieren und Plausibilität dafür beschaffen sollen:

1. Das generationale Ordnungsmuster reagiert auf Verunsicherung: Ein sehr ähnliches Muster lässt sich auch in anderen gesellschaftlichen Gruppen finden, bei denen ebenfalls auf solche Verunsicherung zu schließen ist. Die bildungs- und familiensoziologische Forschung in Deutschland zeigt etwa, dass türkische Einwanderer ein vergleichbares generationales Ordnungsmuster praktizieren. Wie das kirgisische Muster zeichnet es sich aus durch: (a) Einbindung der Familienmitglieder in einen hierarchischen Funktionszusammenhang, (b) hohe funktionale Erwartungen an die nachwachsende Generation, (c) hohe elterliche Bildungsaspirationen und (d) eine vorrangige Interpretation von Bildung nach ihrem Nutzen für Erfolg und spätere Karriere (vgl. z.B. entsprechende Befunde bei BMFSFJ 2000; Kristen/Dollmann 2009; Kratzmann 2011; Uslucan 2010). Man könnte argumentieren, dass dieses Muster tradiert worden sei aus dem Herkunftsland, mit seinen wenig ausgebauten sozialstaatlichen Leistungen, insofern also seinem Ursprung nach eine rationale Antwort auf Unsicherheit sei. Wie der 6. Familienbericht (BMFSFJ 2000) zeigt, sind aber die Eltern in der Türkei den deutschen Eltern ähnlicher in ihren generationalen Orientierungen als die Migranteneltern. Verunsicherung ist also eine passendere Erklärung als reale Unsicherheit.

2. Das generationale Ordnungsmuster ist nur teilweise funktional für den Schutz des Einzelnen: Eine starke Einbindung in das Kollektiv, auf die die Praktiken im Umgang mit

Kindern zielen, bietet einen gewissen Schutz für den Einzelnen, impliziert aber auch persönliche Belastungen. Hierzu kann in Kirgistan festgestellt werden: Die hohen elterlichen Leistungserwartungen erzeugen bei Schulkindern die Angst, ihnen nicht gerecht zu werden. Jungen im Grundschulalter nennen dies als ihre größte Angst (Zoldoshalieva/Shamatov 2007, 2009). In Gruppeninterviews, die wir als Vorstudie zu einer Jugendstudie mit jungen Leuten zwischen 17 und 22 Jahren durchführten, klagten die Befragten häufig über Wünsche der Eltern bezüglich Bildung und Beruf, die sich nicht mit den eigenen deckten, denen sie aber nachkommen mussten. Kommen junge Leute den Elternwünschen bei Berufs- und Partnerwahl oder in der allgemeinen Lebensführung nicht nach, so scheint der vollständige Kontaktabbruch durchaus gängige Praxis zu sein, wie wir in diesen Interviews mit jungen Leuten erfuhren. In einer Gesellschaft, in der private Kollektive eine so große Bedeutung haben, ist die Situation isolierter Einzelner besonders problematisch. So wird etwa die Zahl der Sozialwaisen von NGOs als hoch bezeichnet (Yarkova et al. 2004); häufig handelt es sich bei diesen um die Kinder bereits ihrerseits vom Kollektivanschluss abgeschnittener Eltern.

3. Das generationale Ordnungsmuster reagiert nur beschränkt auf aktuelle Problemlagen: In der kirgisischen Gesellschaft gibt es seit 1990 drei wesentliche gesellschaftliche Herausforderungen, auf die Erziehungspraktiken und elterliche Pläne für den Nachwuchs reagieren könnten oder müssten.

(a) Soziale Ungleichheit wächst und wird auch über das Bildungssystem (re-)produziert. Eine sich rasch differenzierende Bildungslandschaft selektiert hauptsächlich nach den Einkommensverhältnissen der Eltern. Sie macht den Zugang zu angesehenen Schulen und Studiengängen für arme Studierende unwahrscheinlich, und am Ende der Sekundarschulen steht mindestens ein Drittel der Jugendlichen ohne weiterführende Berufsausbildung oder weiterführende Schulbildung (OECD/World Bank 2010 sowie eigene Berechnungen auf der Basis dieses Berichts). In ihren hohen Bildungsambitionen blenden kirgisische Eltern diese Barriere offensichtlich aus. In unserer Untersuchung darauf angesprochen, verwiesen sie auf die Möglichkeit von Stipendien für das eigene Kind. Solche stehen allerdings nur für sehr wenige Studierende mit Bestnoten bereit, kurz: die Eltern hegten wohl zumeist unrealistische Hoffnungen. Das erhöht den Druck auf den Nachwuchs und dessen Angst und Wahrscheinlichkeit zu scheitern. Ungleichheit wird zudem weiter verschärft, indem – übereinstimmend mit der Dominanz von partikulären Interessen und Normen in einer kollektivorientierten Gesellschaft – »Beziehungen« und das Bezahlen von Bestechungsgeldern zu wichtigen Mitteln geworden sind, um Hürden der Selektion zu überwinden. Dies gilt im Bildungssystem wie auch beim Übergang in den Beruf, wie u.a. eine Repräsentativbefragung junger Leute im Süden des Landes ergab (UNICEF 2011; vgl. zu Korruption im Bildungswesen auch Moore 2004; Osipian 2007). Die bereits unterprivilegierten Gruppen werden auf diese Weise ganz ausgeschlossen. Aber auch für Heranwachsende in günstigeren Lagen stellen solche Mittel eine Belastung dar: Sie erleben den notwendigen Rückgriff darauf als Herabwürdigung ihrer Leistungen, wie wir in unseren Gruppeninterviews erfuhren.

(b) Die Forderung nach einem unabhängigen Individuum oder – neoliberal gewendet – einem »entrepreneurial self«, einem Individuum, das sich eigenständig und initiativ in gesellschaftliche Zusammenhänge einbringt, Chancen wahrnimmt und aus eigener Motivation und zum (vor allem wirtschaftlichen) Profit des Landes sein Leben plant, ist unüberhörbar. Entsprechende Programme werden von den Internationalen Organisationen über Jugendclubs an die jungen Leute herangetragen. Sie sind auch bereits in den Erziehungsratschlägen an Eltern impliziert, die bewirken wollen, dass Kinder früh (und von beiden Eltern) aktiv gefördert werden; sie finden sich in den von der Entwicklungshilfe finanzierten Versuchen, auf die Unterrichtsmethoden Einfluss zu nehmen und »active learning« an die Stelle passiver Wissensreproduktion zu setzen (Price-Rom/ Sainazarov 2010). Bei den Schulen stoßen solche Anstrengungen auf wenig Verständnis, wie ethnografische Studien zeigten (De Young et al. 2006). Dies kann man z.T. auf sowjetische Unterrichtstraditionen zurückführen; das ist allerdings keine hinreichende Erklärung. Denn selbst in den neuen Kindergärten und Vorschulen, wie sie von den internationalen Organisationen eingerichtet wurden, haben die Lehrkräfte weitgehend das Trainingsmodell eingeführt – und das findet die Anerkennung und Unterstützung der Eltern. Zwar sind die Kindergärten der internationalen Organisationen, wie bereits ausgeführt, tatsächlich stark auf Schulvorbereitung ausgerichtet, dennoch stehen solche Unterrichtsmethoden im Widerspruch zu den Unterrichtsmaterialien der selben Förderer oder zum Inhalt ihrer Weiterbildungskurse. Funktionale Erwartungen der Eltern an ihre Kinder lassen jedoch aus Elternsicht offensichtlich keine andere Bildungspraxis zu als die des Trainingsmodells. Insgesamt stehen das generationale Ordnungsmuster sowie die darüber bestärkte Kollektivorientierung den Forderungen nach einem unabhängigen Individuum oder »unternehmerischen Selbst« genauso entgegen wie anderen universalistischen Orientierungen. Sie stehen damit auch in einem problematischen Verhältnis zur Demokratie, an der Kirgistan trotz einiger politischer Probleme festhält. Eine Repräsentativbefragung junger Leute zwischen 15 und 25 Jahren ergab, dass sie partikularistischen Werten wie »Verwandtschaft«, »Ethnie«, »Vaterland«, am höchsten zustimmten, universalistischen Werten wie »Demokratie«, »Gerechtigkeit«, »Selbstbestimmtheit« dagegen mittel bis tief (UNDP 2010: 21f.).

(c) Wachsende Armut und eine Verfestigung des Verbleibs in Armut, auch infolge der Bildungsarmut, wie sie ein immer stärker ökonomisiertes Bildungssystem mit sich bringt, ist ein weiteres Problem der kirgisischen Gesellschaft. Zwar sind Kollektive auch Unterstützungssysteme, die gerade in armen Gesellschaften sehr wichtig sind, weil sie helfen sollen, Mangelsituationen zu überwinden und bei Wechselfällen des Schicksals unterstützend einspringen können. Immerhin hier also könnte man einen eindeutigen Nutzen des generationalen Ordnungsmusters und der Kollektivorientierung vermuten. Aber auch dieser Nutzen ist begrenzt: Ethnografische Studien haben gezeigt, dass in den letzten Jahren die Ärmsten aus den sozialen Netzwerken ihrer Verwandtschaft oder Dörfer ausgeschlossen werden, weil sie sich als anhaltend unfähig erweisen, die ihnen gegenüber erbrachten Hilfeleistungen zu erwidern (Kuehnast/Dudwick 2004; Ruget 2007). Eine kollektiv begründete Solidarität hat ihre klaren Grenzen und operiert mit Ausschlusskriterien (vgl. die zweite Überlegung).

Wir haben in unserer empirischen Studie gezeigt, dass das aktuell praktizierte Muster generationaler Ordnung auf Einbindung in das Kollektiv und Nutzen des Nachwuchses für das

Kollektiv zielt. Anschließend haben wir argumentiert, dass es damit nur teilweise geeignet ist, mit gesellschaftlichen Problemlagen umzugehen und dem Einzelnen oft eher zur Last als zum Schutz gerät. Erlebte Verunsicherung haben wir als Bedingung seiner Durchsetzung angeführt. Bedenkt man, dass dieses Muster den Einzelnen auch nur in einer beschränkten Weise Sicherheit gewährt und ein drohender Ausschluss stets gegenwärtig bleibt, so drängt sich die Frage auf, warum gerade diese Reaktion auf Verunsicherung gewählt wird und sich erhalten kann. Die Antwort könnte sein, dass diese Dominanz des Privaten die Folge einer Schwäche zentraler Machtinstanzen ist. Im Falle Kirgistans ist die staatliche und gesetzlich institutionalisierte Macht nicht in der Lage, Unsicherheit zu reduzieren; junge Kirgisen erwarteten jedenfalls nach einer kürzlich durchgeführten Untersuchung mehrheitlich eher Schutz von kriminellen Gangs als vom Staat und seinen Ordnungshütern (UNDP 2010: 47). Religion, die mit Einschränkung (da sie oft mit Kollektivorientierungen verknüpft wird) auch als zentrale Instanz zu betrachten wäre, spielt in diesem Land bisher eine unbedeutende Rolle, wie unsere Untersuchungsergebnisse bestätigt haben. Ebenso sind die internationalen Organisationen nicht in der Lage, mit ihren Ideologien normbildend zu wirken, wie wir am Beispiel des »selbstständigen Individuums« gezeigt haben. Wir müssen annehmen, dass sich in dieser Situation der Verunsicherung, in der weder zentrale Instanzen noch universalistische Normen und Orientierungen bindend sind, private Machtinstanzen durchzusetzen vermögen. Sie legitimieren sich weitgehend über (die partikularistischen Dimensionen) Geschlecht, Generation und nicht unbeträchtlich auch ethnische Zugehörigkeit. Entsprechend sind auch die Aussichten auf Nutzen verteilt – längerfristig dient die so gestärkte Kollektivorientierung also weder dem Einzelnen, noch dem Aufbau der Gesellschaft. Kurz- und mittelfristig sind jedoch keine Alternativen erkennbar. Es bleibt abzuwarten, wie die Entwicklungen im öffentlichen und privaten Sektor weiter verlaufen werden und wie sie in ihrer Interaktion Kindheiten strukturieren.

Literatur

Ariès, Philippe (1978): Geschichte der Kindheit. München: dtv.

Arnold, Caroline/Bartlett, Kathy/Gowani Saima/Shallwani, Sadaf (2008): Transitions to School: Reflection on Readiness. In: The Journal of Developmental Processes, 3 (2), S. 26-38.

Ben-Arieh, Asher (2006): Is the Study of the »State of our Children« Changing? Re-Visiting after 5 Years. In: Children and Youth Services Review, 28, S. 799-811.

Ben-Arieh, Asher (2008): The Child Indicators Movement: Past, Present and Future. In: Child Indicators Research, 1, S. 3-16.

BMFSFJ (Hg.) (2000): Sechster Familienbericht. Familien ausländischer Herkunft in Deutschland. Berlin: Deutscher Bundestag. http://www.bmfsfj.de/bmfsfj/generator/BMFSFJ/Service/Publikationen/publikationen,did=3114.html (16.03.11).

Budde, Gunilla-Friederike (1994): Auf dem Weg ins Bürgerleben. Göttingen: Vandenhoeck & Ruprecht.

Bühler-Niederberger, Doris (2011): Lebensphase Kindheit: Theoretische Ansätze, Akteure und Handlungsräume. München: Juventa.

CIA (2011): CIA World Factbook: https://www.cia.gov/library/publications/the-world-factbook/index.html (29.07.2011).

Clark, Alison/Moss, Peter (2001): Listening to Young Children: The Mosaic Approach. National Children's Bureau Enterprises.

Cunningham, Hugh (2006): Die Geschichte des Kindes in der Neuzeit. Düsseldorf: Artemis & Winkler.

de Singly, François (1996): Le soi, le couple et la famille. La famille, un lieu essentiel de reconnaissance et de valorisation de l'identité personelle. Paris: Nathan.

DeYoung, Alan J./Reeves, Madeleine/Valyayeva, Galina K. (Hg.) (2006): Surviving the Transition? Case Studies of Schools and Schooling in Kyrgyz Republic. Charlotte: Information Age Publishing.

Elias, Norbert (1976): Über den Prozess der Zivilisation, Band II. Frankfurt a.M.: Suhrkamp.

Elias, Norbert (1991): Die Gesellschaft der Individuen. Frankfurt a.M.: Suhrkamp.

Expert Consulting Agency (2004): Practices of Fostering Children of Early Age. Report on Results of Sociological Research. Bishkek: UNICEF in Kyrgysztan.

Gallacher, Lesley-Anne/Gallagher, Michael M. (2008): Methodological Immaturity in Childhood Research. Thinking through Participatory Methods. In: Childhood, 15, S. 499-516.

Gillies, Val (2005): Raising the Meritocracy. Parenting and the Individualization of Social Class. Sociology, 39, S. 835-853.

Gillies, Val (2007): Marginalised Mothers. Exploring Working-Class Experiences of Parenting. London/New York: Routledge.

Gillis, John R. (1980): Geschichte der Jugend. Weinheim: Beltz.

Hart, Betty/Risley, Todd R. (1995): Meaningful Differences in the Everyday Experiences of Young American Children. Baltimore/London/Sydney: Paul H. Brookes.

Keller, Heidi (2007): Cultures of Infancy. New York: Lawrence Erlbaum.

Kratzmann, Jens (2011): Türkische Familien beim Übergang vom Kindergarten in die Grundschule – Einschulungsentscheidungen in der Migrationssituation. Empirische Erziehungswissenschaft, Bd. 21. Münster: Waxmann.

Kristen, Cornelia/Dollman, Jörg (2009): Sekundäre Effekte der ethnischen Herkunft. Kinder aus türkischen Familien am ersten Bildungsübergang. In: Zeitschrift für Erziehungswissenschaft, 12, S. 205-229.

Kuehnast, Kathleen/Dudwick, Nora (2004): Better a Hundred Friends than a Hundred Rubles. Social Networks in Transition – Kyrgyz Republic. World Bank Working Paper 39. http://www-wds.worldbank.org/servlet/WDSContentServer/WDSP/IB/2004/08/13/000090341_20040813152554/Rendered/PDF/297890PAPER00 182131589817.pdf (14.10.2011).

Lareau, Annette (2003): Unequal Childhoods. Berkeley: University of California Press.

Laslett, Peter (1991): Verlorene Lebenswelten. Geschichte der vorindustriellen Gesellschaft. Frankfurt a.M.: Fischer.

Mead, Margaret (2001): Coming of Age in Samoa: a Psychological Study of Primitive Youth for Western Civilization. New York: Perennial Classics.

Moore, Kathleen (2004): Central Asia: Buying Ignorance – Corruption in Education Widespread, Corrosive (Part 1). Radio Free Europe, July 7, 2004 http://www.rferl.org/content/article/1053724.html (8.10.2011).

Nauck, Bernd/Trommsdorff, Gisela (2009): Familienbeziehungen in Russland und Deutschland – Einführung in den Themenschwerpunkt. Zeitschrift für Soziologie der Erziehung und Sozialisation, 29, S. 5-9.

Nauck, Bernd/Trommsdorff, Gisela (2010): Value of Children: A Concept for Better Understanding Cross-Cultural Variations in Fertility Behaviour and Intergenerational Relationships. Journal of. In: Cross-Cultural Psychology, 41, S. 637 – 651.

OECD, World Bank (2010): Kyrgyz Republic 2010 – Lessons from PISA. Biskek.

Osipian, Ararat L. (2007): »Feed from the Service«: Corruption and Coercion in the State-University Relations in Central Asia. Munich Personal RePec Archive. URL: http://mpra.ub.uni-muenchen.de/10818/1/MPRA_paper_ 10818.pdf.

Parsons, Talcott/Bales, Robert Freed (1955): Family, Socialization and Interaction Process. New York: Free Press.

Price-Rom, Alison/Sainazarov, Keneshbek (2010): Active Learning Pedagogics as a Reform Initiative. The Case of Kyrgyzstan. Bishkek: USAID and EQUIP1.

Punch, S. (2002): Research with Children. The Same or Different from Research with Adults? Childhood, 9, S. 321-341.

Rogoff, Barbara (2003): The Cultural Nature of Human Development. Oxford: University Press.

Ruget, Vanessa (2007): Social Rights and Citizenship in Kyrgyzstan: A Communitarian Perspective. In: Balihar Sanghera/Sarah Amsler/Tatiana Yarkova (Hg.): Theorising Social Change in Post-Soviet Countries. Critical Approaches. Oxford/Bern: Peter Lang, S. 61-86. Victor Agadjanian

Schütze, Yvonne (1991): Die gute Mutter. Zur Geschichte des normativen Musters »Mutterliebe«. Bielefeld: Kleine.

Strandell, Harriet (1997): Doing Reality with Play. Play as a Children's Resource in Organizing Everyday Life in Daycare Centres. In: Childhood, 4, S. 445-464.

UNDP (ed.) (2010): Successful Youth – Successful Country. NHDR-2009/10. http://hdr.undp.org/en/reports/national/europethecis/kyrgyzstan/name,8941,en.html (13.09.11).

UNICEF (2009a): Regional Office for CEE/CIS 2009, TransMONEE database 2009. http://www.unicef-irc.org/databases/transmonee (16.03.11).

UNICEF (2009b): Child Abuse and Neglect in Families in the Kyrgyz Republic. United Nations Children's Fund. Bishkek: UNICEF.

UNICEF 2011):Youth, Livelihoods and Peace Promotion: A Knowledge, Attitudes and Practice Study among Youth aged 15-28 in Osh and Jalal-Abad provinces. Bishkek.

UNICEF-MICS-Survey für CEE-CIS-Länder, (o.J.): http://www.unicef.org/ceecis/resources_1222.html (12.10.10).

Uslucan, Hacı-Halil (2010): Erziehungsstile und Integrationsorientierungen türkischer Familien. In: Hunner-Kreisel, Christine/Andresen, Sabine (Hg.): Kindheit und Jugend in muslimischen Lebenswelten. Wiesbaden: VS, S. 195-210.

Vincent, Carol/Ball, Stephen J. (2006): Childcare, Choice and Class Practices. Middle Class Parents and Their Children. London: Taylor & Francis.

Vincent, Carol/Ball, Stephen J. (2007): ›Making Up‹ the Middle Class Child: Families, Activities and Class Dispositions. In: Sociology, 41, S. 1061-1077.

Yarkova, Tatiana/Botoeva, Gulzat/Reeves, Madeleine/Konokbaev, Kanybek/Yarkova, Natalia/Marcus, Rachel/Satybaldieva, Elmira (2004): Childhood Poverty in Kyrgyzstan. CHIP Report I. URL: www.Childhoodpoverty.org/index.php/action =documentfeed/doctype=pdf/id=62 (10.1.2011).

Zoldoshalieva, Rakhat/Shamatov, D. (2007): Hopes and Fears for the Future: Voices of Children from Kyrgyzstan. In: Pandian, A./Kell M. (Hg.): Literacy: Diverse Perspectives and Pointers for Practice. Serdang, Malaysia: Universiti Putra Malaysia Press, S. 330-339.

Zoldoshalieva, Rakhat/Shamatov, D. (2009): Gendered Identities and Roles through Schooling: A Case of two Rural Schools. Osh: Soros Foundation Kyrgyzstan.

II. Familie und Migration in transnationalen Kontexten

Barbara Pusch

Transnationale Familienkontexte von MigrantInnen in der Türkei

Einleitung

Herr Petrov ist ein bulgarischer Ingenieur, der seit 14 Jahren in Istanbul in einem kleinen Betrieb arbeitet. Als Herr Petrov nach Istanbul kam, befand sich die bulgarische Wirtschaft in einer tiefen Krise. Im Gegensatz zu vielen anderen MigrantInnen aus Bulgarien führte ihn also nicht sein türkischer Hintergrund in die Türkei, sondern die wirtschaftliche Situation in Bulgarien. Seine Familie (seine Ehefrau und seine beiden Kinder) blieben in seiner Heimatstadt, die ca. 480 km von Istanbul entfernt liegt. Mit der Arbeitsmigration von Herrn Petrov gestaltete sich ihr Familienleben aufgrund der transnationalen Konstellation neu. Seit 14 Jahren fährt er nunmehr monatlich ein paar Tage nach Bulgarien, um seine Familie zu sehen und ihr Geld zu bringen. In den Sommerferien besuchen ihn Kinder und Ehefrau für längere Zeit in Istanbul. Dieser Rhythmus hat sich aus der Sicht von Herrn Petrov so gut eingespielt, dass er heute trotz der wirtschaftlichen Entspannung in Bulgarien nicht ohne Weiteres zurückkehren möchte. Er begründet diesen vorläufigen Entschluss damit, dass er sich an seine Arbeit in der Türkei gewöhnt habe, dass in seiner Heimatstadt keine produzierende Industrie ansässig sei und er deshalb wieder pendeln müsse. Ein Nachzug seiner Familie nach Istanbul steht und stand ebenfalls nicht zur Diskussion, weil er für seine Kinder eine solide bulgarische Ausbildung wünscht und für seine Frau in Istanbul keine Möglichkeiten sieht, ihren Beruf als Lehrerin auszuüben. Seinen Sohn, der zum Zeitpunkt des Interviews kurz vor dem Schulabschluss stand, überlegt er jedoch, zeitweilig zum Studium nach Istanbul zu holen.»Der Stadtluft wegen«, wie er beteuert. Was langfristige Zukunftspläne angeht, ist Herr Petrov jedoch unentschlossen. Er mag Istanbul, hat sich an das Leben hier gewöhnt, bedauert allerdings, dass er die kulturellen Angebote der Stadt aufgrund seiner Arbeitszeiten und seiner häufigen Bulgarienreisen nicht so wahrnehmen kann, wie er eigentlich möchte. In seiner Heimatstadt in Bulgarien fühlt er sich zu Hause. Dort hat er Freunde und Familie. Vorerst (?) möchte er sich nicht zwischen diesen beiden Welten entscheiden. Er scheint mit seinem transnationalen türkisch-bulgarischen Leben glücklich zu sein und sieht zurzeit keinen Handlungsbedarf, dies zu ändern.

Auch Fatma Öztürk ist Migrantin. Sie ging 1971 mit ihrem Mann als Gastarbeiterin nach Deutschland und lebt, seit sie in Rente ist, sowohl in Istanbul als auch in Duisburg. Wie viele andere GastarbeiterInnen plante sie zuerst, nur einige wenige Jahre in Deutschland zu bleiben, um Geld zu verdienen. Die Rückkehrpläne wurden jedoch immer wieder aufgeschoben. Auch der Plan, sich als Rentnerin ganz in der Türkei niederzulassen, schlug fehl, denn die Kinder und Enkelkinder leben heute über Deutschland und die Türkei verstreut. Als »transnationale Oma« lebt sie heute da, wo sie gebraucht wird, und hilft ihren fünf Töchtern mit ihren insgesamt elf Enkelkindern. Das bedeutet, dass sie heute zwischen Deutschland und der Türkei pendelt.

Wie diese beiden Beispiele verdeutlichen, können sich transnationale Familienzusammenhalte ganz unterschiedlich gestalten. Transnationale Familien werden definiert als »families that live some or most of the time separated from each other, yet hold together and create something that can be seen a feeling of collective welfare and unity, namely ›familyhood‹, even across national borders« (Bryceson/Vuorela 2002: 3). Der familiäre Zusammenhalt bezieht sich keinesfalls nur auf die Mitglieder der Kernfamilie, sondern kann auch generationsübergreifend sein. Die konkreten Lebensumstände, der jeweilige Aufenthaltsstatus und finanzielle Ressourcen kennzeichnen in der Regel die Art, wie dieser Zusammenhalt über Distanz und Zeit hinweg garantiert wird. Das heißt, dass das Wesen transnationaler Familien stark von den gesellschaftlichen Rahmenbedingungen einzelner Individuen – ihrer Mitglieder – beeinflusst ist. Analog dazu sind transnationale Familien nicht einfach als individuelle ungeplante/unstrukturierte Konstrukte zu betrachten, sondern Ausdruck von »Globalisierungsprozessen von unten« (Smith/Guarnizo 1999).

Transnationalisierung im Allgemeinen und transnationale Familien im Speziellen sind keine neuen Erscheinungen. Phänomene dieser Art ziehen sich wie ein roter Faden durch die menschliche (Migrations-)Geschichte. Im Unterschied zu früher ist Transnationalität allerdings erst in den letzten beiden Jahrzehnten durch globale wirtschaftliche und politische Öffnungsprozesse sowie die sich immer weiter verbessernden, schneller und billiger werdenden Kommunikations- und Transportmittel zu einem bedeutenden Aspekt des Lebens von immer mehr Menschen geworden. Transnationalität zählt heute zur Normalität vieler Menschen.

Die Türkei, die nach wie vor primär als Entsendeland von MigrantInnen wahrgenommen wird, hat sich in den letzten Jahrzehnten auch als Ziel- und Transitland von MigrantInnen entwickelt und stellt damit einen sozialen Raum dar, in dem sich viele unterschiedliche transnationale Räume entwickelt haben. Diese transnationalen Räume sind vom geografischen Territorium unabhängige und über die nationalstaatlichen Grenzen hinausreichende pluri-lokale Wirklichkeiten. Es handelt sich dabei um einen *de-territorialisierten* sozialen Raum. Damit können transnationale Räume nicht mit *nationalstaatlichen Container-Raum-Konzepten* gefasst werden, die von einer Übereinstimmung von Flächen- und Sozialräumen ausgehen. Obwohl diese transnationalen sozialen Räume maßgeblich durch nationalstaatliche und globale Strukturen geprägt sind, werden sie nicht von diesen gebildet, sondern von grenzüberschreitenden sozialen, ökonomischen, politischen und kulturellen Verbindungen der Menschen (Pries 2008).

Ziel des Beitrages ist es, anhand empirischer Daten, die ich im Zuge unterschiedlicher Forschungsprojekte erhoben habe, diverse transnationale Familienkontexte in der Türkei darzustellen. Der Rolle der Türkei als wirtschaftlich aufstrebendes Land am Rande der EU wird dabei besondere Aufmerksamkeit zukommen. Abschnitt 2 gibt einen Überblick über die Migration in die Türkei. In Abschnitt 3 wird die Bedeutung der Familie im Migrationsprozess anhand einer vergleichenden Untersuchung dargestellt, und in Abschnitt 4 werden Muster für transnationale Familienkontexte in der Türkei vorgestellt. Der Beitrag endet mit allgemeinen Schlussbetrachtungen, in der die Generalisierbarkeit dieser Muster diskutiert wird.

Ein Überblick über die Migration in die Türkei

Obwohl die Türkei primär als Auswanderungsland bekannt ist, war sie auch immer schon ein Einwanderungsland. Zu Beginn des 19. Jahrhunderts forcierte und unterstützte der osmanische Staat die Zuwanderung in das Land, um dem Bevölkerungsschwund entgegenzuwirken. Mit dem anschließenden nationalen Erwachen in den osmanischen Provinzen entstand eine neue Bewegung: Insbesondere die muslimischen Untertanen auf dem Balkan zogen in ihr »Stammland« *(anavatan)*. Man schätzt, dass zwischen 1870 und 1920 rund 1,5 Millionen Menschen nach Thrakien und Anatolien zuwanderten (Karpat 1985). Auch nach der Gründung der Republik Türkei kennzeichnete eine ähnliche Bewegung die Migration in das Land. Mit dem türkischen Niederlassungsgesetz aus dem Jahr 1934 (Gesetz Nr. 2510) das bis zu einer Novellierung im Jahr 2006 in Kraft blieb, ermöglichte Menschen türkischer Abstammung und Kultur die Niederlassung in der Türkei. Sie konnten als »freie« *(serbest)* oder als »umgesiedelte MigrantInnen« *(iskânlı göçmenler)* Fuß fassen.[1] Zwischen 1923 und 1945 wanderten rund 840.000 Menschen in die Türkei ein (Kirişçi 1998: 61-77). In den Jahren zwischen 1945 und 1980 nahm die Migration in die Türkei allerdings ab. Diese Jahre waren von der Auswanderung türkischer Arbeitskräfte vor allem nach Europa, insbesondere nach Deutschland, gekennzeichnet.

Mit den veränderten gesellschaftlichen Verhältnissen, z.B. diversen politischen Konflikten im Nahen Osten, der Auflösung der UdSSR und den zunehmend verschärften Zuwanderungsbestimmungen westlicher Gesellschaften hat die Migration in die Türkei seit den 1980er-Jahren wieder stark zugenommen. Seit dieser Zeit nahm die Migration in die Türkei nicht nur stetig zu, auch die Herkunftsländer und der rechtliche Status der in die Türkei kommenden MigrantInnen haben sich völlig verändert. Neben den »klassischen TürkeimigrantInnen« muslimischer oder türkischstämmiger Herkunft aus den Balkanstaaten und Zentralasien zieht es seit den 1980er-Jahren nun auch Menschen aus anderen Ländern in die Türkei. Heute unterscheidet die Migrationsforschung vier Gruppen von ausländischen MigrantInnen in der Türkei (İçduygu/Biehl 2009).

Bei der ersten Gruppe handelt es sich um *reguläre AusländerInnen* mit Aufenthalts- und/oder Arbeitserlaubnis. Ihre Zahl ist jedoch sehr gering. Im Jahr 2008 erhielten nur rund 175.000 AusländerInnen eine Aufenthaltsgenehmigung (İçduygu/Biehl 2009: 10) – sie machten einen Anteil von 0,25% an der Gesamtbevölkerung aus. Der Anteil der AusländerInnen mit Arbeitsgenehmigungen war sogar noch geringer: Nur 11% der AusländerInnen

---

1 Der Unterschied zwischen diesen beiden Einwanderergruppen war, dass die »freien Migranten« auf individueller Basis in die Türkei kamen, wogegen die »umgesiedelten Migranten« vom Staat finanziell unterstützt wurden. Wer konkret zu der Gruppe der Einwanderungsberechtigten gezählt wurde, entschied der Ministerrat. Die freien Migranten finanzierten ihre Migration und den Aufbau ihrer Existenz in der Türkei individuell. Sie mussten in ihrem Heimatland ein Ausreisevisum beantragen und konnten sich nach Erhalt dieses Visums frei in der Türkei niederlassen. Die staatlich unterstützten Migranten bekamen in der Regel Land, Vieh und technische Geräte vom Staat und mussten sich in ihnen zugewiesenen Regionen niederlassen (Kirişçi 1998).

mit Aufenthaltsgenehmigung verfügten auch über eine Arbeitsgenehmigung. Allgemein ist jedoch festzuhalten, dass die InhaberInnen von Aufenthalts- und Arbeitsgenehmigungen in der Türkei in der Regel prestigeträchtigen Jobs nachgehen und vor allem aus westlichen Industrienationen stammen. Diese Personengruppe stellt eine gewisse Elite innerhalb der ZuwanderInnen dar (Lordoğlu 2008: 79). Zu betonen ist in diesem Zusammenhang, dass die Türkei bereit ist, dieser Elite ihre Türen zu öffnen, weil sie von ihrem Wissen und ihren Direktinvestitionen profitieren will. Aus diesem Grund zielt sowohl das Arbeitserlaubnisgesetz für AusländerInnen (Gesetz Nr. 4817) aus dem Jahr 2003 als auch dessen Novellierung im Jahr 2007 auf die Vereinfachung des Erhalts von Arbeitserlaubnissen für diese Personengruppe (Pusch 2008, 2010d).

Die zweite Gruppe besteht aus *irregulären ArbeitsmigrantInnen*, insbesondere aus der ehemaligen UdSSR (İçduygu 2004). Sie reisen in der Regel legal mit einem Touristenvisum in die Türkei ein und werden erst mit der Aufnahme einer Arbeit und/oder dem Ablauf ihres Visums irregulär. Häufig handelt es sich um Frauen – aus diesem Grund spricht man heute auch von der »Feminisierung der Migration«. Diese Frauen arbeiten als Haushaltsangestellte in privaten Haushalten, in der Sex- und Unterhaltungsindustrie, in der Textilindustrie sowie in der Gastronomie. Irreguläre männliche Arbeitsmigranten sind besonders am Bau und in der Landwirtschaft beschäftigt. In der Regel kommen diese MigrantInnen in die Türkei, um ihren Lebensstandard in ihrem Heimatland zu verbessern, Schulden zu bezahlen oder ihren Kindern eine Ausbildung zu ermöglichen. Ihr Lebensmittelpunkt bleibt das Heimatland, sie kommen nur zeitlich begrenzt in die Türkei, um Geld zu verdienen. Die zunehmende Attraktivität der Türkei als Zuwanderungsland wird in der Regel mit den besseren Verdienstmöglichkeiten, den relativ liberalen Einreisebestimmungen und der sich verschärfenden Migrationspolitik der EU erklärt.

Bei der dritten Gruppe handelt es sich um sogenannte *TransitmigrantInnen* (İçduygu 2003, 1996). Sie stammen in der Regel aus dem Nahen Osten, insbesondere dem Iran und dem Irak, daneben aus Asien und aus Afrika. Viele von ihnen lassen sich in die Türkei schmuggeln. Andere reisen mit Touristenvisen ein und werden erst mit Ablauf des Visums und der Aufnahme einer Arbeit irregulär. Für diese Gruppe von MigrantInnen stellt die Türkei einen Zwischenstopp auf der (in der Regel irregulär geplanten) Durchreise in ein Drittland dar.

Flüchtlinge und AsylantInnen stellen die vierte AusländerInnengruppe in der Türkei dar. Da der türkische Staat trotz internationaler Proteste auf der geografischen Limitierung beharrt und nichteuropäische Flüchtlinge nicht als Asylsuchende aufnimmt, können sie sich nur vorübergehend in der Türkei aufhalten. Nichteuropäische Flüchtlinge und AsylantInnen können bei dem UNHCR einen Antrag auf Asyl stellen, und sobald sie einen positiven Bescheid vom UNHCR erhalten, werden sie in ein Drittland gebracht. Abgelehnte AsylbewerberInnen kehren nur zu einem kleinen Teil in ihr Heimatland zurück. Viele Abgelehnte versuchen, auf illegalem Weg in den Westen zu gelangen, und werden damit zu TransitmigrantInnen; andere bleiben illegal in der Türkei (Danış/Taraghi/Pérouse 2009; Özgür-Baklacıoğlu 2011).

Wie die Darstellungen der Gruppen 3 und 4 zeigen, sind die Grenzen zwischen TransitmigrantInnen und Flüchtlingen fließend. Aber auch zwischen den anderen Gruppen sind Übergänge festzustellen, und der legale Status von MigrantInnen kann sich im Lauf ihrer

Migrationsgeschichten mehrmals ändern. So können zum Beispiel reguläre MigrantInnen leicht in die Irregularität abrutschen, wenn sie ihre Genehmigungen nicht verlängern können. Der Aufenthalts- und Arbeitsstatus der meisten ausländischen MigrantInnen in der Türkei ist von Irregularität gekennzeichnet (Pusch 2011). Die genaue Zahl der irregulären MigrantInnen ist nicht bekannt. Man schätzt sie jedoch auf eine Million.

Neben diesen MigrantInnen zieht es heute auch immer mehr *MigrantInnen mit »türkischem Hintergrund« aus dem Ausland* in die Türkei. Diese Gruppe von MigrantInnen bestand bis zur Einwanderungswelle aus Bulgarien im Jahr 1989 vor allem aus türkischstämmigen und muslimischen MigrantInnen vom Balkan und aus Zentralasien. Ihr »türkischer Hintergrund« war insbesondere ethnisch und religiös definiert. Heute setzt sich die Gruppe der MigrantInnen mit »türkischem Hintergrund« aus dem Ausland ganz anders zusammen – nämlich in erster Linie aus Kindern und Enkelkindern ehemaliger »türkischer GastarbeiterInnen«. Ihr »türkischer Hintergrund« bezieht sich im Gegensatz zu den MigrantInnen vom Balkan und aus Zentralasien auf die türkische Staatsbürgerschaft, die sie oder ihre Eltern besaßen, und zwar unabhängig von ihrer ethnischen und religiösen Zugehörigkeit. Viele dieser MigrantInnen sind heute keine türkischen StaatsbürgerInnen mehr. Aufgrund ihrer ehemaligen türkischen Staatsbürgerschaft erhalten sie jedoch eine sogenannte blaue Karte *(mavi kart),* einen türkischen Personalausweis, der sie abgesehen vom aktiven und passiven Wahlrecht mit türkischen StaatsbürgerInnen in der Türkei gleichstellt. In der Regel werden diese MigrantInnen wegen ihrer sozialen und legalen Inklusion nicht zu den ausländischen MigrantInnen in der Türkei gezählt. Da sich der vorliegende Beitrag allerdings mit transnationalen Familienkontexten in der Türkei beschäftigt und das Familienleben dieser MigrantInnengruppe stark transnational gekennzeichnet ist, müssen sie hier berücksichtigt werden.

Familiäre Orientierungen im Migrationsprozess

Migration kann viele Gründe haben. Um die Hauptmotive der Abwanderung zu verdeutlichen, spricht man u.a. von ArbeitsmigrantInnen, HeiratsmigrantInnen, Umweltflüchtlingen, politischen Flüchtlingen etc. Äußerst selten ist für die Migrationsentscheidung aber nur ein einziges Motiv ausschlaggebend, und sehr selten wird die Migrationsentscheidung von MigrantInnen alleine gefällt. Die Familie spielt sowohl bei den Migrationsmotiven als auch bei den Migrationsentscheidungen eine zentrale Rolle. Exemplarisch kann dies anhand der Ergebnisse des Forschungsprojekts »Kulturelles Kapital in der Migration« (Nohl et al. 2010) dargestellt werden.

Im Rahmen dieses international angelegten Forschungsprojektes konnten anhand von 88 biografischen Interviews sehr unterschiedliche Überlappungen von familiären und beruflichen Orientierungen bei hochqualifizierten MigrantInnen in Deutschland, Kanada und der Türkei festgestellt werden (Pusch 2010a, b). Wenngleich bei dieser Analyse einige länder- und geschlechtsspezifische Unterschiede zu verzeichnen waren, zeigte sich doch, dass die meisten Arbeits- und Migrationsbiografien von familiären Kontexten beeinflusst waren. Dabei konnten zwei Grundtypiken von Überschneidungen familiärer Orientierungen im

Migrationsprozess festgestellt werden: »Partnerschaft als Migrations-/Verbleibemotiv« und »Familiäre Ameliorationsperspektiven«.

Der Typus »Partnerschaft als Migrations-/Verbleibemotiv« war unabhängig davon, ob PartnerInnen für die konkrete Eingliederung in den Arbeitsmarkt im Migrationsland eine Rolle spielten oder nicht, stark von der Existenz ihrer Partnerschaft geprägt. Bei PartnerInnen, die für ihre migrierten Lebensgefährten eine arbeitsmarktrelevante Integrationsfigur darstellten, sind insbesondere finanzielle und rechtliche Faktoren zu nennen, die den beruflichen Eingliederungsprozess der MigrantInnen erleichterten. Bei MigrantInnen, die wegen ihrer Partnerschaft auswanderten, von ihren PartnerInnen im Migrationsland jedoch bei der Arbeitsmarktintegration nicht unterstützt wurden, gestaltete sich der Einstieg in die Berufswelt im Zielland anders: Sie fanden entweder bereits vor ihrer Auswanderung einen Arbeitsplatz oder sie hatten aufgrund ihres Rechtsstatus relativ geringe Eingliederungsschwierigkeiten; andere hingegen fanden aufgrund kontingenter Bedingungen einen Arbeitsplatz, der ihren Vorstellungen und Qualifikationen entsprach. Obwohl ihre PartnerInnen nicht aktiv zu der Eingliederung in den Arbeitsmarkt im Migrationsland beitrugen, war auch bei diesen MigrantInnen eine Überlappung von familiären und beruflichen Orientierungen festzustellen, denn auch sie sind wegen ihrer PartnerInnen migriert oder im Migrationsland geblieben. Sie orientierten sich somit beruflich im Rahmen der im Migrationsland vorhandenen Möglichkeiten.

Beim zweiten Typus trugen hingegen Ameliorationswünsche zur Überlappung von familiären und beruflichen Orientierungen bei. Dabei konnten die Gründe für diese Wünsche zwischen ökonomischer Situation und gesellschaftlichen Rahmenbedingungen unterschieden werden. Bei MigrantInnen mit ökonomischen Verbesserungswünschen überschnitten sich familiäre und berufliche Perspektiven vor allem deshalb, weil diese MigrantInnen für die Versorgung ihrer Kern- oder Herkunftsfamilien im Heimatland oder im Migrationsland verantwortlich waren. Aufgrund dieser Verantwortung war das Geldverdienen oft wichtiger als spezifische berufliche Pläne. Nur für wenige in dieser Migrantengruppe bedeutete ihre familiäre Einbettung in den Migrationskontext nicht primär Last, sondern auch Halt und Unterstützung. Bezüglich der Überschneidung von beruflichen und familiären Orientierungen bei MigrantInnen, die aufgrund gesellschaftlicher Rahmenbedingungen ihr Herkunftsland verließen, konnten allgemein politische Flüchtlinge und Personen ohne Verfolgungsdruck unterschieden werden. Bei Personen, die im Familienverband geflohen sind, standen vor allem die verbesserten soziopolitischen und juristischen Rahmenbedingungen im Migrationsland im Mittelpunkt ihrer familiären Ameliorationsperspektiven. Bei denen, die nach besseren gesellschaftlichen Rahmenbedingungen suchten, ohne zur Flucht gezwungen gewesen zu sein, waren familiäre Überlegungen von individuellen überlagert.

Bei all diesen Typen von MigrantInnen kam es auch zu transnationalen Familienkonstellationen. Insbesondere bei dem Typus »Partnerschaft als Migrations-/Verbleibemotiv« und bei dem Typus »ökonomische Ameliorationswünsche« waren transnationale Familienkontexte besonders stark ausgeprägt. Im Folgenden möchte ich anhand des türkischen Samples aus dem Projekt »Kulturelles Kapital in der Migration« (Pusch 2010c) sowie der vorläufigen Untersuchungsergebnisse der noch nicht abgeschlossenen Forschungsprojekte »Auf nach Istanbul: Zur transnationalen Lebens- und Arbeitswelt von hochqualifizierten deutschen StaatsbürgerInnen mit türkischem Migrationshintergrund« (Aydın/Pusch im

Druck) und »Internationale Arbeitsmigration in die Türkei« unterschiedliche Aspekte transnationaler Familienkontexte in der Türkei näher betrachten.

Transnationale Familienkontexte in der Türkei

Auf der Grundlage der erhobenen Datenmaterialien konnten für transnationale Familienkontexte von MigrantInnen in der Türkei fünf verschiedene Muster entwickelt werden: (1) Transnationale Familien: Wiedersehen und Trennung, (2) Grenzenloser Verlass: Familiäre Unterstützung in Notsituationen, (3) Familiäre Verbundenheit: Über Grenzen hinweg feiern und trauern, (4) Familiäre Verantwortung und materielle Hilfe sowie (5) Bi-nationale Paare als transnationale Familien. Diese Muster schließen sich gegenseitig nicht aus, sondern können in unterschiedlichen Kombinationen auftreten. Für die Ausprägung und Kombination der diversen Muster spielen sowohl die finanziellen Ressourcen als auch der rechtliche Aufenthaltsstatus von MigrantInnen eine zentrale Rolle. Thomas Faist (2000: 349) stellte in diesem Zusammenhang fest, dass die doppelte Staatsbürgerschaft die geeignetste juristische Voraussetzung für transnationale MigrantInnen darstellt, weil dieser Status einerseits ein problemfreies Pendeln ermöglicht und transnationale MigrantInnen andererseits mit den StaatsbürgerInnen der beiden Länder gleichstellt. Auch in meinen Samples leben v.a. jene Personen, die einen formalen und einfachen Zugang zu beiden Gesellschaften haben, in vielseitigen und selbstbestimmten transnationalen Familienkontexten. Im Gegensatz dazu stehen MigrantInnen in prekären Lebenslagen, die weder über die finanziellen noch über die rechtlichen Möglichkeiten verfügen, ihre Familienkontakte über die Grenzen hinweg nach ihren eigenen Vorstellungen auszuleben, und die Beziehungen zu ihren Familien folglich nur im Rahmen eingeschränkter (rechtlicher, arbeitstechnischer und finanzieller) Möglichkeiten pflegen können.

Transnationale Familien: Wiedersehen und Trennung

Transnationale Familien sind dadurch gekennzeichnet, dass sie trotz oft weiter geografischer und lang andauernder Trennung das Zusammengehörigkeitsgefühl nicht verlieren. Form und Dauer können dabei, wie auch die zu Beginn des Aufsatzes angeführten Beispiele zeigen, sehr unterschiedlich sein. Es kann sich sowohl um die Separationen von Eltern, Kindern und PartnerInnen, d.h. um räumliche Spaltungen der Kernfamilien, als auch um Trennungen von der Großfamilie handeln. Bei den im Folgenden dargestellten Fällen handelt es sich um Trennungen in Kernfamilien, wobei der zweite Fall auch ein Beispiel für Trennungsmuster von Herkunftsfamilien darstellt. Wichtig in beiden Fällen ist aber, dass man sich die häufigen Besuche finanziell leisten kann und möchte und dass dieses Hin- und Herfahren aufenthalts- und einreisetechnisch möglich ist.

• Herr Öztürk ist Sozialwissenschaftler. Er stammt aus der Türkei, hat in Deutschland Teile seiner Schul- und seine ganze Universitätsausbildung abgeschlossen. Er verfügt über die deutsche Staatsbürgerschaft und ist mit einer autochthonen deutschen Staats-

bürgerin verheiratet. Das Paar hat eine Tochter. Da er in Deutschland keine feste Anstellung in seinem Beruf finden konnte, über Kontakte in der Türkei aber ein gutes Job-
angebot an einer türkischen Universität erhielt, entschloss er sich vor einigen Jahren, in
die Türkei zurückzukehren. Allerdings ist seine Tochter noch in der Ausbildung und
seine Frau wollte ihre berufliche Position in Deutschland nicht aufgeben. Daher entschied er sich gemeinsam mit seiner Familie, alleine nach Istanbul zu gehen. Um die
doppelte Haushaltsführung in der Türkei und in Deutschland sowie seine regelmäßigen
Reisen nach Deutschland zu finanzieren, hat er sein berufliches Leben so organisiert,
dass er zusätzlich zu seiner Lehrtätigkeit in der Türkei auch Lehrverpflichtungen in
Deutschland wahrnimmt. So kombiniert Herr Öztürk seine regelmäßigen Familienbesu-
che mit beruflichen Zusatztätigkeiten.

- Frau Kovalenko, eine junge Sexarbeiterin, gestaltet ihr transnationales Leben ganz anders. Sie lebt abwechselnd in Istanbul und einer Kleinstadt in der Ukraine. Ihre Familie
weiß von ihrer Tätigkeit in der Türkei nichts. Sie glauben, dass ihre Tochter in der Türkei immer wieder als Model jobbt und deshalb in regelmäßigen Abständen nach Istanbul fliegt. Ihre oft bis zu dreimonatigen Aufenthalte bei ihrer Familie nutzt die Tochter
einerseits, um ihre Ausbildung an der Universität abzuschließen, andererseits um gegenüber ihrer Familie ihr Gesicht als »anständige Tochter« zu wahren. Finanziell entlas-
tet sie ihre Familie nicht nur dadurch, dass sie sich ihre Ausbildung selbst verdient, sondern auch, indem sie ihren Eltern immer wieder unter die Arme greift.

Wie diese beiden Beispiele verdeutlichen, führen regelmäßige Besuche und Trennungen
von Kernfamilien zu ganz spezifischen Lebensrhythmen und Praktiken, die sehr stark mit
der entsprechenden Lebenssituation der MigrantInnen verknüpft sind. In der Regel liegt
diesem Typus transnationaler Familien die freiwillige Entscheidung der zumindest teilweise im Ausland lebenden Familienmitglieder zugrunde. Damit kann die Trennung von der
Familie nicht als »erzwungen« bezeichnet werden, sondern muss vielmehr als das Resultat
einer individuellen oder familiären Entscheidung gesehen werden, die Ausdruck eines gewissen Lebensstils ist. Die regelmäßigen Unterbrechungen der Trennungen durch ein Wiedersehen stellen eine wesentliche Gemeinsamkeit bei diesem Familienmuster dar. Konstitu-
ierend für diese Familien sind insbesondere die relativ häufigen und regelmäßigen Besuche
der (zumindest teilweise) im Ausland lebenden Familienmitglieder. Durch die regelmäßigen Treffen und Wiedersehen wird dem Familienleben auch in der Praxis Kontinuität und
Normalität verliehen. In den Zeiten der Trennung finden regelmäßige Telefon- oder Skype-
Gespräche statt. Insbesondere bei Trennungen von EhepartnerInnen werden dabei auch
Vorfälle aus dem Alltag besprochen oder es wird einfach geplaudert.

Grenzenloser Verlass: Familiäre Unterstützung in Notsituationen

In anderen transnationalen Familienkontexten haben transnationale Verbindungen andere
Dimensionen. Besuche finden nicht so regelmäßig und häufig statt wie im ersten Beispiel.
Auch der Kontakt per Telefon, Skype oder Mail findet in diesem transnationalen Fami-
lienmuster nicht in der oben genannten Regelmäßigkeit statt. Der Kontakt ist eher spora-

disch und auf besondere Ereignisse beschränkt. Die einzelnen Familienmitglieder wissen im Allgemeinen über das Leben der anderen Bescheid, auch wenn sie keinen gemeinsamen Alltag und keine gemeinsame Besuchs- oder Kommunikationsroutine haben. In der Regel handelt es sich bei diesem transnationalen Familienmuster auch nicht um transnationale Kernfamilien, sondern um transnationale Verbindungen im Rahmen der Groß- oder Herkunftsfamilie. Deren Hauptmerkmal ist die Tatsache, dass sich die einzelnen Familienmitglieder aufeinander verlassen können und dass auch die Ressourcen und Möglichkeiten vorhanden sind, einander zu helfen. Wie die beiden folgenden beiden Beispiele veranschaulichen, können sich nicht nur MigrantInnen in der Fremde auf Mitglieder ihrer Herkunfts-/ Großfamilie verlassen, sondern auch Mitglieder der Herkunfts- bzw. Großfamilie auf die MigrantInnen.

- Patricia Kurtoğlu kam vor mehr als 15 Jahren aus beruflichen Gründen nach Istanbul. Sie plante ursprünglich, nur ein bis zwei Jahre in Istanbul zu bleiben. Nachdem sie einen türkischen Mann kennengelernt hatte, suchte sie sich eine unbefristete adäquate Anstellung bei einer ausländischen Kultureinrichtung, heiratete und bekam ein Kind. Als die Ehe nach einigen Jahren auseinanderging, überlegte sie lange, ob sie als ausländische Alleinerzieherin ohne familiäres Netzwerk in der Türkei weiterleben könne, denn auf die Familie ihres Exmannes war nach der Scheidung kein Verlass mehr. Eine Rückkehr in ihr Heimatland empfand sie ebenfalls als schwierig, weil sie ihr berufliches Netzwerk in der Türkei aufgebaut hatte und mit diesem auch sehr zufrieden war. In einem längeren Gespräch mit ihrer Mutter erzählte sie von ihren Sorgen. Ihre Mutter versicherte ihr daraufhin, dass sie käme, wann immer sie die Tochter sie rufen würde, wenn nötig binnen 48 Stunden. Aufgrund dieser bedingungslosen Hilfsbereitschaft bezeichnete Frau Kurtoğlu ihre Mutter als ihre »Lebensversicherung«, hoffte aber, niemals auf dieses Angebot zurückkommen zu müssen. Als sie nach einem Unfall jedoch innerhalb von 2 Tagen operiert werden musste, stand ihre Mutter bereits nach 36 Stunden in Istanbul und kümmerte sich um ihr Enkelkind, während ihre Tochter im Krankenhaus lag.
- Im Fall von Michael Houben waren keine vorherigen Absprachen oder engen emotionalen Bindungen Voraussetzung für das gegenseitige Vertrauen. Herr Houben lernte in seinem Heimatland seine heutige Frau kennen und kam vor ca. zehn Jahren mit ihr und seinen beiden Kindern in die Türkei. Die Schwester seiner Frau heiratete einen Bekannten von ihm und lies sich in seinem Herkunftsland nieder. Als dieser unerwartet starb, reiste Herr Houben sofort zu ihr, um sie zu unterstützen und sämtliche Formalitäten zu erledigen. Da seine Schwägerin nach dem Tod ihres Mannes in eine schwere Depression fiel und keine gute Beziehung zur Familie ihres verstorbenen Mannes hatte, brachte Herr Houben das Kind seiner Schwägerin für einige Monate nach Istanbul, wo es in seiner Familie lebte.

Wie diese beiden Beispiele verdeutlichen, bezieht sich das Muster »grenzenloser Verlass« nicht nur auf Mitglieder der eigenen Herkunftsfamilie, sondern auch auf die Teile der Großfamilie. Das Sich-Verlassen-Können kann abgesprochen oder auch spontan sein. Es umfasst u.a. spontane Reisen, wenn sie finanziell und einreisetechnisch möglich sind, wobei nicht lange nach Details und Einzelheiten gefragt wird: In Notsituationen ist man füreinander da. Charakteristisch für dieses transnationale Familienmuster ist die Freiwilligkeit, auf der die Migration und die Unterstützung aller Beteiligten beruht. Aus diesem Grund kann auch dieses Muster als selbst- und/oder familienbestimmt bezeichnet werden.

Familiäre Verbundenheit:Über Grenzen hinweg feiern und trauern

Aber nicht nur in Notfällen sind Mitglieder von transnationalen Familien füreinander da. Man nimmt auch an wichtigen Ereignissen wie Geburt, Hochzeit und Tod Anteil. In Telefon- und Skypegesprächen ebenso wie in Mails werden Neuigkeiten ausgetauscht, nachgefragt, wird gratuliert und Beileid ausgedrückt. Oft reisen einzelne Familienmitglieder auch zu entsprechenden Anlässen an und verbinden ihre Jahresurlaube mit wichtigen Familienereignissen. Die Anteilnahme ist jedoch nicht immer mit Reisen verbunden. Wenn MigrantInnen bei wichtigen Familienevents nicht persönlich teilnehmen, so hat das nicht immer zeitliche und finanzielle Gründe, sondern oft ist ihnen die Einreise in das Land nicht möglich. Dies gilt nicht nur für Flüchtlinge, deren Einreise ins Herkunftsland zu gefährlich wäre, sondern auch für viele irreguläre ArbeitsmigrantInnen, die nach zu langen Auslandsaufenthalten entweder von ihrem Herkunftsland Ausreise- oder ihrem Residenzland Einreiseverbote erhalten. Dies bedeutet heute, im Zeitalter der modernen Technologie, aber nicht mehr, dass man solchen Ereignissen fernbleiben oder ein erhöhtes Risiko auf sich nehmen muss. Wie lebensnah und intensiv man via moderner Kommunikationstechnik an Familienfeiern teilhaben kann, will ich nun anhand eines besonders anschaulichen Beispiels illustrieren.

Zülfiye Hanım kam vor sieben Jahren aus Turkmenistan in die Türkei, um Geld zu verdienen. Seit sechs Jahren lebt und arbeitet sie bei einer türkischen Familie. Dort führt sie den Haushalt und kümmert sich am Nachmittag um die mittlerweile achtjährige Tochter. Sie ist mit einem Touristenvisum in die Türkei eingereist und war seit ihrer Einreise nicht mehr in ihrem Heimatland. Dabei fürchtet sie nicht so sehr die hohe Strafe, die sich nach siebenjährigem irregulären Aufenthalt in der Türkei bei der Ausreise zahlen müsste, sondern vielmehr ein Einreiseverbot in die Türkei aufgrund ihres irregulären Aufenthaltes und ein Ausreiseverbot aus Turkmenistan. Wenngleich einige ihrer KollegInnen diese strikten Regelungen durch Namensänderungen (z.B. durch Ehe) und anschließenden Erwerb eines neuen Reisepasses umgehen konnten, ist und war ihr das Risiko zu groß. Ihr ist es wichtiger, ihr Sparziel zu erreichen. Dafür nimmt sie Heimweh und die Sehnsucht nach ihren Kindern in Kauf. Da sie mit dem in der Türkei verdienten Geld für sich und ihre Familie in Turkmenistan eine neue Existenz gründen will, sollte sogar die Hochzeit des Sohnes um ein Jahr verschoben werden, damit die Mutter an der Feierlichkeit teilnehmen kann. Als die Verlobte des Sohnes jedoch schwanger wurde, warf man die Hochzeitspläne nach den mütterlichen Sparvorstellungen über Bord und heiratete rasch. Zülfiye Hanım nahm über Skype an der Hochzeit teil. Wie mir ihre Arbeitgeberin im Detail schilderte, war dies nicht nur eine Life-Übertragung der Hochzeit per Skype. Auch Zülfiye traf in der Türkei Vorbereitung für die digitale Feierlichkeit. Sie färbte sich die Haare, machte sich eine schöne Frisur und zog ihr bestes Kleid an. Die Tochter ihrer Arbeitgeberin verfolgte all dies mit großem Interesse, zog sich dann auch feierlich an und setzte sich neben die Haushälterin vor die

Web-Kamera, die ihr im Wohnzimmer am Laptop ihrer Arbeitgeber angebracht wurde. Damit war das Spektakel aber noch nicht zu Ende. Der Laptop mit Web-Kamera wurde in Turkmenistan von den Hochzeitsgästen weitergereicht, und Zülfiye nahm teilweise an den Unterhaltungen der Gäste teil. Am Ende des Abends wurde dann sogar gemeinsam getanzt. Zülfiye Hanıms Arbeitgeberin erzählte mir, dass sie das Gefühl hatte, in Turkmenistan an der Hochzeit teilgenommen zu haben, und fügte ironisch hinzu, dass man sich heute das Reisen fast ersparen könne.

Wie dieses Beispiel verdeutlicht, bedeutet die Teilnahme an Familienfeierlichkeiten nicht unbedingt Reisen. Aufgrund der heute sehr weit verbreiteten technischen Möglichkeiten, die weder spezielle Ressourcen noch Fachkenntnisse voraussetzen, kann die Anteilnahme auch via Internet erfolgen. Auch wenn diese Begegnungen den persönlichen Kontakt nicht ersetzen, so ermöglichen sie doch ein emotionales Zusammentreffen. Dies war auch bei Zülfiye Hanım der Fall. Sie hätte sicherlich sehr gerne persönlich an der Hochzeit ihres Sohnes teilgenommen, aber sie wollte ihr Ziel (= Kapitalakkumulation für Existenzgründung im Herkunftsland) nicht durch den hierfür erforderlichen Grenzübertritt gefährden. Darüber hinaus war ihr das Dabeisein bei der Hochzeit ihres Sohnes nicht das Aufgeben ihres Migrationsziels wert. Ihre Selbstdefinition spielte für diesen Entschluss eine essenzielle Rolle. Zülfiye sah und sieht sich nämlich als das starke Familienoberhaupt, das für das Wohlergehen und die Zukunft aller Mitglieder sorgt. Wenngleich ihre physische Nicht-Teilnahme an der Hochzeit keine freiwillige Entscheidung war, sondern mit den äußeren Umständen geschuldet (in diesem Fall Ein- und Ausreisebestimmungen), wäre es verfehlt, Zülfiyes Agieren als »fremdbestimmt« zu bezeichnen. Die Tatsache, dass sie ihren wirtschaftlichen Plänen mehr Wert beimisst als der Teilnahme an der Hochzeit ihres Sohnes, ist Ausdruck ihrer persönlichen Autonomie. Den Beschreibungen ihrer Arbeitgeberin zufolge wurde diese Unabhängigkeit und Macht bei der Skype-Übertragung auch in goffmanschen Sinne »inszeniert«. Durch die Art und Weise, wie sie sich im Wohnzimmer der Arbeitgeberfamilie den Hochzeitsgästen präsentierte, symbolisierte sie keineswegs die »arme ausländische Haushälterin«, sondern eine moderne Frau von Welt und das starke Familienoberhaupt.

Familiäre Verantwortung und materielle Hilfe

Das Muster »Familiäre Verantwortung und materielle Hilfe« besteht nicht nur aus Remissionen an die im Heimatland verbliebenen Familienmitglieder, sondern auch aus anderen regelmäßigen Sendungen. Zwar ist es üblich, dass sich transnationale Familienmitglieder zu unterschiedlichen Anlässen diverse Dinge schicken. Das Modell der familiären Verantwortung und materiellen Hilfe unterscheidet sich hiervon jedoch nicht nur durch die Regelmäßigkeit der Sendungen, sondern auch durch die Tatsache, dass diese Sendungen elementar zum Leben der im Heimatland zurückgebliebenen Familienmitglieder beitragen. Wie die folgenden beiden Beispiele verdeutlichen, basiert die Migrationsentscheidung sogar auf der Absicht zu regelmäßigen Geld- oder Sachsendungen ins Herkunftsland. Der Lebensmittelpunkt der MigrantInnen dieses transnationalen Familientyps liegt im Herkunftsland. Im Residenzland erworbene Ressourcen werden ins Herkunftsland transferiert, da die Migranten eine familiäre Verantwortung tragen. Diese Ressourcen sind für die Familie im Herkunftsland in der Regel so wichtig, dass die MigrantInnen im Ausland einen irregulären Aufenthaltsstatus und unqualifizierte Arbeiten in Kauf nehmen. Vor allem transnationale Familienkontexte von ArbeitsmigrantInnen sind von diesem Muster geprägt. Irregularität/Illegalität und Verantwortung sind bei dieser Form von Transnationalität kein Gegensatz. Zwei Arbeitsmigrantinnen, die ich im Rahmen meiner Studien interviewt habe, repräsentieren sehr gut das familiäre Verantwortungsgefühl und die Tragik, die die konkreten Lebenssituationen kennzeichnet:

• Frau Sak lebt bei einem alten türkischen Ehepaar und ist dort v.a. für die Pflege der bettlägerigen Ehefrau zuständig. Seit dem Tod ihres Ehemannes ist Frau Sak allein für die Ausbildung und finanzielle Unterstützung ihrer Töchter verantwortlich. Da sie aufgrund der wirtschaftlichen Situation in ihrem Heimatland, der Ukraine, nicht genügend Geld für sich und ihre Töchter aufbringen konnte, entschloss sie sich, in der Türkei in einem Privathaushalt zu arbeiten. Zum Zeitpunkt des Interviews war sie bereits drei Jahre in der Türkei. Einen Teil ihres Verdienstes schickt sie ihren Töchtern, einen anderen Teil spart sie für deren Aussteuer. Wie sie im Interview beteuert, könnten ihre Töchter nicht die gewünschte Ausbildung machen, wenn sie nicht im Ausland arbeiten würde. Langfristig will sie jedoch nicht in Istanbul bleiben. Ihr Ziel ist es, nur so lange zu bleiben, bis ihre Töchter unabhängig sind und sie so viel Geld gespart hat, dass ein kleines Geschäft in ihrem Heimatort eröffnen kann.

• Auch Frau Kulivar, eine Fabrikarbeiterin aus Turkmenistan, die durch eine Agentur auf irregulärem Weg in die Türkei kam, hat einen kleinen Sohn und ist alleinerziehend. Da sie vom Kindesvater keine Unterstützung erhält, ihr Sohn aber aufgrund eines chronischen Leidens in Turkmenistan nur schwer erhältliche und teure Medizin braucht, entschloss auch sie sich, in die Türkei zu gehen. Ihren Sohn ließ sie bei ihrer Mutter. Von dem wenigen Geld, das ihr nach Abzug der Kosten für ihre Einreise in die Türkei bleiben, kauft sie in Istanbul nur lebenswichtige Nahrungsmittel für sich und die Medizin für ihren Sohn. Das restliche Geld schickt sie gemeinsam mit Medikamenten in regelmäßigen Abständen mit Bekannten an ihre Mutter.

Da irreguläre Arbeitsmigration in die Türkei v.a. weiblich ist, stammen auch die Beispiele in meinen Samples fast ausschließlich von Frauen. Wie jedoch der Fall von Herrn Petrov zeigt, den ich einleitend beschrieben habe, gibt es aber auch männliche Migranten, die dieser Form der familiären Verantwortung nachkommen. Selbstverständlich wird der Kontakt der einzelnen Mitglieder nicht nur über die Geld- bzw. Sachsendungen aufrechterhalten, sondern man ist auch über Telefon und Internet in Verbindung, und die MigrantInnen im Ausland versuchen, sofern es ihnen möglich ist, ihre Familie im Heimatland zu besuchen. Die wichtigste Dimension in ihrem transnationalen Familiennetzwerk stellen jedoch die monetären bzw. sachlichen Transferleistungen dar.

Flüchtlinge, die Geld ins Heimatland schicken oder von ihren Herkunftsfamilien Geldsendungen empfangen, fallen ebenfalls in diese Kategorie. Einer Studie von Ahmet İçduygu (1996) zufolge senden 10% der Flüchtlinge Geld aus der Türkei in ihr Herkunftsland, und 30% werden von ihren Familien finanziell unterstützt). Im Unterschied zu den ArbeitsmigrantInnen ist die materielle Unterstützung der Familien zu Hause für Flüchtlinge kein Migrationsgrund. Außerdem können die Transferleistungen in zwei Richtungen stattfinden, d.h. sowohl vom Residenzland ins Heimatland als auch vom Heimatland ins Residenzland. Dieses Muster von transnationalem Familienzusammenhalt unterscheidet sich von den oben genannten Beispielen v.a. durch die prekäre Lebenssituation der MigrantInnen und/oder ihrer im Heimatland verbliebenen Angehörigen. Da das Geldverdienen im (oder das Fliehen ins) Ausland als essenziell für das Überleben angesehen wird, kann man bei diesem Muster nur mit Einschränkung von selbstbestimmten Lebensstilen sprechen. Das Resultat dieser durch Sachzwänge (wirtschaftliche Not, politischer Druck etc.) hervorgerufenen familiären Trennungen ist für einzelne Familienmitglieder oft sehr belastend.

Bi-nationale Paare als transnationale Familien

Schließlich ist noch festzuhalten, dass transnationale Familien anders als in der oben genannten Definition von Bryceson und Vuorela (2002: 3) nicht nur aus Familien bestehen, die über Ländergrenzen hinweg miteinander verbunden sind, sondern auch aus Kernfamilien, die gemeinsam in zwei Gesellschaften leben und denken. Typisch ist dies v.a. für bi-nationale Familien. Die folgenden Beispiele von bi-nationalen Familien aus meinen empirischen Untersuchungen verdeutlichen dies.

- Frau Müller kam mit ihrem Lebensgefährten vor rund 20 Jahren nach Istanbul. Als Designerin und Textilindustriefachfrau machte sie sich mit ihrem Partner zunächst in Istanbul selbstständig. Nach einigen Jahren gründeten sie auch in Deutschland eine Dependance, weil man, wie sie meint »nie wissen kann, was hier (in Istanbul, BP)« passiert. Aus dem Gespräch mit ihr ging hervor, dass sie und ihr Partner zwar ein Leben in Istanbul planen, für unvorhersehbare Situationen (Militärputsch, wirtschaftlicher Kollaps oder Erdbeben) aber auch ein Standbein in Deutschland aufbauen wollen.
- Das Leben in zwei Welten von Valerie Toumarkine, einer französischen Heiratsmigrantin, gestaltet sich anders. Sie und ihr Mann können sich nicht entscheiden, in welchem Land sie sich wirklich niederlassen möchten, und sind deshalb schon zweimal nach Frankreich gegangen, um dann nach ein paar Jahren wieder nach Istanbul zurückzukehren. Da sich Frau Toumarkine nach wie vor nicht sicher ist, ob der Schritt in die Türkei nun endgültig ist, entschloss sie sich mit ihrem Mann, ihren Sohn in der französischen Schule einzuschulen, damit er bei einer möglichen Auswanderung nach Frankreich dort problemlos die Schule fortsetzen kann.

Ausgehend von diesen beiden Beispielen bedeutet Transnationalität innerhalb von Kernfamilien also nicht unbedingt, dass diese voneinander getrennt leben. Auch der gedachte und gelebte Handlungsradius über Ländergrenzen hinweg kann das Leben von transnationalen Familien bestimmen. Die Trennung erfolgt in diesem Zusammenhang »nur« von der Herkunftsfamilie jeweils eines Partners. Ermöglicht wird dieses gemeinsame Pendeln von der Türkei in westliche Industrienationen v.a. bei verheirateten Paaren, weil ausländische EhepartnerInnen in der Regel weniger strikten Einreise- und Aufenthaltsregelungen unterliegen als MigratInnen, die nicht mit einem Staatsbürger des Ziellandes verheiratet sind. Auffallenderweise hatten die PartnerInnen, die aus meinen Samples zu dieser Gruppe der transnationalen Familien gehören, auch eine Affinität zu dem Herkunftsland der interviewten MigrantInnen, beherrschten die Sprache ihrer PartnerInnen und sahen für sich in beiden Ländern berufliche Möglichkeiten.

Schlussbemerkungen

Anhand des empirischen Datenmaterials aus drei Forschungsprojekten konnten fünf Muster für transnationale Familienkonstellationen von MigrantInnen in der Türkei klassifiziert werden. Dass diese Muster sehr unterschiedlich sind, wurde anhand der fünf Muster verdeutlicht. Zu betonen ist an dieser Stelle jedoch, dass die Migrationshintergründe der MigrantInnen sowohl die konkrete Pflege der transnationalen Familienmuster als auch die emotionale Bedeutung der familiären Trennung maßgeblich beeinflussen. Während die einen ein selbstbestimmtes Leben getrennt von ihren Familien wählen, sind andere politischen und/oder wirtschaftlichen Zwängen unterworfen, die eine solche Trennung herbeiführen. Verbunden mit dieser Freiwilligkeit bzw. Unfreiwilligkeit sind oft auch die finanziellen und rechtlichen Ressourcen, die eingesetzt werden können, damit die Familien (regelmäßig) zusammenkommen können. Aufgrund dieser Beobachtungen ist der Fokus der Forschung zu transnationalen Familien nicht nur auf die Trennung von Kern-, Herkunfts- und Großfamilie zu richten, sondern diese sind auch unter dem Geschichtspunkt der Selbstbestimmung und Autonomie bzw. sozialer Ungleichheit und Unfreiheit in prekären Lebenslagen zu betrachten.

Ein weiteres wichtiges Analyseergebnis ist, dass transnationale Familienkontexte nicht unbedingt durch regelmäßige Besuche oder häufigen Telefon-, Skype oder E-Mail-Kontakt aufrechterhalten werden. Räumlich getrennte Familien verlieren sich auch bei sporadischer Kontaktpflege und seltenen Besuchen nicht zwangsweise aus den Augen, sondern bewahren ihr Zusammengehörigkeitsgefühl. Transnationale Familienkontexte können darüber hinaus auch bei Paaren durch gemeinsame Wanderungsbewegungen entstehen. Die Dynamiken in den einzelnen Familien sind von vielen Faktoren abhängig. Neben gesellschaftlichen Rahmenbedingungen (z.B. Ein- und Ausreisemöglichkeiten), zeitlichen und finanziellen Ressourcen spielen für die Art, wie transnationale Familienkontakte aufrechterhalten werden, auch interfamiliäre und individuelle Faktoren eine große Rolle.

Wenngleich all diese Feststellungen auf der Analyse von transnationalen Familienkonstruktionen von MigrantInnen in der Türkei basieren, können wir davon ausgehen, dass sie nicht nur für transnationale Familien im türkischen Migrationskontext gültig sind, sondern auch für Familien in anderen transnationalen Lebenskontexten. Vor diesem Hintergrund sind die oben beschriebenen transnationalen Familienmuster nicht türkeispezifisch.

Da Migration in die Türkei kein neues Phänomen ist, sondern eine lange Geschichte hat, ist davon auszugehen, dass auch die verschiedenen Typen und Muster transnationaler Familien nicht grundgänzlich neu sind. Wie allgemein in der Transnationalitätsdebatte sowohl von Kritikern (z.B. Bommes 2003) und Vertretern (Pries 2010) des transnationalen Ansatzes betont wird, sind transnationale Phänomene nicht neu. Im Unterschied zu früher, so die Vertreter des transnationalen Ansatzes, ist aber parallel zu der zunehmenden Mobilität von Menschen (Bukow 2000), den verbesserten Kommunikationsmitteln sowie immer billiger und schneller werdenden Transportmitteln Transnationalität für immer mehr Menschen Normalität geworden. Genau dieser Aspekt scheint auch die transnationalen Familienkontexte in der Türkei sehr treffend zu beschreiben: Transnationale Familienkontexte nehmen zahlenmäßig zu und werden damit sowohl in ihrer selbstbestimmten als auch in ihrer durch Sachzwänge bedingten Ausprägung normalisiert.

Abgesehen von der allgemeinen Zunahme transnationaler Familienkontexte können in der Türkei allerdings auch Ausdifferenzierungen transnationaler Familienkontexte angenommen werden, die sich parallel zur allgemeinen Heterogenisierung von Migrationsströmen in die Türkei entwickelt haben. Die vornehmlich »klassische Türkeimigration« muslimischer oder türkischstämmiger Personen aus Balkanstaaten und Zentralasien wurde seit den 1980er-Jahren durch den Zustrom von Menschen aus verschiedenen Ländern mit sehr unterschiedlichen Migrationsmotiven abgelöst. Es liegt daher auf der Hand, einen Zusammenhang zwischen unterschiedlichen Motiven zur Migration in die Türkei und zur Abwanderung aus den unterschiedlichen Herkunftsländern einerseits sowie globalen technologischen Veränderungen andererseits zu suchen.

Abschließend kann gesagt werden, dass die transnationalen Familienkontexte von MigrantInnen in der Türkei exemplarisch für die Entwicklung der Türkei zu einem globalen Zentrum am Rande der EU stehen. Die vormals nach außen abgeschlossene Türkei hat sich politisch, wirtschaftlich und kulturell seit den 1980er-Jahren weit geöffnet. Diese Öffnung hat nicht nur auf der Makro- und Meso-Ebene zu sehr verschiedenen Entwicklungen geführt, sondern auch auf der Mikro-Ebene. Die Zunahme und Ausdifferenzierung von transnationalen Familienkontexten bei MigrantInnen kann hier nur als eines von vielen Beispielen genannt werden.

Literatur

Aydın, Yaşar/Pusch, Barbara (2012): Migration of Highly Qualified German Citizens with Turkish Background from Germany to Turkey: Socio-Political Factors and Individual Motives. In: International Journal of Business & Globalisation (i.E.).

Bommes, Michael (2003): Der Mythos des transnationalen Raumes. Oder: Worin besteht die Herausforderung des Transnationalismus für die Migrationsforschung? In: Dietrich Thränhardt/Uwe Hunger (Hg.): Migration im Spannungsfeld von Globalisierung und Nationalstaat (Leviathan Sonderheft 22). Wiesbaden: Westdeutscher Verlag, S. 90-116.

Bryceson, Deborah/Vuorela, Ulla (2002): Transnational Families in the Twenty-first Century. In: Deborah Bryceson/Ulla Vuorela (Hg.): The Transnational Family. New European Frontiers and Global Networks. Oxford: Berg, S. 3-30.

Bukow, Wolf-Dieter (2000): Die Familie im Spannungsfeld globaler Mobilität. In: Hansjosef Buchkremer et al. (Hg.): Die Familie im Spannungsfeld globaler Mobilität. Zur Konstruktion ethnischer Minderheiten im Kontext der Familie. Opladen: Leske + Budrich.

Danış, Didem/Taraghi, Cherie/Pérouse, Jean-François (2009): Integration in Limbo. Iraqi, Afghan, Maghrebi and Iranian Migrants in Istanbul. In: Ahmet İçduygu/Kemal Kirişçi (Hg.): Land of Diverse Migrations. Challenges of Emigration and Immigration in Turkey. Istanbul: İstanbul Bilgi Yay, S. 443-636.

Faist, Thomas (Hg.) (2000): Transstaatliche Räume: Politik, Wirtschaft und Kultur in und zwischen Deutschland und der Türkei. Bielefeld: transkript.

İçduygu, Ahmet (1996): Transit Migration in Turkey. Genf: IOM.

İçduygu, Ahmet (2003): Irregular Migration in Turkey. Genf: IOM.

İçduygu, Ahmet (2004a): Türkiye'de Kaçak Göç. Istanbul: İTO.

İçduygu, Ahmet (2004b): Transborder Crime between Turkey and Greece. Human Smuggling and its Regional Consequences, Southeast European and Black Sea Studies 4/2 (2004b), S. 294-314.

İcduygu, Ahmet/Biehl, Kristen (2009): Managing International Urban Migration. Türkiye – Italia – España. Istanbul: Mirekoç.

Karpat, Kemal H. (1985): Population Movements in the Ottoman State in the Nineteenth Century. In: Ders.: Ottoman Population 1830-1914. Demographic and Social Characteristics. London, University of Wisconsin Press, S. 60-77.

Kirişçi, Kemal (1998): Post Second World War Immigration from Balkan Countries to Turkey. In: New Pespectives on Turkey (12), S. 61-77.

Kirişçi, Kemal (2008): »Migration and Turkey. The Dynamics of State, Society and Politics. In: Reşat Kasaba (Hg.): Turkey in the Modern World, Bd. 4. Cambridge: Cambridge University Press, S. 175-198.

Lordoğlu, Kuvvet (2008): »Ausländische ArbeitnehmerInnen als Teil der türkischen Arbeitswelt«. In: Barbara Pusch/Tomas Wilkoszewsky (Hg.): Facetten internationaler Migration in die Türkei.

Nohl, Arnd-Michael/Schittenhelm, Karin/Schmidtke, Oliver/Weiß, Anja (2010): Kulturelles Kapital in der Migration. Hochqualifizierte Einwanderer und Einwanderinnen auf dem Arbeitsmarkt. Wiesbaden: VS.

Özgür-Baklacıoğlu, Nurcan (2011): Asylum Policy and Practices in Turkey: Constructing the Refugee ›Other‹ in Konya. In: Barbara Pusch/Uður Tekin (Hg.): Migration und Türkei. Neue Bewegungen am Rande der Europäischen Union. Würzburg: Ergon, S. 207-226.

Pries, Ludger (2008): Die Transnationalisierung der sozialen Welt. Frankfurt a.M.: Suhrkamp.

Pries, Ludger (2010): Transnationalisierung. Theorie und Empirie grenzüberschreitender Vergesellschaftung. Wiesbaden: VS.

Pusch, Barbara (2008): Gefragte und ungefragte Gäste. Zur arbeitsrechtlichen Situation von Ausländern in der Türkei. In: Barbara Pusch/Tomas Wilkoszewski (Hg.): Facetten internationaler Migration in die Türkei. Gesellschaftliche Rahmenbedingungen und persönliche Lebenswelten. Würzburg: Ergon, S. 55-67.

Pusch, Barbara (2010a): »Familiäre Orientierungen und Arbeitsmarktintegration von hochqualifizierten MigrantInnen in Deutschland, Kanada und der Türkei. In: Arnd-Michael Nohl et al. (Hg.): Kulturelles Kapital in der Migration. Hochqualifizierte Einwanderer und Einwanderinnen auf dem Arbeitsmarkt. Wiesbaden: VS, S. 285-300.

Pusch, Barbara (2010c): Zur Verwertung ausländischen Wissens und Könnens auf dem türkischen Arbeitsmarkt. In: Arnd-Michael Nohl et al. (Hg.): Kulturelles Kapital in der Migration. Hochqualifizierte Einwanderer und Einwanderinnen auf dem Arbeitsmarkt. Wiesbaden: VS, S. 83-94.

Pusch, Barbara (2010d): Vom Tellerwäscher zum Millionär? Arbeitsmarktpartizipation von AusländerInnen in der Türkei. In: IMIS-Beiträge (36), S. 119-138.

Pusch, Barbara (2011): Irreguläre Migration in die Türkei: Facetten, Zahlen und Tendenzen. In: Barbara Pusch/Uğur Tekin (Hg.): Migration und Türkei. Neue Bewegungen am Rande der Europäischen Union. Würzburg: Ergon, S. 153-170.

Smith, Michael Peter/Guarnizo, Luis Eduardo (Hg.) (1999): Transnationalism from Below. New Brunswick/London: Translation.

Sofia R. Kasymova

Geschlechterspezifische Kindheiten im Kontext tadschikischer Arbeitsmigration nach Russland

Einführung

Tadschikistan ist ein Land der Kinder. Offiziellen Statistiken zufolge ist mehr als ein Drittel der Bevölkerung Tadschikistans[1] (35%) derzeit jünger als 15 Jahre.[2] Die durchschnittliche Anzahl von Kindern pro Familie liegt bei 4 bis 5. Gleichzeitig sind nach unterschiedlichen Schätzungen[3] 600.000 bis 800.000 tadschikische Bürger, wesentlich Männer, als Arbeitsmigranten im Ausland beschäftigt. Das sind ungefähr 10-12% der Gesamtbevölkerung des Landes.[4] In ländlichen Regionen verlässt in der Regel jeder dritte Mann jüngeren bis mittleren Alters das Land und überlässt seine Familie und damit seine Kinder über einen längeren Zeitraum sich selbst.

In Tadschikistan ist bereits eine Generation von Kindern aus Familien von Arbeitsmigranten herangewachsen. Viele tadschikische Migranten in Russland folgen den Pfaden ihrer Eltern, und mit hoher Wahrscheinlichkeit werden ihre Kinder wiederum die Kette der Arbeitsmigration fortsetzen. Migrationskindheiten sind in Tadschikistan kein neues Phänomen. Schon in vorsowjetischer Zeit zogen Männer/Familienoberhäupter aus den Bergregionen zum Geldverdienen in die urbanen Regionen (der Ebenen).[5] Allerdings unterscheidet sich die damalige von der heutigen Arbeitsmigration in vielen Punkten: *Erstens* erfasst die Arbeitsmigration heute ganze Regionen und viel breitere Schichten der tadschikischen Bevölkerung. *Zweitens* beeinflusst die heutige Arbeitsmigration ganz wesentlich die Le-

---

1   Demografičeskij ežegodnik Respubliki Tadžikistan. Agentstvo po statistike pri Prezidente Respublike Tadžikistan, Dušanbe, 2011, S. 80.

2   Nach dem Arbeitsgesetzbuch der Republik Tadschikistan (RT) beträgt das Mindestalter für die Erwerbsfähigkeit 15 Jahre, nach Art. 27 darf eine Person ab 15 Jahren einen Arbeitsvertrag abschließen (Trudovoj kodeks RT, Dušanbe »Irfon«, 2011, S. 12).

3   Angaben der Migrationsbehörde des Innenministeriums RT zufolge sind im Jahr 2008 mehr als 600.000 Menschen zum Arbeiten ins Ausland gereist, 16% davon waren Frauen. Nach Angaben der russischen Migrationsbehörde kamen 2010 5 Mio. Arbeitsmigranten ins Land, 800.000 hiervon waren Bürger Tadschikistans (Gazeta ASIA-PLUS Nr. 58, vom 17.11.2010).

4   Zum 1. Januar 2009 betrug die Bevölkerungszahl in der Republik Tadschikistan 7.373.800 (Ženščiny i mužčiny Respubliki Tadžikistan. Statističeskij sbornik, Dušanbe, 2010, S. 23).

5   Relativ weit verbreitet war die saisonale Arbeitsmigration unter Männern aus Bergregionen, im Wesentlichen aus den südlichen und zentralen Regionen des heutigen Tadschikistans (Karategin, Darvas, die Bergregionen von Kulob und Serafschan) in die dicht besiedelten urbanen Siedlungsgebiete der Ebenen (Fergana, Karschi, Samarkand, Buchara, Hisor; (Olimova S., Bosk I.: Trudovaja migracija iz Tadžikistana, Dušanbe, 2003, S. 5).

bensperspektive nicht nur der Migranten selbst, sondern auch diejenige ihrer Kinder, sowie möglicherweise auch deren Nachfahren. Darauf verweist unter anderem die Entstehung einer dauerhaften tadschikischen Diaspora im Ausland, vor allem in der Russischen Föderation. Das Leben in einem andersartigen kulturellen und sprachlichen Umfeld wirft die Frage nach Integration, Assimilation und Zugehörigkeit nicht nur der Migranten selbst, sondern auch ihrer Kinder mit Nachdruck auf. *Drittens* besteht das größte Unterscheidungsmerkmal zwischen frühen und gegenwärtigen Migrationsprozessen in Tadschikistan darin, dass sich auch Frauen – viele von ihnen sind Mütter – an der Arbeitsmigration beteiligen. Damit treffen die Auswirkungen der Arbeitsmigration unweigerlich die Kinder. Vor diesem Hintergrund stellt sich mir die Frage, wie sich die neuen familiären Migrationskontexte auf die Sozialisation von Kindern in Tadschikistan auswirken. Dabei gilt mein besonderes Augenmerk geschlechterspezifischen Aspekten.

Autorinnen und Autoren aus Ländern, die genau wie Tadschikistan in starkem Maße von internationaler Arbeitsmigration betroffen sind, behandeln Fragen der Sozialisation von Kindern im Kontext der Arbeitsmigration sehr intensiv.[6] In Tadschikistan gibt es dagegen meines Wissens zum gegenwärtigen Zeitpunkt keine einzige Arbeit, die sich dieser Thematik umfassend und systematisch annimmt. Mein Forschungsinteresse an dieser Thematik gründet auf der Annahme, dass die Sozialisation von Kindern eine wesentliche Grundlage für die Etablierung und Aufrechterhaltung der Geschlechter-Ordnung einer bestimmten Gesellschaft, Gemeinschaft, Kultur und Subkultur schafft. Zum Beispiel ist es ohne Berücksichtigung geschlechterspezifischer Sozialisationsmuster schwierig, zum Kern der Frage vorzustoßen, warum in Tadschikistan frühe Eheschließungen häufig bevorzugt werden, oder warum die Wahl des Bräutigams für die Tochter sowie der Braut für den Sohn bis heute in der Verantwortlichkeit der Eltern liegt. Es ist offensichtlich, dass Kinder im familiären Gefüge in Tadschikistan eine nachgeordnete Position einnehmen und es in vielerlei Hinsicht von den Eltern abhängt, mit welchen mentalen und qualifikatorischen Ressourcen Kinder in das Erwachsenenleben eintreten. Dieses Machtverhältnis ist von familiären Bedingungen gerahmt, die Bestandteil eines dauerhaften Zusammenlebens beider Generationen in einem Haushalt ist.

Was passiert dagegen in einer Familie, und v.a. was passiert mit den Kindern, wenn der Vater oder alternativ die Mutter migriert und längere Zeit abwesend ist?

Ich gehe davon aus, dass sich durch die längere Abwesenheit der Einfluss des migrierten Elternteils auf den kindlichen Erziehungsprozess – die Weitergabe von Wissen, moralischen Vorstellungen, geistigen Werten sowie von Erfahrungen der älteren an die jüngere Generation – unvermeidlich verändert. Zugleich begünstigt der verminderte Einfluss migrierter Elternteile, dass andere soziale Kontexte außerhalb von Familie und Verwandtschaft die kindliche Sozialisation stärker mitbestimmen. Im Ergebnis verliert die Familie ihre vorherrschende Stellung als Sozialisationsinstanz der Kinder; gleichzeitig nimmt der Einfluss anderer Sozialisationsfaktoren wie die Straße, formelle und informelle Gemeinschaften, darunter auch solche religiösen Charakters, zu.

---

6   Ljaljugene, I. Ju./Rupšene, L. A.: »Vlijanije trudovoj migracii roditelej na socializaciju podrostkov« / »Sociologičeskije issledovanija«, M.: 2008 Nr. 1 (285), S. 69-75 // Ob issledovanii detej migrantov, Quelle: http://demoscope.ru/weekly/2011/0469/gazeta017.php // ; Deti, ostavljennye pozadi (Children Left Behind), Quelle: http://www.deti.zp.ua/show_article.php?a_id=120004.

In meiner Untersuchung will ich diese Hypothese belegen und aufzeigen, wie sich dies in familiären Migrationskontexten in Tadschikistan vollzieht.[7]

Die empirische Grundlage für diese Arbeit bildet eine soziologische Untersuchung, die die Autorin in der Zeit von 2010 bis 2011 in verschiedenen ländlichen Regionen Tadschikistans durchgeführt hat.[8]

Zur Frage der Geschlechter-Sozialisation von Kindern in Tadschikistan

Im soziologischen Diskurs wird Sozialisation als der durch das Individuum zu leistende Prozess der Persönlichkeitsbildung definiert, als Aneignung von Werten, Normen, Einstellungen und Verhaltensmustern, die für eine bestimmte Gesellschaft oder eine soziale Gruppe[9] charakteristisch sind. Nach Anthony Giddens ist Sozialisation ein Prozess, in dessen Verlauf das am Anfang völlig hilflose Kleinkind sich über die Kontakte mit anderen Menschen schrittweise in ein sich seiner selbst bewusstes, vernünftiges Wesen verwandelt, das das Wesentliche der Kultur erfasst, in die es hinein geboren wurde. Die Sozialisation stellt dagegen keine »kulturelle Programmierung« dar, durch die das Kind passiv der Einwirkung äußerer, mit ihm in Kontakt tretender Faktoren ausgesetzt wäre.[10] Vielmehr ist Sozialisation ein Prozess, in dessen Verlauf das Kind sich die kulturellen Muster, Verhaltensnormen, Einstellungen, Stereotypen, Vorstellungen und Werte *aktiv* aneignet, die in einer bestimmten soziokulturellen und ethnischen Gemeinschaft gelten. Gleichzeitig ist dieser Prozess fortlaufend, d.h. er setzt sich im Laufe des ganzen Lebens eines Menschen fort. Wichtigste Etappe der Sozialisation ist die Kindheit, in der die grundlegenden Werte und Verhaltensweisen des Menschen angelegt werden.

Sozialisationsprozesse verlaufen nicht geschlechter-indifferent. Sie erfolgen differenziert nach Geschlecht und bewirken die Übernahme kulturell etablierter geschlechterspezifischer Verhaltensmuster, Normen und Werte und verfestigen bestehende Geschlechter-

---

7   Die Analyse des Untersuchungsmaterials zu Fragen der Arbeitsmigration sowie Veröffentlichungen in den Medien gestatten es, einige Varianten solcher Familien sowohl in der Heimat als auch in den Gastgeberländern herauszuheben. In der Heimat, d.h. in Tadschikistan, findet man zurzeit drei Varianten von Migrantenfamilien in Abhängigkeit davon, wer jeweils der Arbeitsmigrant ist – der Vater, die Mutter oder beide. Die erste Variante, in der also das Familienoberhaupt der Arbeitsmigrant ist, charakterisiert die am weitesten verbreitete Gruppe, insbesondere in den ländlichen Regionen. Die zweite Variante der Migrantenfamilie, die weniger weit verbreitet ist, findet man vorwiegend im urbanen Siedlungsraum: Hier ist es die Mutter, die im Ausland Geld verdient. Die dritte, noch weniger weit verbreitete Variante ist der Fall, wenn beide Elternteile als Arbeitsmigranten arbeiten, während die Kinder in die Obhut von Verwandten, zumeist von Großeltern, gegeben werden.

8   Insbesondere werden hier Daten aus sechs Befragungen von Kindern von Arbeitsmigranten – drei Mädchen (12, 15 und 16 J.) und drei Jungen (10, 15 und 17 J.) ausgewertet. Die Befragung aller Kindern wurde an deren ständigem Wohnort bzw. am vorübergehenden Wohnort im Kreise ihrer Angehörigen durchgeführt, von denen ebenfalls einige befragt worden sind. Mit eingeflossen in diese Arbeit sind auch die Ergebnisse aus 16 Befragungen von Frauen, die Erfahrung mit der Arbeitsmigration haben (26-58 J.), von denen ein Teil minderjährige Kinder hat.

9   Kratkij Slovar' po sociologii (Wörterbuch der Soziologie), M.: Infra-M, 2001, S. 174.

10 Giddens, A.: Sociologija, M.: Editorial URSS, 1999, S. 69.

Stereotype. Über Sozialisation werden damit auch gesellschaftliche Geschlechterverhältnisse konstruiert und fortlaufend reproduziert.[11]

Wie Kultur auch ist die Geschlechterordnung einer Gesellschaft nicht fix. Vielmehr unterliegt sie dem Einfluss innerer Faktoren und äußerer Rahmenbedingungen, die letztendlich zu qualitativen Veränderungen in ihrer Struktur führen. In der Region des heutigen Tadschikistans war es maßgeblich die sowjetische Modernisierungspolitik, die ab den 1920er-Jahren eine dynamische Veränderung des sozial-kulturellen Umfelds in allen Bereichen des gesellschaftlichen Lebens bewirkte. Ein wichtiges Anliegen der sowjetischen Eliten war die Schwächung und letztendlich Ablösung alter (bis zur Sowjetmacht in Zentralasien bestehender) ethnischer und religiöser Werte und Verhaltensnomen durch neue, sowjetische. Auf diese Weise sollte ein neuer Mensch, der »Sowjetmensch«, geschaffen werden. In der Praxis beschränkten sich die Erfolge der sowjetischen Modernisierungskampagne in Tadschikistan aber lediglich auf eine kleine Schicht der örtlichen Bevölkerung – im Wesentlichen auf die politische Elite und die sog. *Intelligenzija*, die kulturelle Elite. Beide waren in eine »sowjetische« Öffentlichkeit integriert und lebten primär im urbanen, multiethnischen Umfeld gemeinsam mit Vertretern der russischsprachigen Bevölkerung zusammen. Die Mehrheit der Bevölkerung Tadschikistans dagegen lebte in ländlichen Regionen, war weit weniger in den Modernisierungsprozess einbezogen und hat sich ihre ethnischen und religiösen Werte und Verhaltensnormen in hohem Maße bewahrt. Diesem »Traditionalismus«[12] geschuldet blieben das soziale Umfeld sowie die Sozialisationsbedingungen und -faktoren in den ländlichen Regionen Tadschikistans bis zum Ende der Sowjetära weitestgehend unverändert und zementierten ein Grundmodell der Geschlechter-Sozialisation von Kindern, das bis heute in ländlichen Regionen, aber auch in städtischen Kontexten anzutreffen ist. Dieses »klassische Modell« werde ich im Folgenden umreißen.

Das »klassische Modell« der Geschlechtersozialisation

Die vorsowjetische Epoche

In der vorsowjetischen Epoche war die Großfamilie (ein Mehrgenerationenhaushalt) die zentrale Sozialisationsinstanz. Entsprechend bildete sie auch jenen sozialen Raum, in dem sich die Kinder über die Interaktionen mit ihrer Umwelt sehr früh ihrer geschlechtlichen Identität bewusst wurden und die Normen und Werte einer streng patriarchalisch geprägten Gesellschaft verinnerlichten. Maßgeblich dazu beigetragen hat die unterschiedliche emotionale Zuwendung der Eltern gegenüber ihren Söhnen und Töchtern: Während Väter gerne ihre emotionale Verbundenheit mit ihren Söhnen zeigten, mit ihnen spielten usw., war die Vater-Tochterbeziehung stark von Distanz geprägt und zementierte ein geschlechterspezifisches Autoritätsverhältnis, das auf Respekt oder gar Furcht aufseiten des Kindes gründete.

---

11 Tezaurus terminologii gendernyh issledovanij, M.: Vostok-Zapad: Ženskije innovacionnye projekty; Denisova, A. A., 2003.
12 Poljakov, S. P.: Tradicionalizm v sovremennom sredneaziatskom obščestve, M.: 1989.

Mütter bemühten sich, über die frühe Einbindung ihrer Töchter in die häuslichen Aufgabenbereiche, diese zu Selbstständigkeit und Gehorsam zu erziehen: Ab fünf, sechs Jahren passten die älteren Mädchen der Familie auf die kleinen Geschwister auf, sie wurden bei Haushaltsfragen und Familienproblemen hinzugezogen, und mussten ihren Müttern im Haushalt zur Hand gehen. So lernten Töchter von frühester Kindheit an, Einschränkungen beim Essen, Schlafen und anderen individuellen Bedürfnissen hinzunehmen, während Söhne als zukünftige Familienoberhäupter in ihren Launen und Forderungen toleriert, ja gar ermuntert wurden. Zentrale Akteure dieser Erziehungstaktiken waren primär die Frauen der älteren Generationen – Mütter und Großmütter. Ihnen oblag es, die Mädchen im Haushalt auf ihre zukünftige Rolle als gute Schwiegertochter und Ehefrau auf dem Hof der Familie des Ehemannes vorzubereiten. Gerade für Mädchen galt es, durch bescheidenes, duldsames und gehorsames Auftreten gegenüber Erwachsenen den guten Ruf der Tochter zu demonstrieren und zugleich zu schützen. Der gute Ruf eines Mädchens – das war das Kapital, das ihren Wert in der Familie und in der Gemeinschaft definiert hat. Der Begriff des »guten Rufs« (tadsch. *nomi kek*) beinhaltete nicht nur die Bewahrung der Jungfräulichkeit bis zur Ehe, sondern auch Elemente wie Schamhaftigkeit und Bescheidenheit (*sharmu hayo*) in allen Belangen (in der Kleidung, der Art, mit der Umgebung zu sprechen, nicht auszugehen und sich nicht mit fremden Männern in der Öffentlichkeit zu zeigen; vgl. dazu auch Stephan in diesem Band). Alle Mobilitäten der Mädchen, alle Kontakte mit ihrer Umgebung waren – nicht nur seitens der Familie, sondern auch der weiteren Verwandtschaft und Dorfgemeinschaft – einer strengen Kontrolle unterworfen. Anders dagegen bei Jungen: Sie wurden zu Aktivität und Selbstverteidigung ermuntert und vergrößerten schon in frühen Jahren ihren Mobilitätsradius gegenüber dem der Mädchen um ein Beträchtliches.

In der vorsowjetischen Epoche war auch die religiöse Erziehung der Kinder ein wichtiges Element der Sozialisation. Religiöse Erziehung stützte sich im Wesentlichen auf die Prinzipien der islamischen Ethik und die Verhaltensnormen des islamischen Rechts, der Scharia. Die Erziehung des »unwissenden« (*jahil*) Kindes zu einem wahrhaftigen Moslem galt als heilige Pflicht der Eltern. Bildungseinrichtungen wie die Koranschule (*maktab*) oder die Medrese (*madrasa*) ergänzten die religiösen Erziehungsbemühungen in der Familie und trugen zugleich auch maßgeblich zu einer geschlechterspezifischen Sozialisation des Kindes bei. Bildungsinstitutionen waren allerdings, da sie primär in urbanen Zentren etabliert waren, nicht allen Kindern zugänglich. Eine Ausnahme bildet die Region Karategin im Nordosten Tadschikistans, wo lokale islamische Autoritäten (*domullo, eshon*) private religiöse Schulen betrieben.

Letztendlich hatte die familiäre Sozialisation und religiöse Erziehung der Kinder in der vorsowjetischen patriarchalischen tadschikischen Gesellschaft zwei Ziele: *Erstens* galt es, normative Männlichkeit bei Jungen auszuprägen und sie auf ihre zukünftige Rolle als Ernährer, Beschützer und Familienoberhaupt vorzubereiten. *Zweitens* diente die Vermittlung normativer Weiblichkeit bei Mädchen dazu, sie in ihre Rolle als zukünftige Mutter, Hausfrau und Schwiegertochter einzuführen.

Die sowjetische und die postsowjetische Epoche

Im Zuge der sowjetischen Modernisierungskampagne bildeten sich maßgeblich in den Städten neue Sozialisationsinstanzen heraus: ein öffentliches Erziehungs- und Bildungssystem, Massenmedien, das Arbeitskollektiv und die Straße. Dabei fiel den sowjetischen Erziehungs- und Bildungsinstitutionen (Vorschuleinrichtungen, die Mittelschule, die für alle Pflicht war, Hochschulen) eine immer größere Rolle bei der Sozialisation von Kindern zu. Zwar blieb die Familie nach wie vor die zentrale Sozialisationsinstanz, definierte aber nicht mehr ausschließlich die soziale Stellung sowie den Lebensweg des einzelnen Individuums. Vor allem der Eintritt tadschikischer Frauen in die öffentliche Sphäre durch ihren Zugang zu Bildung und Lohnerwerbsarbeit, aber auch das gestiegene Bildungsniveau sowie das Auftauchen modernisierter formeller und informeller Regeln der sozialen Kommunikation und die Begegnung der Geschlechter im neu geschaffenen öffentlichen Raum (im Arbeitskollektiv, im öffentlichen Nahverkehr usw.) bewirkten eine graduelle Abschwächung intrafamiliärer Beziehungsgefüge, wie sie traditionell im Prozess der Geschlechtersozialisation entstanden sind. Besonders in gebildeten, urbanen Familien (Vertreter der sog. *Intelligenzija),* die den sowjetischen Modernisierungszielen entsprechend oft in Kernfamilien lebten, wurde die strenge Differenzierung im Verhältnis zwischen den Söhnen und den Töchtern aufgehoben und Kindern seitens der Eltern gewisse Rechte z.b. auf Partizipation an familiären Entscheidungen oder bei der Wahl der Lebensstrategie zugeschrieben. Zudem nahm die starke Kontrolle der Älteren über die Jüngeren graduell ab.

Das Ende der Sowjetära, die damit einhergehenden postsozialistischen Umwälzungen und vor allem die Einbindung der Bewohner Tadschikistans in globale Wirtschaftszusammenhänge bewirkten gravierende sozioökonomische Veränderungen und Unsicherheiten. In der Folge können heute viele urbane und ländliche Familien ihre traditionelle Sozialisationsfunktion nicht mehr erfüllen, und es gewinnen die Straße sowie verschiedene formelle und informelle Gruppen zunehmend an Einfluss. Dazu trägt die Arbeitsmigration vieler Tadschiken ins Ausland in erheblichem Umfang bei. Sie führt, wie ich behaupte und im Folgenden zeigen möchte, wegen der gestiegenen Anzahl abwesender Eltern(teile) insgesamt zu einer Schwächung des familiären Einflusses auf die kindliche Geschlechtersozialisation.

Faridun: Wenn der Vater abwesend ist

Ich bin mir nicht sicher, wie gut sich tadschikische Schulkinder, insbesondere aus ländlichen Regionen, im Schulfach Geografie auskennen. Aber dass sie Russland kennen, ist gewiss, und zwar deshalb, weil »Papa in Russland ist«, »Papa diese Jacke aus Russland mitgebracht hat«, »Papa aus Russland angerufen hat«, »Papa Geld aus Russland geschickt hat«, »Papa in Russland geheiratet hat«, »Papa in Russland umgebracht worden ist« usw. Diese Aussagen decken sich weitestgehend mit empirischen Daten, die zeigen, dass Kinder in Tadschikistan heute zeitweilig oder auf Dauer ohne Vater aufwachsen. Das heutige Tadschikistan als vaterlose Gesellschaft? Den Ergebnissen einer in den Bezirken Kulob und Hisor durchgeführten Untersuchung zufolge waren zum Zeitpunkt der Interviews in jeder zweiten Familie ein, zwei oder drei Familienmitglieder abwesend. Ohne Ausnahme waren dies volljährige Männer, die in der Mehrzahl der Fälle temporär oder dauerhaft in Russland arbeiten. Seltener befinden sie sich in einer Ausbildung oder dienen in der Armee außerhalb ihres Wohn- oder Verwaltungsbezirks. So waren bei der Hälfte der 116 befragten Frauen der älteren Generation die Söhne und bei der Hälfte der 116 befragten jungen Frauen die Ehemänner Arbeitsmigranten in Russland.[13]

Die litauischen Forscher Ljaljugene und Rupšene haben gezeigt, dass es im Falle der längeren Abwesenheit des Vaters oder der Mutter zu einer Krise in der Familie kommt, als deren Ergebnis Störungen in der Familie als funktionaler Einheit unausweichlich sind. Die lange Trennung von den Eltern (oder von einem Elternteil) ist ein Umstand, der die zuvor funktionierenden familiären Prozesse, darunter maßgeblich die Sozialisation, beeinträchtigt.[14] Dieser funktionalistische Zugang wirft eine Reihe von Fragen auf, vor allem die nach der Adaptation von Mädchen und Jungen an die neuen sozio-psychischen Umstände. Wie leben Kinder in einer Situation der längeren Abwesenheit des Vaters? Der Vater ist schließlich die Hauptfigur in der traditionellen patriarchalischen Familie; er tritt als (a) Ernährer, (b) als Personifikation von Macht und höchste Disziplinarinstanz und (c) als Nachahmungsbeispiel für seine Söhne in Erscheinung.[15] Wie verändern sich kindliche Lebenswelten, wenn die Hauptperson der Familie, der Vater, weit weg ist von zu Hause? Wer übt an seiner Stelle die Kontrolle über die Kinder aus? Wie verändert sich dabei das bestehende (gewohnte) Modell der gegenseitigen Beziehung zwischen Vater und Kindern in der Familie?

Die Tatsache, dass viele Kinder zeitweilig oder auf Dauer vom Vater getrennt leben und aufwachsen, bedeutet keineswegs, dass sie allein bzw. nur mit der Mutter zurückbleiben. Nach dem Weggang des Vaters bleiben tadschikische Kinder in einer Umgebung zahlreicher Verwandter zurück (vgl. dazu auch Heintz in diesem Band): Außer der Mutter, dem Bruder/den Brüdern und/oder der Schwester/den Schwestern sind das in der Regel der Großvater und die Großmutter, die Tante/n, Onkel, Cousins und Cousinen. Dies ist vor allem in ländlichen Regionen zu beobachten, in denen komplexe Großfamilien bis heute in der Mehrzahl sind.[16] Mindestens zwei, drei verwandte Familien teilen miteinander einen Haushalt. Solche Haushalte bestehen aus einem Ehepaar der älteren Generation, deren Söhnen mit ihren Ehefrauen, ihren unverheirateten Söhnen und Töchtern sowie den Enkelkindern. Die komplexe Struktur der Großfamilie bestimmt wiederum das intrafamiläre Beziehungsgefüge ihrer Mitglieder, das patriarchalisch definiert und nach dem Senioritätsprinzip geordnet ist: die Jüngeren ordnen sich den Älteren unter, die Frauen den Männern.

---

13 Kasymova: Pravovaja gramotnost' mužčin i ženščin v kontekste semejnogo zakonodatel'stva Respubliki Tadžikistan i musul'manskogo prava Šariat. Issledovatl'skij otčet po materijalam issledovanija, provedennogo v rajonach Kuloba i Hisora, Dušanbe, 2011, S. 20.

14 Ljaljugene, I. Ju.; Rupšene, L. A.: Vlijanije trudovoj migracii roditelej na socializaciju podrostkov / Sociologičeskie issledovanija, M.: 2008 g. Nr. 1 (285), S. 70.

15 Kon, I. S.: Sovremennoe otcovstvo, Quelle: http://sexology.narod.ru/book15_5_7.html.

16 Im Durchschnitt leben mindestens 10 Personen ständig in einer Familie. Zurzeit gibt es keine statistischen Angaben über das zahlenmäßige Verhältnis der Familien in Tadschikistan. Diese Berechnung wurde am Beispiel eines Kischlaks (Dorf, Anm. d. Übers.) angestellt. Die Bevölkerung des Kischlaks *Langar jamoata Dehkonobod*, im Bezirk Hisor, beträgt 4.159 Personen, die Anzahl der Haushalte (Familien) 391, die durchschnittliche Familiengröße beträgt somit 10,6 Personen (Pravovaja gramotnost' mužčin i ženščin v kontekste semejnogo zakonodatel'stva Respublikt Tadžikistan i musul'manskogo prava Šariat. Issledovatl'skij otčet po materijalam issledovanija, provedennogo v rajonach Kuloba i Hisora, Dušanbe, 2011, S. 20).

Wie diese hierarchischen gegenseitigen Beziehungen zwischen den Erwachsenen und den Kindern, zwischen den Frauen und Männern in Familien von Arbeitsmigranten in der Praxis umgesetzt werden, sehen wir im Folgenden am Beispiel von Faridun. Er ist ein 13-jähriger Junge, aufgewachsen auf dem Land, und stammt aus einer Familie,[17] in der die traditionellen, patriarchalisch geprägten Geschlechterverhältnisse weitgehend erhalten geblieben sind. Fariduns Familie verkörpert einen Familientyp, wie er in ländlichen Regionen Tadschikistans, insbesondere in den südlich-zentralen Teilen des Landes (Kulob, Hisor, Karategin, un den Bergregionen Serafschans) überwiegend anzutreffen ist.

Faridun lebt in einer Großfamilie, die vom Großvater väterlicherseits vertreten wird. Faridun ist das älteste Kind seiner Eltern und hat noch zwei kleine Schwestern und einen kleinen Bruder. Er lebt zusammen mit seiner Großmutter (der Mutter seines Vaters), einer unverheirateten Tante (der jüngeren Schwester seines Vaters) und einem unverheirateten Onkel (dem jüngeren Bruder seines Vaters). Fariduns Mutter ist Hausfrau. Der Vater fährt jedes Jahr für 9-10 Monate nach Russland, um Geld zu verdienen, und kommt nur in der Winterzeit nach Hause zurück. Als ich Faridun danach frage, wie er zu den langen Abwesenheiten seines Vaters steht, verweist er darauf, sich daran gewöhnt zu haben. Er reagiert dabei gelassen, ohne starke Emotionen. Möglich, dass er seinen Vater nicht allzu sehr vermisst. Außerdem ist Fariduns Familiensituation heute in Tadschikistan kein Einzelfall. Viele Väter seiner Schulfreunde und Nachbarsjungen sind ebenfalls Arbeitsmigranten und überwiegend abwesend.»Nein, ich sehne mich nicht nach meinem Vater, wozu auch, ich weiß ja, dass er bald kommt ...«.

Ein weiterer Grund für Fariduns Haltung mag sein, dass die väterliche Abwesenheit kaum die gewohnten Abläufe in der Familie verändert. Auch früher, als der Vater noch nicht von zu Hause wegfuhr, befassten sich in der Großfamilie alle, die älter als Faridun selbst waren, mit seiner Erziehung. Ihn zurechtweisen, ihm etwas verbieten oder erlauben durften nicht nur Opa, Oma und die Mutter, sondern auch die anderen älteren Familienmitglieder. Aus dem Interview mit Fariduns Großmutter, einer Hausfrau, 63 Jahre alt:

»Sie sehen selbst, im Kischlak (Dorf) gibt es viel zu tun, auf die Kuh aufpassen, dann der Gemüsegarten, da gibt es viel Arbeit, das Reisig muss gesammelt werden, um das Fladenbrot zu backen, und das backen wir an ein, zwei Tagen, die Familie ist ja groß. Wer soll das alles machen, wenn die Kinder nicht mithelfen«.

Faridun kann nicht sagen, ob seine Arbeitsbelastung mit der Abwesenheit des Vaters zugenommen hat. Seine Mutter meint, dass der Junge die Einkäufe im Dorfladen macht, was früher die Aufgabe des Vaters war. Die anderen Pflichten, die er zu verrichten hat, sind die, die für einen Jungen seines Alters in dieser Gegend üblich sind.

Faridun kennt seine Arbeitspflichten in der Familie und bemüht sich auch, sie zu erfüllen. Aber den Erzählungen der Mutter und Großmutter zufolge versucht er in letzter Zeit, immer mehr Zeit auf der Straße, in der Schule und mit Freunden zu verbringen. Aus dem Interview mit Fariduns Großmutter:

---

17   Das Material stammt aus Feldstudien, die im Kulobsker Bezirk des Gebiets Khatlon im Mai 2011 durchgeführt worden sind.

»Gut, dass es diese Telefone (Mobiltelefone – S. K.) gibt. Er ist nie zu Hause! Mal ist er in der Schule, mal ist er ins Bezirkszentrum mit seinen Freunden gefahren – na, und dann, such ihn mal. Einmal ist er sogar einfach nach Duschanbe zu seiner Tante zu Besuch gefahren«.

Abends geht Faridun in die örtliche Moschee. Er verrichtet dort gemeinsam mit den erwachsenen Männern die Abendgebete und hört sich die Predigten des »Domullo«,[18] des Imams der Moschee, an. Die Männer in der Dorfmoschee fördern Fariduns Moscheebesuche. Ihrer Meinung nach ist das besser als sich mit irgendwelchen »schlechten Dingen« zu beschäftigen. Trotz der zunehmend restriktiven Säkularisierungsagenda des tadschikischen Staates gegenüber den Funktionen islamischer Institutionen sind gerade in ländlichen Gegenden Moscheen heute nach wie vor mehr als nur eine religiöse Stätte.[19] Neben Räumen für Gottesdienste stellt die Moschee den zentralen Kommunikationsort des Dorfes dar. Die Männer reden dort miteinander, sie tauschen Neuigkeiten aus, diskutieren über allgemeine Probleme und suchen nach Lösungen für diese. Auch Geschlechterfragen führen die Liste der »aktuellen Gespräche« der Moscheenbesucher an. Gegenstand von Diskussionen und nicht selten Kritik ist bisweilen auch das Äußere und das Verhalten von Mädchen oder Frauen aus dem Dorf oder aus einem benachbarten Dorf. Es kommt vor, dass am Beispiel einer populären Sängerin oder Tänzerin Geschlechterfragen verhandelt und Wertungen vorgenommen werden – was daran »gut« bzw. »schlecht« sei. Im Falle Fariduns übernimmt die Moschee somit einen Teil der Geschlechtererziehung des Jungen. Aus einem Interview mit Faridun: »Der Domullo sagt, ehrt Eure Eltern, vor allem den Vater, raucht nicht, trinkt keinen Wodka, treibt Euch nicht mit schlechten Mädchen herum, das ist ›Harom‹«.[20]

Die erworbenen Kenntnisse darüber, was »gut« und was »schlecht« ist, wendet Faridun bei der Erziehung seiner jüngeren Schwestern (8 und 11 Jahre) an. Mit dem Recht des ältesten Mannes in seiner Kernfamilie hat Faridun an seines Vaters Stelle begonnen, das Verhalten seiner Schwestern zu kontrollieren. Diese Kontrolle äußert sich in kritischen Bemerkungen in Bezug auf deren Äußeres (ihre Kleidung, Frisur), ihr Verhalten, einschließlich ihrer Mobilität und ihres persönlichen Bewegungsraumes. In Fariduns Verhalten gegenüber seinen Schwestern zeigt sich klar der (in-)direkte Einfluss religiöser Institutionen auf die Geschlechtersozialisation von Kindern. In Tadschikistan gibt es heute im ländlichen Raum mehr Moscheen als staatliche Schulen,[21] und der Besuch der Moschee ist im Zuge des religiösen Aufschwungs im Land für viele männliche Muslime zur alltäglichen Pflicht und Praxis geworden und ist zugleich auch Ausdruck der Zugehörigkeit zur männlichen Gesellschaft.

---

18 *Domullo* – eine in Tadschikistan übliche Ehrenanrede für religiöse Autoritäten.
19 In entlegenen ländlichen Regionen werden in den Moscheen häufig Treffen zwischen der Lokalbevölkerung und Vertretern der Regierungsbehörden oder internationaler/gesellschaftlicher Organisationen organisiert oder es finden Bildungsveranstaltungen wie Seminare oder Trainings statt. Dennoch dient die Moschee in erster Linie als Ort für Gebete und andere muslimische Riten.
20 »Harom« – Innerhalb der islamischen Ethik das Verbot einer bestimmten Handlung kennzeichnend.
21 In Tadschikistan gibt es laut Aussage des stellvertretenden Leiters des Regierungskomitees für Religionsfragen, Mavlon Muchtorov, im Moment 3.882 Religionsgemeinschaften. Dazu zählen 74 nicht-islamische Religionsgemeinschaften. Es gibt 3.424 Moscheen, in denen 5-mal am Tag das Gebet gesprochen wird, 344 Versammlungsmoscheen und 40 zentrale Versammlungsmoscheen. In Tadschikistan hat die Zahl der Moscheen die der Schulen überholt (Interfaks-Religija Internetadresse: http://www.interfax-religion.ru/?act=news&div=44256).

Die höheren disziplinierenden Aufgaben in Bezug auf Faridun und die anderen Kinder der Familie erfüllt faktisch (in der Zeit der Abwesenheit des Sohnes) und symbolisch das Familienoberhaupt – Faridun Großvater (68 Jahre). In vielen traditionell geprägten Familien gründet die Autorität der Erwachsenen auf Bestrafung und Gewalt. Und Faridun, fürchtet er sich vor seinem Großvater? »Ja, ich habe Angst, aber ich weiß, dass er nichts tun kann, nur den Vater anrufen und ihm erzählen, dass ich nicht gehorche, und mein Vater wird dann mit mir schimpfen«. Vielmehr fürchtet Faridun die Strafe des Vaters. Jedoch sind es nicht die Schläge, die er fürchtet, denn er wurde noch nie von seinem Vater geschlagen. Vielmehr hat Faridun Angst, der Vater könne ihm aus Strafe ein versprochenes Geschenk vorenthalten.

> »Wenn Vater anruft, fragt er mich, ob ich dem Großvater gehorche. Ich sage, ja, aber er glaubt mir nicht und fragt beim Großvater nach. Wenn sich Opa über mich beschwert, dann schimpft er natürlich mit mir und sagt, dass er mir nichts mitbringen wird, wenn er nach Hause kommt«.

Faridun Äußerungen verweisen auf einen sich vollziehenden Wandel in den Erziehungspraktiken von Familien mit Migrationshintergrund: Formen der physischen bzw. psychischen Bestrafung werden durch ökonomische Beeinflussung ersetzt. Auf diese Weise ist es abwesenden Elternteilen möglich, auch aus der Ferne auf die Erziehung ihrer Kinder einzuwirken.

Eine Ökonomisierung familiärer Beziehungsgefüge über regelmäßige Geldtransfers an die zurückgebliebene Familie zeichnet sich auch im Verhältnis des Großvaters zur Familie des migrierten Sohnes ab: Der Vater schickt Faridun Großvater regelmäßig Geld, welches dieser auf die gesamte Familiengemeinschaft verteilt. Die überwiesene Geldsumme ist ausreichend, um neben der Ernährung alle anderen notwendigen Ausgaben abzudecken. Faridun Vater ist also der Haupternährer, und von ihm hängt in vielerlei Hinsicht das Wohlergehen der ganzen Großfamilie ab. Dies erklärt mit Sicherheit auch die erhöhte Aufmerksamkeit und das Wohlwollen seitens des Großvaters und anderer Verwandter gegenüber Faridun, seinen schulischen Leistungen, seiner Kleidung, Ernährung usw. Über die regelmäßigen Geldtransfers sichert sich der Vater aus der Ferne ab, dass sein Sohn auch in seiner Abwesenheit behütet und erzogen wird. Mein eigenes Material zeigt, dass diese Ökonomisierung familiärer Beziehungen mit erheblichen Konflikten verbunden sein kann.[22] Nicht selten liefern die Geldtransfers von Arbeitsmigranten in Russland nach Hause[23] Stoff für Konflikte zwischen den Eltern der Migranten einerseits und dem Ehepartner andererseits. In den meisten Fällen schickt der Arbeitsmigrant, wie in Faridun Familie, das Geld an den Familienältesten. Den patriarchalisch und nach dem Senioritätsprinzip definierten familiären Beziehungen folgend, ist das in der Regel der eigene Vater oder auch die eigene Mutter. Aus dem Interview mit Niso, 32 Jahre, der Frau eines Arbeitsmigranten:

---

22   Material aus 16 biografischen Interviews mit tadschikischen Frauen mit Arbeitsmigrationserfahrung in Russland, Material aus 4 Fokusgruppendiskussionen mit Frauen – Ehefrauen und Müttern von Arbeitsmigranten (Schahrtuz, Vose', Khudschand) u.a.

23   In Tadschikistan sind die offiziell registrierten Geldüberweisungen von 146 Mio. USD im Jahre 2003 auf 260 Mio. USD im Jahre 2004 gestiegen, was 12% des tadschikischen Bruttoinlandsprodukts beträgt (Internationale Konferenz »Ekonomičeskaja dinamika denežnych perevodov trudovych migrantov v Tadžikistane«. 25.-26.1. 2006, Dušanbe, Tadžikistan, S. 5).

»Mein Mann kam fast zwei Jahre lang überhaupt nicht mehr zurück, wenn ich ihn anrufe, sagt er, dass er das Geld mit der Post geschickt hat. Ich gehe zur Post und dort sagt man mir, dass meine Schwägerin das Geld schon bekommen hat, ich frage bei ihr nach, sie sagt, sie hat es dafür und dafür und dafür ausgegeben ... Ich weiß nicht, wofür sie es ausgegeben hat, aber wir leben in Armut, ich kann meinen Kindern nicht mal ein Kilo Konfekt kaufen, nicht mal ein paar Socken kann ich ihnen kaufen. Wie oft habe ich mit meinem Mann schon darüber gesprochen, aber er will seine Mutter nicht beleidigen«.

Es kommt auch vor, dass Arbeitsmigranten ihrer Familie in Tadschikistan kein Geld schicken können oder wollen. Die Folgen all dieser Konflikte um das Geld wirken sich unmittelbar auf die Stellung der Kinder in der Familie aus, wie auch in unserem Fall bei Faridun. Seine Kindheit kann durchaus als glücklich bezeichnet werden – vor allem vor dem Hintergrund vieler anderer Kindheitsverläufe in Tadschikistan, die in diversen Medien zur Illustration der negativen Folgen von Arbeitsmigration herangezogen werden.

Kinderarbeit, frühes Erwachsenwerden oder »schlechte Kindheit«?

Eine gängige Lesart in elektronischen Nachrichtenmedien, ausländischen Berichterstattungen sowie tadschikischen Nicht-Regierungs-Printmedien[24] ist, dass Kinder von Arbeitsmigranten im Fall einer längeren Abwesenheit eines Elternteils eine umfassende Verschlechterung ihrer Lebenssituation erfahren. Dabei wird die »schlechte Situation« zurückgelassener Kinder nicht nur auf von Migration betroffene Familien projiziert, sondern auf die gesamte tadschikische Gesellschaft. Dieser pessimistische Ansatz zieht sich zugleich durch die gesamte Behandlung des Phänomens Arbeitsmigration in den elektronischen und Printmedien. Dazu ein Beispiel:

»Der Junge aus Duschanbe weiß mit seinen 15 (Jahren – S. K.) nicht nur vom Hörensagen, was Arbeit ist ... schon drei Jahre hintereinander arbeitet er nach der Schule auf dem Markt. Die verdienten Krümel (Geld – S.K.) gibt er der Mutter. Der Vater des Jungen ist im Ausland, unterstützt die Familie aber schon seit einigen Jahren nicht mehr«.[25]
»»Wenn ich einen Vater hätte, wäre ich nicht in dieser Lage‹, sagt Mavljuda unter Tränen. Sie ist 15 Jahre alt, sieht aber aus wie eine Fünftklässlerin. Nach Aussage des behandelnden Arztes hat sie Anämie und ist körperlich unterentwickelt. Sie bekommt ganz einfach nicht genug zu essen. Ihr Vater ist vor 12 Jahren ins Ausland gegangen, um Geld zu verdienen ... Er lebt, ist gesund, hat eine neue Familie und die erste völlig vergessen«.[26]

Eines der wichtigsten medial geführten Argumente für die Verschlechterung der Lebenssituation von Kindern, deren Eltern in der Migration leben, ist der Umstand, dass die Anzahl der Kinder, die für sich und ihre Familien Geld verdienen, deutlich gestiegen ist. Ein Blick auf öffentliche Plätze wie Märkte, Restaurants usw. bestätigt dies: 9- bis 12-jährige Jungen bieten auf Märkten ihre Hilfe beim Tragen der Einkäufe an, verkaufen Plastiktüten, Gewür-

---

24 Ich denke hier an Internetseiten wie *Central Asia Online*, Berichte von in Tadschikistan tätigen Internationalen Organisationenb zwischen lokalen NGOs oder an tadschikische oder russische Tages- und Wochenzeitungen.
25 Kormylcy ponevole: detskij trud v Tadžikistane (http://www.dw-world.de/dw/article/0,,15123562,00.html).
26 Žizn' v ožidanii. Kak živut ženy i deti trudovych migrantov v tadžikskoj glubinke? (http://www.kginfo.ru /index.php?option=com_content&task=view&id=738&Itemid=1).

ze, Getränke usw. Jungen und Mädchen mit Tabletts voller Piroggen oder Teegläser laufen über den Markt und preisen alleine oder in der Gruppe ihre Waren zum Kauf an. Üblich ist es auch, dass Kinder ihren Eltern auf dem Markt zur Hand gehen und helfen, die eigenen Gartenprodukte zu verkaufen. Am Straßenrand kann man 13- bis 16-jährige Jungen beobachten, wie sie Autos waschen oder als Handlanger in Lagern an großen Handelspunkten arbeiten. Die Arbeitsbedingungen für diese Minderjährigen werden als schwer und nicht ihrem Alter entsprechend geschildert.[27] Offizielle, vom Staat in Auftrag gegebene Analysen indes zeigen, dass es sich bei diesen Kindern nicht primär um Kinder aus Migrantenfamilien handelt. Vielmehr umfasst das Phänomen der zunehmenden Kinderarbeit aktuelle Entwicklungen in Tadschikistan, die weit über Arbeitsmigration hinausreichen: So finden sich unter den oben beschriebenen arbeitenden Kindern primär solche aus (1) Flüchtlingsfamilien, darunter auch Inlandsflüchtlinge, die im Bürgerkrieg ihr Zuhause verloren haben; (2) Familien, in denen die Mutter das Familienoberhaupt ist; (3) Familien von Arbeitsmigranten, deren Vater gerade im Ausland ist; (4) kinderreichen Familien; (5) Familien, die Rentner und Invaliden zu versorgen haben; (6) Familien mit niedrigem Einkommen; (7) Familien, bei denen die Eltern einen niedrigen Bildungsstand haben und die Mutter Hausfrau ist.[28]

Wie wir sehen, gibt es arbeitende Kinder nicht nur in den Familien von Arbeitsmigranten. Allerdings ist es mangels zuverlässiger Quellen nicht möglich, deren Anteil an der Gesamtzahl arbeitender Kinder festzustellen. Der Einsatz von Kinderarbeit war im Übrigen schon in vorsowjetischer, aber auch in sowjetischer Zeit weit verbreitet; und zwar sowohl innerhalb der Familie als auch im Rahmen der sowjetischen Erziehung, wie sie über Schulen und außerschulische Kinder- und Jugendorganisationen (z.B. Komsomol) organisiert wurde. Die frühe Integration von Kindern in erwachsene Arbeitsabläufe war einer der wichtigsten Bestandteile kindlicher Sozialisation in der tadschikischen, ja in der mittelasiatischen Gesellschaft überhaupt. Im gesellschaftlichen Bewusstsein wurde die Erziehung von Kindern zur Arbeit als eine »gute Volkstradition« angesehen.[29] Bis in die spätsowjetische Zeit hinein mussten sich Kinder über die Erfüllung täglicher Arbeitspflichten im Haus hinaus auf Baumwollfeldern oder beim Bau von Bewässerungskanälen betätigen, in vielen Fällen anstelle ihrer Eltern oder aufgrund staatlicher Direktiven in Schulen, Kinder- und Jugendorganisationen. Außerhalb der Familie hat der Staat in Gestalt der Landschule Kinderarbeit eingesetzt. Während der Baumwollernte blieben nahezu alle Schulen auf dem Land geschlossen, da ab der 4. oder 5. Klasse die Teilnahme der Schüler an der Baumwollernte Pflicht war.[30]

Vergleicht man die Kinderarbeit als soziales Phänomen und als ein Element der Sozialisation von Kindern über die Epochen hinweg und untersucht insbesondere die Kinderarbeit in der spätsowjetischen Epoche und und der postsowjetischen Ära, lassen sich einige signifikante Unterschiede in Bezug auf die Motivation von Kindern, sich in für Erwachsene übliche Arbeitsabläufe zu integrieren, feststellen. Viele Kinder sind heute motiviert, einer

---

27   Al'ternativnyj doklad o chode vypolnenija Respublikoj Tadžikistan Meždunarodnogo Pakta ob ekonomičeskich, social'nych i kul'turnych pravach, Dušanbe 2006, S. 21.
28   Ebenda, S. 34.
29   Poljakov, S. P.: Tradicionalizm v sovremennom sredneaziatskom obščestve, M.: 1989, S. 43.
30   Ebenda.

Arbeit in der Gesellschaft nachzugehen, denn dadurch sichern sie sich, anders als in der Generation ihrer Eltern, die ihre Kindheit in der Sowjetzeit verlebten, die Möglichkeit, für ihre Tätigkeiten entlohnt zu werden. Ein weiteres Unterscheidungsmerkmal ist die Tatsache, dass Kinder nicht nur für den Fall Geld verdienen, dass ihre Familie sich in besonderer Not befindet, weil der Verdienst ihrer Eltern nicht einmal für die minimale Ernährung und Erfüllung der Grundbedürfnisse ausreicht. Vielmehr arbeiten sie heute auch für sich selbst. Gerade die Möglichkeit, Geld für sich und die eigenen Bedürfnisse zu verdienen, impliziert eine gewisse Freiwilligkeit. Aus einem Interview mit Akmal, 15 Jahre, dessen Vater Arbeitsmigrant ist und seiner Familie regelmäßig Geld schickt:

»Schon zwei Jahre lang kleide ich mich selbst ein, ich bitte um nichts bei meinen Eltern, hab mir einen guten Player gekauft und ein Mobiltelefon. Vater und Mutter waren zuerst dagegen, dass ich arbeite, dass ich Autos wasche. Aber seit sie sehen, dass es etwas einbringt, sagen sie lediglich, dass ich deshalb nicht die Schule hinschmeißen soll«.

Aus einer Geschlechter-Perspektive betrachtet lässt sich feststellen, dass Jungen und Mädchen unterschiedliche Erfahrungen mit der Entlohnung ausgeführter Arbeiten sammeln. Jungen sind aktiver und selbstständiger bei der Arbeitssuche, sie handeln mit dem Arbeitgeber selbst Lohn und Arbeitsbedingungen aus und verfügen selbst über das verdiente Geld. Mädchen beteiligen sich eher als Hilfskraft und werden häufig für ihre Arbeiten nicht entlohnt. Die 12-jährige Sebo lebt mit ihrer Mutter, ihren Geschwistern und der Großmutter in einem Vorort von Duschanbe. Der Vater arbeitet in Russland. Sebo hilft der Mutter regelmäßig, Milch zu verkaufen:

»Ich helfe Mutter, die Milchgefäße zu tragen. Sie verkauft diese auf dem Markt in der Stadt. Das Geld für die Milch bekommt Mutter. Mir gibt sie nichts, es sei denn, ich bitte sie, etwas für mich zu kaufen«.

Auch wenn Mädchen wie Sebo eher für die Familienkasse als für ihre eigenen, individuellen Bedürfnisse arbeiten ihre zunehmende Einbindung in außerhäusliche Erwerbstätigkeiten und die damit verbundene Erfahrung, Verantwortung für die Familie mitzutragen, weisen auf einen sich in der tadschikischen Gesellschaft vollziehenden Wandel der Geschlechterrollen hin. Die Arbeitsmigration der Männer und die daraus resultierenden Verschiebungen in der geschlechterspezifischen familiären Arbeitsteilung tragen daran zweifelsohne einen entscheidenden Anteil.[31]

Ein weiteres, medial ausgiebig diskutiertes Indiz für eine Verschlechterung der Lebensbedingungen primär von Migrantenkindern ist die steigende Zahl von Kindern, die in Tadschikistan heute ohne elterliche Kontrolle und Aufsicht aufwachsen. Dazu ein Beispiel:

---

31 Darüber hinaus muss auch der deutlich gestiegene Zugang junger Frauen zu höherer Bildung als eine wesentliche Ursache für den Wandel traditioneller Geschlechterrollen in Tadschikistan genannt werden.

»Mit jedem Tag wächst die Zahl der Kinder, die in Familien aufwachsen, in denen eines oder sogar beide Elternteile Arbeitsmigranten sind. Diese Kinder stellen eine besonders gefährdete Gruppe dar, sind sie doch in
besonderem Maße anfällig für Verwahrlosung, inner- und außerfamiliäre Gewalt und Kriminalität«.[32]

Auch hier werden Entwicklungen auf die Situation von Kindern in Migrantenfamilien reduziert, die eigentlich als gesamtgesellschaftliches Problem erkannt werden müssten, selbst
wenn es keine offiziellen statistischen Angaben über die genaue Anzahl sozial besonders
gefährdeter Kinder gibt bzw. diese nicht öffentlich zugänglich sind. Internationale Organisationen wie UNICEF gehen davon aus, dass mindestens 80% der in staatlichen Internaten
lebenden Kinder ihre biologischen Eltern noch haben. Im Wesentlichen handelt es sich
dabei um Kinder aus armen bzw. schlecht gestellten Familien, die ihre Kinder in der Überzeugung in Internate geben, dass es ihnen in staatlicher Obhut besser gehe als zu Hause, da
sie kostenlose schulische und sonstige Versorgung bekommen.[33] Vielleicht geht es den
Kindern wirklich besser, was den Zugang zur Bildung und die Versorgung mit Lebensmit-
teln angeht. Aber es ist offensichtlich, dass diese Kinder keine familiäre Erziehung erhalten
und die Eltern nur wenig Einfluss auf die Entwicklung ihrer Kinder nehmen können. Offensichtlich ist auch, dass viele Familien aus materiellen Zwängen heraus ihre traditionellen
Funktionen in Bezug auf die Sozialisation der Kinder nicht ausüben können.

Als Reaktion auch auf die steigende Zahl von Internatsschülern[34] sowie aus Angst, die
wachsende Zahl sozial vernachlässigter Kinder könne kriminellen und radikal-religiösen
Sturkturen dienlich sein,[35] hat die tadschikische Regierung am 2. August 2011 ein neues
Gesetz »Über die Verantwortung der Eltern für die Bildung und Erziehung ihrer Kinder«
verabschiedet. Ziel dieses Gesetzes ist die Stärkung der Verantwortung der Eltern für die
Bildung und Erziehung ihrer Kinder im Geiste des Humanismus, des Patriotismus, der
Achtung nationaler, allgemeinmenschlicher und kultureller Werte sowie der Schutz der
Rechte und Interessen der Kinder.[36] Leider ist das Gesetz erst zu kurz in Kraft, als dass man
bereits seinen Einfluss auf die Situation der Kinder im Land erkennen könnte. Die Ursa-
chen für die veränderte Lebenssituation vieler Kinder in Tadschikistan aber ausschließlich
auf das Phänomen tadschikischer Arbeitsmigranten in Russland zu reduzieren, verkennt die
Komplexität einer sozioökonomischen Entwicklung, die weit über die Folgen des Bürger-
krieges (1992-1997) hinausreicht und in der faktisch über Nacht erfolgten Einbindung der
alltäglichen Lebenswelten der Bewohner der Landes in privatwirtschaftliche Zusammenhänge und globale ökonomisch Strukturen ihren Ausgangspunkt haben. Dass auch in der

---

32 Novyj vitok bezraboticy v Tadžikistane: bol'še migrantov, bol'še detej-brodjag. Quelle: http://tajmigrant.
    com/ novyj-vitok-bezraboticy-v-tadzhikistane-bolshe-migrantov-bolshe-detej-brodyag.html.
33 Al'ternativnyj doklad o chode vypolnenija Respublikoj Tadžikistan Meždunarodnogo Pakta ob
    ekonomičeskich, social'nych i kul'turnych pravach, Dušanbe 2006, S. 32.
34 Aus der Statistik geht hervor, dass in 95 Einrichtungen des Landes 9.341 Kinder leben. »Situatsija s
    obljudeniem prav čeloveka v Tadžikistane, 2008«, Büro für Menschenrechte und Achtung des Rechts, Du-
    schanbe, 2009.
35 Tadschikische Waisen sind nicht vor Extremisten geschützt (http://centralasiaonline.com/ru/articles/caii/
    features/main/2011/05/27/feature- …).
36 Das Gesetz besteht aus 6 Kapiteln und 17 Artikeln. Es definiert die Rechte und Pflichten der Eltern im
    Hinblick auf die Bildung und Erziehung ihrer Kinder, die Pflichten volljähriger und arbeitsfähiger Kinder im
    Hinblick auf Pflege und Versorgung ihrer Eltern, die Pflichten von Pädagogen und staatlichen, für Bildung
    und Erziehung von Kindern zuständigen Organen sowie vorbeugende Maßnahmen für die Nicht-Erfüllung
    bzw. ungenügende Erfüllung dieser Pflichten seitens der Eltern.

Migration lebende Eltern bemüht sind, ihre Kinder – auch aus der Ferne – zu erziehen, zeigt das folgende Beispiel. Es lenkt die Aufmerksamkeit im letzten Teil des Beitrages zugleich auf die Frage, wie geschlecherspezifische Erziehung praktiziert wird, wenn die Mutter Arbeitsmigrantin und längere Zeit von der Familie abwesend ist.

Sebo: Wenn die Mutter Arbeitsmigrantin ist

Laut einer von mir 2009 durchgeführten Studie betrug der Frauenanteil tadschikischer Arbeitsmigranten in Russland in dieser Zeit ungefähr 12-15%. Die Mehrzahl dieser Frauen ist jüngeren und mittleren Alters und hat Kinder. Aus den Interviews mit Müttern, die Erfahrung mit Arbeitsmigration gemacht haben,[37] geht hervor, dass Frauen ihre Kinder bevorzugt mit nach Russland nehmen, um sie dort weiter erziehen und pflegen zu können. Kleinst- und Kleinkinder dagegen werden lieber in die Obhut von Verwandten und nahen Angehörigen gegeben. Bevorzugt werden ältere Söhne (12 bis 14 Jahre) mit nach Russland genommen. Aus traditionell-patriarchalischen Gesichtspunkten gelten Söhne, selbst wenn sie minderjährig sind, als männliche Familienmitglieder und sind damit legitime Vertreter und Beschützer von Frauen. Wenn Söhne ihre Mütter auf eine längere Reise begleiten, erfüllen sie gleichzeitig mehrere Rollen: als Helfer der Mutter bei ihrer Erwerbstätigkeit und als deren symbolischer Beschützer. Zugleich garantiert die Anwesenheit und symbolische Kontrolle des Sohnes/der Söhne migrierenden Frauen, dass ihr »guter Ruf« in der kulturell-fremden Ferne vor möglichen Anschuldigungen seitens der zurückbleibenden Familienmitglieder geschützt ist. Entsprechend werden auch Töchter seltener von ihren Müttern mit nach Russland genommen (vgl. dazu auch Stephan in diesem Band).

Im Falle einer längeren Trennung allerdings ist es primär die Sorge um die Töchter daheim, die migrierte Mütter umtreibt. Neben emotionaler Sorge ist es in starkem Maße der gefühlte Kontrollverlust über die adoleszenten Töchter und ihr Verhalten, das migrierte Mütter veranlasst, über alltägliche Strategien der Kontrolle und Fürsorge den »guten Ruf« der Töchter auch aus der Ferne zu sichern. Dazu das Beispiel von Sebo, 15 Jahre, deren Mutter seit zwei Jahren in Russland Geld verdient.[38]

Seit die Mutter in Russland ist, lebt Sebo im Haus ihrer Tante (mütterlicherseits) in Duschanbe. Früher lebte Sebo zusammen mit ihren Eltern und den jüngeren Brüdern im Haus des Großvaters (väterlicherseits) in einer der südlichen Regionen des Landes. Vor drei Jahren allerdings haben sich ihre Eltern scheiden lassen und die Mutter (34 Jahre) musste das Haus des Großvaters mit ihren drei Kindern verlassen. Nachdem sie die beiden 10 bzw. 8 Jahre alten Söhne in die Obhut ihrer Mutter gegeben und Sebo zu ihrer Schwester gebracht hatte, ist sie nach Russland gegangen, um Geld für die Kinder zu verdienen. Die Abreise der Mutter in ein fernes Land und für längere Zeit empfindet Sebo als ambivalent. Einerseits hofft sie darauf, dass die Mutter genug Geld verdienen kann, um eine Wohnung zu kaufen. Dann hätten sie ein eigenes Zuhause. Andererseits hat sie einige Schwierig-

---

37   Interviews mit 16 Frauen mit Arbeitsmigrationserfahrung in Russland.
38   Dieser Absatz ist auf der Basis von 2 Interviews mit dem Mädchen Sebo und der Tante, bei der sie wohnt, verfasst worden. Es handelte sich um themenzentrierte Interviews, die als freie, informelle Gespräche geführt wurden. Außerdem wurde Beobachtungsmaterial verwendet.

keiten, mit denen sie nun ohne ihre Mutter zurechtkommen muss. »Ohne Mama ist es schwer, die Tante ist eine gute Frau, aber Mama ist eben Mama. Das, was ich Mama sagen konnte, kann ich nicht mit meiner Tante teilen«.
Aus Sebos Erzählungen geht hervor, dass die Mutter sie alle zwei bis drei Tage anruft. Sie hat Sebo extra ein Mobiltelefon gekauft, damit diese sie auch im Notfall erreichen kann.

»Wenn Mama anruft, fragt sie als Erstes, wo ich gewesen bin, was ich gemacht habe. Jedes Mal sagt sie mir, ich soll da und da nicht hingehen, überhaupt am besten sei es, zu Hause zu bleiben«.

Sebo zufolge ist das Mutter-Tochter-Verhältnis trotz der Entfernung von Innigkeit, Fürsorge und Aufmerksamkeit geprägt. Sebo genießt es, dass die Mutter Geld für Kleidung oder die Erfüllung anderer Wünsche schickt. Allerdings gefallen ihr die zunehmenden Moralpredigten der Mutter nicht. »Mama war früher nicht so, und jetzt hat sie immer vor irgendwas Angst, sagt, dass ich aufpassen soll, als ob ich im Wald leben würde …«.
Sebos Mutter versucht nicht nur, ihre Tochter aus der Ferne unter Kontrolle zu behalten, sondern bemüht sich auch, ihre erzieherischen Funktionen mittels einer anderen Person, ihrer Schwester, der sie sehr vertraut, auszuüben. Aus einem Interview mit Sebos Tante: »Auf Sebo achte ich strenger als auf meine eigenen Töchter, von denen ich drei habe. Trotzdem – es ist die Tochter meiner Schwester. Nicht auszudenken, wenn ihr was zustoßen würde!«. Eine zentrale Rolle innerhalb der mütterlichen Kontrollstrategien fällt der Kleidung der Tochter zu. Sebo erzählt:

»Mama schickt mir selbst Kleider, sie hat mir Schuhe, Regenmantel, Mantel gekauft … gibt meiner Tante Geld, damit die mir Stoffe für Kleider kauft. Sie sagt immer, ich soll keine engen oder kurzen Kleider tragen, mir nicht die Augen oder Lippen anmalen. Mama hat mir sogar geraten, einen satr (islamisch konnotierte Kopftuch bzw. Verschleierung, Anmerkung d. Übers.) zu tragen, obwohl sie selbst sich in Russland eher europäisch kleidet, also Hosen trägt und kein Kopftuch«.

Gerade in den Anweisungen der abwesenden Mutter an die Tochter, sich (plötzlich) nach den Regeln des Islam zu kleiden, schwingt die viel geäußerte und gefühlte »Angst und Sorge, dass nicht irgendwas passiert« mit. Gemeint ist damit die mütterliche Verantwortung für das konforme Verhalten ihrer adoleszenten, heiratsfähigen Töchter, die durch die Abwesenheit der Mutter herausgefordert wird. Die damit verbundenen Unsicherheiten und Ängste veranlassen viele migrierte Mütter, in die Heimat zurückzukehren. Aus einem Interview mit einer 43-jährigen Arbeitsmigrantin:

»Ich kam zurück nach Hause (nach Duschanbe – S.K.). Die ganze Zeit über in Russland hatte ich Angst, dass ihr, Gott bewahre, irgendwas in meiner Abwesenheit zustoßen könnte. Es wäre eine Schmach (russ. pozor), an der ich mein ganzes Leben tragen müsste. Wenn ich sie erst verheiratet habe, kann ich wieder weg zum Geld verdienen«.

»Sie verheiraten, das Familienleben der Tochter regeln« heißt, sich frei zu machen von der elterlichen (mütterlichen)Verantwortung für das Verhalten der Tochter, denn, nach der Heirat geht die kollektive Verantwortung für die junge Frau auf deren Ehemann und seine Familie über. Ich sehe insbesondere in diesem Punkt eine maßgeblich mittragende Ursache dafür, weshalb Ehen im Laufe der letzten Jahrzehnte in Tadschikistan so populär geworden sind.[39] Mit einer frühen Verheiratung der Töchter können sich die Eltern eher der Erziehungsverantwortung für diese entledigen.

Der vorliegende Beitrag hat intendiert, auf geschlechterspezifische Aspekte in der Sozialisation und Erziehung von Kindern in Tadschikistan aufmerksam zu machen. Kindheiten im Kontext von Arbeitsmigration dienten dabei als eine Art Linse, um auf Kontinuitäten sowie Formen von Wandel in den bestehenden Geschlechterverhältnissen in der tadschikischen Gesellschaft hinzuweisen. In den angeführten Fallbeispielen wurde deutlich, dass Erziehung und Sozialisation im Kontext von Migration Aushandlungsprozesse zwischen kulturellen Traditionen und migrationsbedingten Erfahrungen von »Neuem« darstellen, in den Erwachsene und Kinder gleichermaßen eingebunden sind. Die Maßstäbe für die Bewertung von Migrationskindheiten sollten dabei nicht externen Beobachtern allein obliegen und die Bewertung sollte sich nicht ausschließlich am Maßstab existierender gesellschaftlicher Debatten in der tadschikischen Öffentlichkeit orientieren, sondern emisch über die Lebens- und Erfahrungswelten von Migrantenfamilien und insbesondere der Kinder selbst gesetzt werden. Entsprechend differenziert muss auch der Umgang mit dem Thema »Arbeitsmigration« sein, will man die derzeitigen sozialen Um- und Aufbrüche in der tadschikischen Gesellschaft mit Blick auf die Lebenswelten und -situationen von Kindern verstehen.

---

39 Viele Tadschikinnen werden nach wie vor früh verheiratetet: eine Praxis, die der offiziellen Behördenpolitik entgegensteht (http://www.bbc.co.uk/russian/international/2011/ 01/110131_tajik_marriage.shtml).
Viele tadschikische Menschenrechtsorganisationen und -initiativen setzen sich heute gegen frühe Eheschließungen und die unter Arbeitsmigranten etablierte Praxis von Telefonscheidungen ein (http://www.dw-world.de/dw/article/0,,4453923,00.html).

Manja Stephan

Duschanbe – Moskau – Kairo: Transnationale religiöse Erziehungspraktiken tadschikischer Familien in der Migration

Migration, Religion und Familie in Tadschikistan

Mit der Unabhängigkeit 1991 haben sich in Tadschikistan, der kleinen zentralasiatischen, ehemals sozialistischen Sowjetrepublik, die sich ihre Grenzen mit den Nachbarländern China, Afghanistan, Kirgistan und Usbekistan teilt, gravierende wirtschaftliche, politische und gesellschaftliche Veränderungen vollzogen. Wie in anderen ehemaligen sozialistischen Staaten auch ist das Alltagsleben vieler Tadschiken heute maßgeblich bestimmt von den Auswirkungen der faktisch über Nacht und als Folge des Zusammenbruchs der Sowjetunion erfolgten Einführung marktwirtschaftlicher Prinzipien, der Privatisierung von Eigentum und Einbindung des Landes in globale Wirtschaftszusammenhänge. Zusammen mit der verstärkten Nutzung neuer Informationstechnologien und der Implementierung internationaler Bildungsstandards haben diese Entwicklungen die Herausbildung neuer Formen räumlicher, sozialer, ökonomischer und kommunikativer Mobilität begünstigt. Besonders augenscheinlich ist, dass im Rahmen dieser Mobilitäten zunehmend geografische, aber auch kulturelle, politische und soziale Grenzen überwunden werden und sich neue, transnationale soziale Räume und Praktiken (Appadurai 1996; Glick Schiller/Fouron 1999; Vertovec 2009) entwickeln. Diese Räume schaffen dauerhafte Verbindungen zwischen Orten, Regionen und Menschen fernab nationalstaatlicher Territorien und ermöglichen den Transfer und die Zirkulation von Personen, Gütern, Ideen, symbolischen Projektionen und Diskursen (Freitag/von Oppen 2010). Sie lösen alte, (post-)sowjetische Strukturen, Institutionen und Identitäten ab und binden die soziale Praxis und Lebenswelt der Bewohner Tadschikistans in umfassendere globale Zusammenhänge ein.

Internationale Arbeitsmigration erweist sich im Zuge dieser Entwicklungen als ein wichtiger gestaltender Faktor. Die hohe Zahl tadschikischer Arbeitsmigranten in Russland[1] belegt, dass transnationale Räume eine wichtige Ressource darstellen, um ökonomische, soziale und weitere Interessen zu verfolgen. Dabei entstehen nicht nur neue, transnationale

---

[1] In einem Bericht der International Crisis Group wird die Zahl der tadschikischen Arbeitsmigranten im Ausland für 2008 mit ca. 800.000 angegeben (Gesamtbevölkerung ca. 7,6 Mio.). Die tatsächliche Zahl liegt aber weit höher (ICG Asia Report 162/2009: 9) und schwankt mit der globalen wirtschaftlichen Entwicklung. Zwischen 2007 und 2009 waren 96 Prozent der tadschikischen Arbeitsmigranten in Russland beschäftigt. Ihre Rücküberweisungen in die Heimat machten 2010 mehr als 35 Prozent des tadschikischen BIP aus (Schmitz/ Wolters 2012: 15).

Lebensentwürfe und Optionen zur Gestaltung sozialer und beruflicher Karrieren. Zugleich entwickeln sich auch neue Formen von Identität und Zugehörigkeit, die Alternativen zu nationalen, regionalen oder lokalen Identifikationen bieten. In diesem Zusammenhang fällt Religion, und namentlich dem Islam, dem mehr als 90% der Bewohner Tadschikistans angehören,[2] eine besondere Rolle zu. Der religiöse Aufschwung in der nachsowjetischen Ära brachte eine Reihe neuer religiöser Freiheiten, die viele tadschikische Muslime nutzten, um die Pilgerfahrt nach Mekka (Hadsch) zu vollziehen oder in Iran, Pakistan, Türkei oder Ägypten Islamstudien zu betreiben. Die Bildungsmigranten und Mekka-Pilger sind ebenso wie die tadschikischen Arbeitsmigranten in Russland eingebunden in transnationale soziale Netzwerke, in denen neue Islaminterpretationen und religiöse Praktiken zirkulieren und auf lokaler Ebene verhandelt werden. Besonders die Zugehörigkeit zur Ummah, die als *globale* Glaubensgemeinschaft von Muslimen imaginiert wird, stellt, wie im Rahmen dieses Beitrages gezeigt werden soll, für viele tadschikische Muslime heute eine wichtige Alternative zu einer säkularisierten, nationalen, d.h. genuin tadschikischen Version von Islam dar. Letztere wurde von der Regierung unter Präsident Rahmon im Zuge ihrer zunehmend restriktiver werdenden Haltung gegenüber der religiösen Praxis der muslimischen Mehrheitsgesellschaft im Land kreiert – maßgeblich auch als Reaktion auf global agierende religiöse Bewegungen. Die Motive von Muslimen, für Islamstudien ins Ausland zu reisen, lassen klare Bezüge auf eine »muslimische Ferne« erkennen, die als Antidot zur erfahrenen religiösen Realität »zuhause« erlebt wird. Die Transnationalisierung religiöser Praxis ist folglich nur als Zusammenspiel von einem zunehmenden Einfluss supranationaler Islamentwürfe – darunter maßgeblich aus dem arabischen Raum – und den darauf reagierenden Säkularisierungsbestrebungen auf nationalstaatlicher Ebene zu verstehen. Ich folge damit einem Verständnis von Transnationalität, welches die Verknüpfungen über nationalstaatliche Grenzen, kulturelle Verschiedenheiten und räumliche Distanzen hinweg betont, zugleich aber auch die nationalstaatlichen Kontexte im Herkunfts- wie im Aufenthaltsland und die dort stattfindenden lokalen Adaptionen, Beschränkungen und Umformungen transnationaler Erfahrungen mit einschließt (Goulbourne et al. 2010: 9; Freitag/von Oppen 2010).

Vor diesem Hintergrund will ich die Phänomene Arbeitsmigration nach Russland und die religiös motivierte Bildungsmigration ins muslimische Ausland zusammenführen und am Beispiel transnationaler Erziehungspraktiken in migrantischen Familien aufzeigen, wie sich ökonomische Strategien, soziale Interessen und Bildungsaspirationen mit religiösen Praktiken verschränken, gegenseitig beeinflussen und sozialen Wandel bewirken. Im Mittelpunkt stehen dabei einerseits die elterlichen Entscheidungen, ihre adoleszenten Töchter zum Islamstudium ins Ausland zu schicken, um sie auf diese Weise zur »Reife« zu führen. Andererseits interessieren mit Blick auf die Zeit nach der Rückkehr die (unerwarteten) Konsequenzen, die solche Prozesse der Bildungsmigration für die Lebenswelten, Erfahrungen und Lebenschancen von Kindern bzw. Heranwachsenden sowie für das Alltagsleben von Familien insgesamt mit sich führen. Es geht also weniger um transnationale Familienzusammenhänge, -strukturen und Kommunalitäten. Vielmehr stehen die transnationalen Erfahrungen von Familien im Zentrum. Diese Erfahrungen sind in der modernen und globalen Gesellschaft nicht mehr nur einer kleinen Gruppe elitärer Familien vorbehalten, son-

---

2   Die Mehrheit der Muslime Tadschikistans ist sunnitisch geprägt und gehört der hanafitischen Rechtsschule
     an. Darüber hinaus leben v.a. in der östlichen Pamir-Region Gemeinschaften ismailitischer Muslime.

dern für viele gewöhnliche, nicht-elitäre Familien unabhängig ihrer sozialen Herkunft zur Realität geworden (Giddens 2000).

Die Beschäftigung mit Familie im Kontext von Migration und religiösem Wandel eröffnet ein multidisziplinäres Untersuchungsfeld, in dem die oben beschriebenen sozioökonomischen und religiösen Entwicklungen im Rahmen des Nationalstaats mit Makroprozessen wie Globalisierung oder Transnationalisierung zusammentreffen und sich in verschiedenen Migrationsstrategien und damit einhergehenden kulturellen Praktiken, transnationalen Erfahrungen und neuen, hybriden Identitäten und Zugehörigkeiten verdichten (Vertovec 2009: 61; Hutnyk 2010: 59). Familien übernehmen dabei keinesfalls eine passive Rolle, sondern sie partizipieren aktiv gestaltend an diesen Prozessen (Goulbourne et al. 2010). Die Aufmerksamkeit soll dabei v.a. Heranwachsenden gelten, denen eine aktive, gestaltende Rolle aufgrund ihres abhängigen Status in der Familie als »Lernende« und »Neuankömmlinge« oftmals abgesprochen wird.

In welchem Maße transnationale soziale Räume neue Möglichkeitsräume für Familien und die Realisierung familiärer Interessen und Strategien bilden, soll am Beispiel religiöser Erziehungspraktiken in einem von Migration geprägten Alltag diskutiert werden. Die dezidierte Genderperspektive auf die Thematik intendiert eine Sensibilisierung dafür, internationale Bildungsmigration als eine Mobilitätsform zu erkennen, die nicht nur geografische oder politische Grenzen überwindet, sondern auch solche, wie sie etwa durch kulturelle Geschlechterkonzepte gezogen werden. Damit verbindet sich zugleich auch eine Akzentuierung auf Kindheit bzw. frühe Jugend, um Identität und Zugehörigkeit als eines der Kernelemente transnationaler Familienerfahrung herauszustreichen. In diesem Zusammenhang ist besonders danach zu fragen, inwieweit Migrationserfahrungen in der Adoleszenz eine Herausbildung von Moratorien begünstigen oder auch hemmen.

Der Zugang zu diesen Themen ist ein ethnologischer. Die Diskussion der aufgeworfenen Fragen erfolgt auf der Basis empirischen Materials, das ich während eines Feldforschungsaufenthaltes in der tadschikischen Hauptstadt Duschanbe im Herbst 2011 v.a. durch teilnehmende Beobachtungen in Familien erhoben habe. Im Mittelpunkt steht die Familie von Habiba, deren Alltagsleben durch Pendelmigration zwischen Duschanbe und Moskau geprägt ist. Ich habe mich bei der Fallauswahl für diese Familie entschieden, weil sie in vielen Punkten repräsentativ ist für die Art und Weise, wie Arbeitsmigration derzeit die Lebenswelten und Erfahrungen vieler Familien in Tadschikistan prägt und wie tadschikische Migranten in Russland religiösen Wandel in der Heimat maßgeblich mitgestalten. Der Fokus auf das urbane Familienleben unterstreicht zwar die wichtige Rolle, die urbane Zentren für die Entstehung transnationaler sozialer Räume bilden. Der starke Einfluss der Verwandtschaft auf die Erziehungspraktiken von Habibas Eltern, wie noch zu zeigen sein wird, verweist aber zugleich darauf, dass Urbanität hier vor allem als Wechselbeziehung zwischen Stadt und ländlichen Regionen verstanden werden muss.

Islamstudien im Ausland und die Transnationalisierung religiöser Erziehung

Reisen mit dem Ziel, Wissen über den Islam zu erlangen, haben in Tadschikistan wie in der gesamten Region muslimisch Zentralasiens eine lange Tradition. Regionale urbane Zentren islamischer Bildung wie etwa Buchara (heute Usbekistan) bildeten ab dem 10. Jahrhundert wichtige Gravitationszentren und standen im Zentrum translokaler und -regionaler Netzwerke religiöser Gelehrter, die sich bis in Regionen im heutigen Indien, Pakistan, China oder der Türkei hinein spannten. Der arabisch-sprachige Raum spielte immer schon eine wichtige Rolle als imaginiertes sakrales Zentrum des Islams und wurde von zentralasiatischen Muslimen v.a. im Rahmen der Hadsch, der Pilgerfahrt nach Mekka, bereist (Papas et al. 2012). Reisen nach Mekka wurden immer auch genutzt, um unterwegs Kenntnisse über den Islam zu erwerben (El Moudden 1990; Gellens 1990). Eng verknüpft mit sufisch-mystischen Traditionen, die den Islam in Tadschikistan bis heute maßgeblich prägen, waren die Reisen in die arabische Welt vornehmlich individuelle Angelegenheiten, die einen festen Platz im Lebenszyklus einnahmen, statuskennzeichnend[3] waren und vornehmlich Männern vorbehalten blieben.

Während der Sowjetzeit, in der die Muslime Tadschikistans weitestgehend von der restlichen islamischen Welt isoliert wurden, waren Islamstudien außerhalb des Landes nur in den beiden offiziellen sowjetischen Ausbildungszentren in der Nachbarrepublik Usbekistan (Taschkent und Buchara) möglich. Studienreisen in arabisch-sprachige Länder wie Ägypten, Jordanien, Jemen usw. fanden streng reguliert und unter der Aufsicht staatlicher Behörden (SADUM, Die *Geistliche Verwaltung der Muslime Zentralasiens)* statt und waren einer kleinen Elite vorbehalten – vornehmlich (zukünftigen) Vertretern des offiziellen Islams.

Seit den 1990er-Jahren durchliefen die Studienreisen ins islamische Ausland eine rasante Metamorphose vom regulierten Elitephänomen hin zu einer populären religiösen Praxis, die nicht nur nationalstaatliche Grenzen überwindet sondern auch solche, die durch Kategorien wie Gender, Alter, Generation oder soziale Herkunft gezogen werden. Als Ausdruck einer neuen Religiosität und Frömmigkeit etablierte sich diese religiöse Praxis in der muslimischen Bevölkerung Tadschikistans, stellt bis heute aber dennoch kein Massenphänomen dar.[4]

Ganz maßgeblich tragen die tadschikischen Arbeitsmigranten zur Popularisierung von Islamstudien im Ausland bei. Diese werden während ihres Aufenthalts in Russland mit neuen Islamentwürfen und religiösen Praktiken konfrontiert, tragen diese Erfahrungen mit ihrer Rückkehr oder durch bestehende soziale Netzwerke in die Heimat und stoßen dort eine Neuverhandlung bestehender Konzepte und Ordnungen an. Zudem etablieren viele Arbeitsmigranten in Russland soziale Netzwerke, die ihnen selbst oder ihren Landsleuten ermöglichen, über Russland ins Ausland zu reisen, um dort ein Islamstudium zu absolvieren. Auf diese Weise ist es möglich, die mittlerweile massiven Regulierungsversuche der tadschikischen Regierung, die in privaten Bildungsreisen im muslimischen Ausland die

---

3   Bildungsreisen waren häufig v.a. eine Angelegenheit gut situierter Familien, die ein Familienmitglied für die Sicherung der Subsistenz über einen langen Zeitraum entbehren konnten bzw. waren sie Studierenden islamischer Bildungseinrichtungen (Medresen) vorbehalten (vgl. Eickelman 1985).

4   Da die Mehrheit der Tadschiken ihre Studienaufenthalte im Ausland nicht über Stipendien sondern privat finanzieren, lässt sich über genaue Zahlen nur spekulieren. 2010 befanden sich offiziellen Angaben zufolge 1.400 tadschikische Islam-Studenten im muslimischen Ausland. Die tatsächliche Zahl liegt aber weitaus höher, da allein schon für Bildungseinrichtungen in Pakistan (Medresen, Universitäten) 4.000 tadschikische Studierende geschätzt werden (siehe Edward Lemon: Tajikistan: Dushanbe Forcing Students Abroad to Return Home, 29. November 2010, http://www.eurasianet.org/node/62460).

Ursache für den zunehmenden Einfluss etwa salafistischer Orientierungen sieht, zu umgehen und die ausländischen Studienaufenthalte privat zu organisieren.[5]
Die Entscheidung für ein Studium im Ausland ist häufig in diverse familiäre Livelihood-Strategien eingebettet. In die Migrationsentscheidung fließen ökonomische Interessen ebenso ein wie Bildungsaspirationen oder bestimmte Erziehungspraktiken. Damit rücken v.a. Kinder und Heranwachsende stärker als zentrale Akteure internationaler Bildungsmigration ins Blickfeld – und unter ihnen v.a. adoleszente Mädchen bzw. junge Frauen zwischen 12 und 15 Jahren. Diesen jungen Frauen soll im Folgenden die Aufmerksamkeit gelten.

Weibliche Moralität und Hijab

In der tadschikischen Gesellschaft, die bis heute stark von patriarchalischen Prinzipien geprägt ist, definiert sich der »Wert« junger Frauen für die Familie maßgeblich über den Ruf ihrer weiblichen Moralität *(sharmu hayo)*. Mit dem makellosen Ruf einer Tochter verfügt die Familie über ein Kapital, das ihr bzw. einzelnen Mitgliedern ermöglicht, ihre soziale Position zu verhandeln – etwa über spezielle Heiratsstrategien. Um die Moralität ihrer Töchter nicht zu gefährden, sind viele Eltern bemüht, diese in der Öffentlichkeit »unsichtbar« zu machen, sobald diese den Status der »Reife« *(baloghat)* erlangen (Stephan 2010a: 174ff.). Die »Unsichtbarkeit« der Töchter wird erreicht durch Einschränkungen ihrer räumlichen Mobilität oder symbolisch, indem sie Kopf und Körper bedecken, wenn sie den häuslichen Bereich verlassen. Hier hat sich in den vergangenen zwei bis drei Jahren deutlich der Hijab durchgesetzt, eine islamisch begründete Form der Körperbedeckung für Frauen, die Kopf, Haare, Dekolleté (und manchmal auch Arme und Hände) verhüllt. Er wird in Duschanbe auf verschiedene Weise getragen und unterliegt modischen Einflüssen aus Saudi Arabien, Iran, der Türkei und anderen muslimischen Ländern. In den 1990er-Jahren noch als öffentlich sichtbare Ausdrucksform eines neuen religiösen Bewusstseins verwendet, ist der Hijab heute Modeartikel, religiöse Ausdrucksform und Symbol für weibliche Moralität zugleich. Vor allem in seiner letzteren Bedeutung hat der Hijab das traditionelle Kopftuch *(rumol)*, das im Nacken gebunden wird, weitestgehend abgelöst und sich damit auch von seiner elitären religiösen Symbolik verabschiedet. Die Etablierung islamischer Kleidungsformen als Form urbanen Lebensstils geht einher mit einer Akzentverschiebung hin zu religiöser Bildung. Galten 2004 in Duschanbe Töchter mit Hochschulabschluss als »ideale« Heiratspartnerinnen, legen Familien in Duschanbe bei der Wahl zukünftiger Schwiegertöchter heute auffallend viel Wert auf einen religiösen Habitus (Kleidung und Bildung). Eigene Beobachtungen lassen darauf schließen, dass es sich bei diesen Entwicklungen weniger um ein schichtspezifisches Phänomen handelt als um eines, das quer zur sozialen Herkunft und dem Bildungshintergrund der Familien liegt. Deshalb

---

5   Die tadschikische Regierung versucht gegenwärtig, Studienreisen ins islamische Ausland stärker zu regulieren. 2010 forderte Präsident Rahmon alle jene Tadschiken im muslimischen Ausland auf, ihre Islam-Studien abzubrechen und in die Heimat zurückzukehren, deren Aufenthalt nicht auf staatlichen Austauschprogrammen bzw. Abkommen mit internationalen Universitäten gründet.

möchte ich es primär als ein urbanes Phänomen bezeichnen, das weit bis in die ländlichen Regionen ausstrahlt.

Habiba

Habiba (13 Jahre alt), lebt mit ihren Eltern und zwei Brüdern seit 6 Jahren in Moskau. Geboren und aufgewachsen ist sie in Duschanbe, der Landeshauptstadt, in der beide Eltern studiert und später eine Familie gegründet haben. Als der Vater im Zuge des Bürgerkriegs (1992-1997) und seiner Folgen arbeitslos wird, geht er nach Moskau und etabliert dort einen Handel mit russischen Medikamenten, die er erfolgreich in Duschanbe verkauft. 2005 erwirbt er eine Wohnung in Moskau, besorgt Schul- und Kindergartenplätze für die Kinder im staatlichen Sektor und holt seine Familie nach. Habiba ist zum Zeitpunkt des Wegzugs 7 Jahre alt und integriert sich in den folgenden Jahren sehr gut in den neuen urbanen Kontext Moskaus. Im Umfeld der Schule findet sie Freunde – darunter auch ethnische Russen – mit denen sie große Teile ihrer freien Zeit verbringt. Die Sommer verlebt die Familie regelmäßig in ihrer Zweitwohnung in Duschanbe, um sich dort zu erholen, Verwandte und Freunde zu besuchen und – im Falle des Vaters – Geschäftskontakte zu pflegen.

Im Sommer 2010 reist Habiba, zu diesem Zeitpunkt 12 Jahre alt, in Begleitung ihrer Mutter und einer Tante mütterlicherseits von Moskau aus nach Kairo und beginnt, an einem mit der Al-Azhar-Universität assoziierten Bildungszentrum Arabisch zu lernen und den Koran zu studieren. Im Frühjahr 2011 kehrt Habiba mit Mutter und Tante wieder zurück nach Moskau, zum einen wegen der beginnenden Unruhen in Ägypten, zum anderen wegen der Aufforderung des tadschikischen Präsidenten an alle im muslimischen Ausland studierenden Tadschiken, in die Heimat zurückzukehren. Während ihres Sommeraufenthaltes 2011 in Duschanbe besuche ich die Familie in ihrer Wohnung. Habibas Rückkehr aus Kairo liegt zu diesem Zeitpunkt ca. 5 Monate zurück.

Migrationserfahrungen und religiöser Wandel

Habibas Eltern verweisen in ihrer Begründung für den Studienaufenthalt ihrer Tochter in Kairo zum einen auf die eigene starke Verbundenheit mit der Religion. Zum anderen sind es die neuen religiösen Freiheiten und Erfahrungen in Moskau, die sie zu diesem Schritt inspiriert haben und die für sie in starkem Kontrast zur religiösen Situation der Muslime in der Heimat stehen.

Wie bei vielen anderen tadschikischen Migranten auch hat der Aufenthalt in Russland vor allem beim Vater eine intensive Auseinandersetzung mit der eigenen Religion stimuliert und dazu geführt, dass das Alltagsleben der Familie einer Islamisierung unterzogen wurde. Aus Familien ohne religiösen Hintergrund stammend, beginnen Vater und Mutter zwar schon vor dem Zeitpunkt ihrer Migration, ein Interesse für die Religion zu entwickeln. Aber der »Religion näher gekommen« *(dinba nazdik shudem),* so der Vater, sind sie erst in Moskau. Begeistert von der Möglichkeit, die das urbane Leben dort für die Ausprägung islamischer Lebensstile bietet,[6] beginnt der Vater, regelmäßig die Moschee zu besuchen, fünfmal täglich zu beten und seine Familie zu »richtigen« Muslimen *(Musulmonhoi haqiqy)* zu erziehen. Für Habiba hat das die Konsequenz, dass sie Hijab tragen muss, wenn sie die Wohnung verlässt und am Wochenende Bildungscamps besucht, in denen sie mit anderen jungen Mädchen, die vorwiegend aus muslimischen Migrantenfamilien stammen, Grundkenntnisse über den Islam erwirbt. Als der Vater in einer Moschee in Moskau von der Möglichkeit erfährt, an der Al-Azhar-Universität in Kairo Grundkurse in Arabisch und Koranlektüre zu besuchen, beginnt er, einen Studienaufenthalt für Habiba und ihre Mutter nach Ägypten zu planen.

Zahlreiche ethnologische Migrationsstudien haben gezeigt, dass Migrationsprozesse Wandel in religiöser Praxis und Identität bewirken. Begünstigend wirkt vielmals das Erleben neuer religiöser Freiheiten im Migrationsland (Schiffauer 2006). Die Rede ist aber auch von der Herausbildung eines religiösen und kulturellen Konservatismus in migrantischen Gemeinschaften, sei es als Reaktion auf den hohen Assimilationsdruck im Aufenthaltsland oder als Folge der stärkeren Auseinandersetzung mit der eigenen Herkunft vor dem Hintergrund einer multikulturellen Umgebung (van der Veer 2001: 9), wie sie v.a. in urbanen Räumen zu finden ist. Im Ergebnis seien Migranten in ihrer religiösen und kulturellen Praxis häufig konservativer oder traditionalistischer als Daheimgebliebene (s. Brettell 2003: 75ff.; Klein-Hessling 1999). Ich folge hier van der Veers (2001) Argument, dass dieser »Konservatismus« nicht als das »Einfrieren« einer sonst fluiden Tradition gelesen werden sollte, sondern vielmehr seitens der Migranten eine immense ideologische Arbeit voraussetzt – und zwar eine, »that transforms previous discursive practices substantially« (ebd., S. 9) und die einen Wandel religiöser Traditionen bewirkt.

Habibas Studienaufenthalt ist einerseits als konsequente Fortführung einer alten zentralasiatisch-muslimischen Tradition moralisch-religiöser Unterweisung im Kontext von Migration zu sehen, wie weiter unten ausgeführt wird. Andererseits erfährt diese Tradition durch die Herauslösung aus ihrem traditionellen lokalen Kontext und ihre Verlagerung in neue geografische Räume eine maßgebliche Modifizierung. Diese geht einher mit der starken Orientierung hin zu neuen, transnationalen Islamentwürfen, die nicht nur Migranten wie Habibas Eltern, sondern auch anderen, nicht-migrantischen Muslimen in Tadschikistan eine Alternative zu sowjetischen und postsowjetischen Vorlagen religiöser Identität und Zugehörigkeit bietet.

Das neue, puristische Islamverständnis von Habibas Eltern äußert sich nicht nur in der rigorosen Ablehnung lokaler Islamtraditionen (wie z.B. die stark durch den Sufismus geprägten Heiligenkulte und Pilgerrituale). Es schließt Bezüge auf die muslimische Ummah ein, die als globale Glaubensgemeinschaft imaginiert und als eine Gemeinschaft erlebt wird, die Zugehörigkeit und Solidarität unabhängig von ethnischer oder regionaler Herkunft stiftet und in der Habibas Eltern Respekt und Anerkennung erfahren.

---

6   Hierzu gehören *Halal*-Läden, die große Zahl an Moscheen, große Angebote an religiöser Literatur, Bildungsmöglichkeiten, lockere staatliche Regelungen für die Pilgerfahrt nach Mekka, der Austausch mit Landsleuten oder anderen zentralasiatischen bzw. russischen Muslimen.

»Ich bin von Moskau fasziniert. Die Muslime hier, [...] unter denen gibt es nicht dieses Gerede wie zu Hause: ›Eh du bist ja Usbeke, eh du bist Tadschike, du kommst aus Gharm[7] ...‹. Hier wirst du respektiert, egal wo du herkommst« (Habibas Vater).

Die muslimische Gemeinschaft in Moskau stellt für Habibas Eltern eine Ressource für die Entwicklung neuer, individueller Formen muslimischer Religiosität zur Verfügung. Gleichzeitig nivelliert sie die Relevanz ethnischer oder regionaler Zugehörigkeit, die insbesondere während des Bürgerkriegs die Fragmentierung der tadschikischen Gesellschaft entlang ethnisch-regionaler Grenzen sichtbar machte. In der Migration schließlich erleben Habibas Eltern Religion als einen »Raum der Selbstermächtigung« (Thangarajah 2003; Liebelt 2008), in dem sie sich in ihrer religiösen Praxis als tadschikische Bürger vom rigiden Säkularismus eines Nationalstaates emanzipieren können, der auch die Koordinaten für die religiöse Erziehung innerhalb der Familie setzt. Beispielhaft dafür ist das 2010 erlassene »Gesetz über die elterliche Verantwortung in der Kindererziehung«,[8] das Eltern u.a. verbietet, ihre nicht volljährigen Kinder (noboligh, d.h. unter 18 Jahren) in die Moschee zu schicken oder an religiösen Zusammenkünften und Feiern teilnehmen zu lassen. Das Gesetz geht einher mit einer stärkeren Institutionalisierung des islamischen Bildungssektors, der zufolge die religiöse Unterweisung für Kinder unter 18 Jahren nur noch unter strengen staatlichen Auflagen im privaten Bereich erlaubt und darüber hinaus ausschließlich in den staatlich registrierten Medresen bzw. dem Islamischen Institut Abu Hanifa in Duschanbe möglich ist.

Die staatlichen Versuche, den Bereich familiärer Erziehung stärker zu säkularisieren, werden von vielen religiös aktiven Muslimen in Tadschikistan als demütigend empfunden. Dies ist vor allem vor dem Hintergrund zu sehen, dass mehr als 90% der Gesamtbevölkerung des Landes Muslime sind. Die Wissensdefizite vieler religiöser Spezialisten, die an staatlich registrierten Bildungsinstitutionen arbeiten, sind ein Erbe der mehr als 70 Jahre währenden atheistisch-kommunistischen Herrschaft und begünstigen maßgeblich die Verlagerung religiöser Erziehungs- und Bildungsaktivitäten in den transnationalen Raum.

Forscherin: »Warum eigentlich die Reise nach Kairo, so weit weg?«
Vater von Habiba: »Schau, sogar hier in Moskau, wo die meisten Leute nicht an den Islam glauben, dürfen Muslime ihre Kinder erziehen wie sie wollen. Hier gibt es Bildungscamps und Bücher über den Islam, viel mehr Moscheen als in Duschanbe und keine Polizisten, die überwachen, ob ich meinen Sohn zum Beten mitbringe oder nicht [...]. Als Tadschike kann ich heute meine Kinder überall auf der Welt besser religiös erziehen als in meiner Heimat.«
Mutter von Habiba: »Jetzt sollen [in Tadschikistan] alle Kinder nur noch in den staatlichen Islamschulen (Medresen) erzogen werden. Aber was sind das dort für Leute? Alte Mullahs sind das, aus der Sowjetzeit. Die wissen nichts über den ›richtigen‹ Islam (Islomy haqiqy). Über den lernt man nur in Ägypten oder Saudi Arabien, der Heimat des Propheten«.

7 Eine im Nordosten Tadschikistans gelegene Bergregion, in der Habibas Eltern geboren wurden und aufgewachsen sind. Die Region um Gharm gilt in Tadschikistan als am stärksten religiös geprägt und war einer der Hauptschauplätze des Bürgerkriegs, der zwischen 1992 und 1997 ausgefochten wurde.
8 »Qonuni Jumhurii Tojikiston dar borai Mas'uliyati Padaru Modar dar Ta'limu Tarbiyai Farsand«, 2010 Duschanbe.

»Wegschicken« als transnationale Erziehungsstrategie

Das »Wegschicken« von Kindern, die sich am Übergang in die Adoleszenz *(baloghat)* befinden, ist eine gängige Erziehungspraxis in vielen muslimischen Familien in Tadschikistan und als solche fest eingebunden in die lokale Islamtradition. In vielen Familien in Duschanbe wird es als religiöse Pflicht *(farz/shart)* der Eltern angesehen, die eigenen Kinder zum Zweck religiöser Bildung und moralischer Unterweisung in die Obhut islamkundiger Personen[9] zu geben, bei denen sie über das Studium religiöser Texte zur moralischen Reife geführt werden (Stephan 2010a, b). Es ist egal, ob die Kinder dafür in den Sommerferien in das elterliche Heimatdorf geschickt werden, in der städtischen Nachbarschaft *(mahalla)* die Moschee aufsuchen oder in Privaträumen unterrichtet werden. Die Praxis des »Wegschickens« determiniert ein Konzept von Nähe, das über die räumlichen Grenzen der lokalen Gemeinschaft hinausreicht und Aspekte sozialer und kultureller Intimität mit einschließt. Verwandte, befreundete Nachbarn oder Personen der gleichen Altersgruppe *(hamkurs)* gelten demnach nicht als Fremde *(begona),* sondern sind Teil eines erweiterten häuslichen Bereiches, innerhalb dem Erziehungsziele realisiert werden können. Strenggenommen kann hier also nicht von »wegschicken« im eigentlichen Sinne gesprochen werden, denn die Kinder verbleiben im sozialen Netzwerk ihrer Familie, das nicht nur Intimität und Vertrautheit garantiert sondern auch kulturelle Kontinuität und Kohärenz sichert (Medlin et al. 1971: 33).

Die eigenen Kinder in die Ferne zu schicken, wenn sie in die Reife eintreten, ist neu und steht als Erziehungspraxis in migrantischen (ebenso wie in nicht-migrantischen) Familien dem lokalen Charakter traditioneller religiöser Unterweisung scheinbar diametral entgegen. An der transnationalen religiösen Praxis neu bekehrter Muslime wie z.B. Habibas Eltern zeigt sich besonders deutlich der Autoritätsverlust der alten Generation lokaler religiöser Eliten, die – ausgebildet zu Sowjetzeiten – international anerkannten und global wirkenden Autoritäten und Institutionen wie z.B. die Al Azhar-Universität in Kairo kaum etwas entgegensetzen können. Ägypten, stellvertretend für den arabischen Raum allgemein, wird hier klar als Antidot zur Heimat und der dort erlebten alltäglichen Realität entworfen und erhält aufgrund der historischen Verbindung zu den Ursprüngen des Islams und der Entstehung der muslimischen Glaubensgemeinschaft eine besondere Anziehungskraft als Zentrum des »authentischen«, »echten« Islams. Dies gilt besonders für Muslime wie die in Tadschikistan, die sich selbst das Image »unwissender Sowjetmuslime« zuschreiben und damit an der Peripherie der muslimischen Welt verorten. Die Vorstellung, Teil der globalen Ummah zu sein, überwindet somit auch das stark Grenzen ziehende Konzept der Fremdheit und definiert Nähe in einer ganz neuen Form: Religiöse Erziehung im Ausland überwindet die als religiös peripher erlebte Position tadschikischer Muslime und ist im metaphorischen Sinn Ausdruck einer imaginierten Rückkehr in die religiöse Heimat (McLoughlin 2010).

Genährt wird die Transnationalisierung religiöser Praxis in tadschikischen Familien nicht nur durch ein sowjetisch geprägtes kollektives Gedächtnis, sondern auch maßgeblich durch den Versuch der postsowjetischen Regierung, mit dem neuen Gesetz über die elterliche Verantwortung bei der Kindererziehung die alte Tradition der religiösen Erziehung und

---

9   Die in vielen Teilen Tadschikistans (darunter auch Duschanbe) übliche Bezeichnung für männliche religiöse Spezialisten lautet *mullo.* Weibliche religiöse Spezialisten werden als *bibikhalifa* bezeichnet.

Wissensvermittlung im oben beschriebenen häuslich-lokalen Kontext zu unterbinden. Während die sowjetische Moderne lediglich eine Verlagerung des Islams in den privaten Bereich bewirkte, in dem er als kulturelle Tradition zwar einer Lokalisierung bzw. auch Nationalisierung unterzogen wurde (Saroyan 1997) – aber dennoch fortbestand, erleben Muslime in Tadschikistan heute einen Staatssäkularismus, der durch seine Zugriffe auf Familie und familiäre Erziehungspraktiken das bisherige Postulat, Religion sei die private Angelegenheit eines jeden Bürgers, aufweicht.

In der Imagination der Ferne als idealer Ort für die moralisch-religiöse Erziehung adoleszenter Kinder liegt ein signifikantes Unterscheidungskriterium zu den in der Literatur beschriebenen transnationalen Erziehungsstrategien migrantischer Familien. Am Beispiel jemenitischer Familien in den USA etwa beschreiben Faulstich Orellana et al. (2001), wie Eltern ihre Kinder in die Heimat zurückschicken, wenn diese im Zuge ihres Eintritts in die Adoleszenz Probleme bereiten. Die Heimat und die dortigen sozialen Netzwerke dienen den Eltern als kulturelle und religiöse Ressource für die Realisierung ihrer Erziehungsziele. Zudem hilft die daraus folgende Mobilität der Kinder zwischen Herkunfts- und Aufenthaltsort, die historische und kulturelle Kontinuität zwischen Migranten und ihren Herkunftsgesellschaften aufrechtzuerhalten und die Kinder stärker an die religiösen und kulturellen Traditionen, in welche die Eltern hinein sozialisiert wurden, zu binden (ebd., S. 583f.).

Zwischen zwei Welten: Unsicherheiten, Aushandlungen, Konfliktlinien

Religion kann wesentlich dazu beitragen, dass Migranten Verbindungen zu ihrer Heimat aufrechterhalten – sei es über die Teilnahme an religiösen Ritualen zu Hause oder durch das Übersenden von Geldbeträgen, um Angehörigen in der Heimat die Durchführung wichtiger religiöser Feste und Feierlichkeiten zu ermöglichen und auf diese Weise indirekt selbst zu partizipieren (Brettell 2003: 75ff.). Derartige transnationale religiöse Praktiken sind Ausdruck des Wunsches nach Zugehörigkeit und helfen Migranten, sich an einem fremd- oder gar multikulturellen Aufenthaltsort auf ihre kulturellen Wurzeln zu besinnen und soziale Kontakte zur Heimat zu pflegen.

Im gleichen Atemzug sind sie aber auch das Resultat sozialen Drucks, mit dem Migranten in der Heimat konfrontiert werden. Zu den Kernerfahrungen von Migration gehört, dass vom sozialen Umfeld daheim eine Erfolgsgeschichte erwartet wird, die von ökonomischem Gewinn, Modernität und sozialem Aufstieg erzählt, gleichzeitig aber mit der Erwartung einhergeht, dass migrierte Angehörige in der Fremde an den kulturellen Traditionen der Heimat festhalten und diese nicht aufgeben. Meinungen wie »In der Ferne verlieren sie ihre Traditionen«, »in Moskau vergessen sie ihre Familie« oder »... vergessen sie, dass sie Muslime sind« bestimmten schon 2004 den öffentlichen Diskurs in Duschanbe über Arbeitsmigranten in Russland mit und zwingen auch heute Migranten wie Habibas Eltern, ihre eigenen Aspirationen, Ziele und Wünsche mit den Erwartungen des sozialen Umfeldes in der Heimat und den alltäglichen Erfahrungen im Aufenthaltsland auszuhandeln. Innerhalb dieser Aushandlungsprozesse spielt Habiba und ihre religiöse Erziehung in Kairo eine zentrale Rolle.

Es ist v.a. die Verwandtschaft der mütterlichen Seite, welche die transnationalen Praktiken in Habibas Familie mitprägt und als Hüterin der Moral v.a. die Entwicklung von Habiba seit dem Umzug der Familie nach Moskau überwacht, etwa durch häufige Telefonanrufe. Entsprechend sind die regelmäßigen Aufenthalte in Duschanbe für Habibas Eltern wichtig. Sie dienen dazu, den Verdacht der Verwandten zu zerstreuen, sie bevorzugten für Habiba und ihre Brüder eine »westliche« Erziehung. Damit würden sie das moralisch negative Image bestätigen, das in Duschanbe über tadschikische Migranten in Moskau kursiert. Hinzu kommt, dass zwischen der väterlichen und mütterlichen Familie bereits ein Cousin als zukünftiger Heiratspartner für Habiba ausgehandelt wurde. Ob dies im Zuge der Migration erfolgte oder schon früher, ist ungewiss. Auf jeden Fall ist es eine gängige Praxis von in Russland lebenden tadschikischen Migranten, ihre in einem urbanen russischen Umfeld sozialisierten Töchter in die Heimat zu verheiraten und auf diese Weise soziale Netzwerke in dieser zu pflegen.[10] Habibas Eltern, die sich sehr um die Integration der Familie in das neue Wohnumfeld in Moskau bemühen, sind zugleich darauf bedacht, Habibas weibliche Moralität zu bewahren, sie im Rahmen der verwandtschaftlichen Zusammenkünfte in Duschanbe als ehrenhafte Tochter zu präsentieren und sich das Wohlwollen der zukünftigen Schwiegereltern zu sichern. Eine gute Möglichkeit, alle Absichten zusammenzuführen, bietet der Hijab. Während die Eltern in Moskau weniger streng darauf achten, ob Habiba Hijab trägt oder nicht und großzügiger im Umgang mit Habibas außerhäuslichen Aktivitäten sind, verlässt sie während ihrer Duschanbe-Aufenthalte das Haus kaum und muss den Hijab auch im Haus tragen, v.a., wenn Verwandte anwesend sind.

Habibas Studienaufenthalt in Kairo kann als konsequente Fortführung der elterlichen Bemühungen gelesen werden, sich über den moralisch guten Ruf ihrer Tochter auch aus der Ferne soziale Netzwerke in der Heimat zu sichern, die als Ressource z.B. für sozialen Aufstieg dienen oder bei einer späteren Rückkehr die Re-Integration in die Heimat ermöglichen können. Gleichzeitig steht die elterliche Entscheidung, Habiba zum Zweck religiöser Unterweisung »wegzuschicken«, in Verbindung mit der Erfahrung von Unsicherheit, wie sie aus Übergängen im Lebenszyklus – hier die einsetzende Reife *(baloghat)* – resultieren und im Kontext der alltäglichen transnationalen Lebenswelt von Habibas Familie zwischen Moskau und Duschanbe eine Intensivierung erfährt.

Thorne beschreibt Aufwachsen als einen offenen und in höchstem Maß unvorhersehbaren Prozess, der geprägt ist von »a moving dialectic of child and adult agency« (vgl. in Faulstich Orellana et al. 2001: 578). Transnationale Familienwelten haben entscheidenden Einfluss auf die Entwicklung adoleszenter Identität und liefern einen Kontext, in dem intergenerationale Konflikte und Kämpfe um Autonomie und Kontrolle stattfinden. Ich habe oben gezeigt, dass Familie als soziale Institution maßgeblich rahmensetzend für die Ausprägung transnationaler Kindheitsverläufe ist. Gleichzeitig aber erleben Kinder die transnationalen Lebenswelten ihrer Familie auf eigene, individuelle Weise und gestalten diese aktiv mit.

Habiba nutzt die Erfahrungsräume, die sie sich über die Peergruppe in Moskau erschließt, als Ressource, um eigene Interessen gegenüber den Eltern durchzusetzen bzw. den ihr von ihnen oder dem weiteren sozialen Umfeld in der Verwandtschaft daheim gesteckten

---

10 Die immens gestiegenen Scheidungsraten in Tadschikistan müssen auch vor dem Hintergrund dieser migrantischen Praxis diskutiert werden.

Handlungsrahmen für sie als reifende Tochter, die in einem fremdkulturellen Kontext lebt, selbstbestimmt auszugestalten und in seinen eng definierten Grenzen zu dehnen. Dazu gehören Forderungen nach außerschulischen Freizeitaktivitäten zusammen mit ihren Freundinnen wie Kinobesuche oder der Aufenthalt in beliebten Fast-Food-Lokalitäten nach der Schule ebenso wie zunehmend geführte Verhandlungen darüber, warum sie in Moskau überhaupt Hijab tragen muss (v.a. vor dem Hintergrund, dass die meisten ihrer Freundinnen sich nicht in der Öffentlichkeit bedecken müssen). Die kleinen Freiheiten, die sich Habiba in Moskau erkämpft hat und die es ihr in Maßen ermöglichen, Autonomie und Jugendhaftigkeit zu erleben, stehen im deutlichen Widerspruch zu den sozialen Konventionen, denen sie sich in Duschanbe beugen muss. Dieses Pendeln zwischen zwei für sie extrem unterschiedlichen urbanen Welten erlebt Habiba als sehr problematisch, nicht zuletzt auch wegen des ambivalenten Verhaltens der Eltern. In der Folge entwickelt sie eine ablehnende Haltung gegenüber ihrer Heimat und beginnt, gegen die Aufenthalte in Duschanbe zu rebellieren.

> »Ich möchte nicht hier [in Duschanbe] sein. Hier haben die Leute überhaupt keine Kultur (bemadaniyat). [...] Ich habe hier auch keine Freundinnen mehr. Mich interessiert nicht, was die Mädchen aus meiner alten Klasse reden. Es geht doch meistens nur ums Heiraten. Sie [die anderen Mädchen] sind einfach rückständig.«

Im Kontext dieser Entwicklungen und vor dem Hintergrund der Tatsache, dass Habiba, wie sie selbst behauptet, gegen ihren Willen und in Begleitung einer Tante der mütterlichen Seite nach Kairo geschickt wurde, entwickelt dieser Aufenthalt noch einmal eine ganz neue Dimension: Er ist das Ergebnis der elterlichen Angst, das nicht-muslimische urbane Umfeld in Moskau gefährde die weibliche Moralität ihrer Tochter, auf die sie so sehr bedacht sind. Ein Bildungsaufenthalt im »Kernland« des Islams – egal wie lange er stattgefunden hat und ob ein Abschluss erworben wurde oder nicht – erstickt nicht nur jeden möglichen Zweifel an Habibas gutem Ruf im Keim. Er sichert Habiba (und ihrer Familie) zugleich auch kulturelles Kapital, das ihre weibliche Moralität gegenüber der von anderen jungen Hijab-Trägerinnen in Duschanbe aufwertet. So gesehen ist der Bildungsaufenthalt Habibas im muslimischen Ausland Teil der elterlichen Bemühungen, die von ihnen in der Heimat erwartete Erfolgsgeschichte auch tatsächlich zu präsentieren.

Unerwartete Konsequenzen

Aber inwieweit kann im Falle von Habibas Studienaufenthalt in Kairo überhaupt von einem Erfolg der elterlichen Erziehungsstrategien gesprochen werden? Um diese Frage diskutieren zu können, ist ein Blick auf einige unerwartete Konsequenzen hilfreich, welche die Reise für Habiba und auch die anderen Mitglieder in der Familie hat.

Habibas Fall zeigt zunächst ganz allgemein, wie kulturell konstruierte Geschlechterkonzepte in transnationalen Familienkontexten wirken und wie Männer und Frauen ganz unterschiedlich in transnationale Räume eingebunden sind (Vertovec 2009: 64f.). Konkret wird am Beispiel von Habibas Familie deutlich, in welchem Maß die starke soziale Bindung der Eltern an ihre Herkunftsregion bewirkt, dass die dort gültigen kulturell konstruierten Geschlechterkonzepte sowie die damit verbundenen sozialen Machtverhältnisse im Rahmen alltäglicher, transnationaler Praktiken und Erfahrungen reproduziert werden. So ermöglichte der Studienaufenthalt in Kairo Habiba zwar die Erfahrung einer grenzüber-schreitenden Mobilität, da diese nicht nur ihren Brüdern sondern auch vielen ihrer Alters-gleichen in der Heimat verwehrt bleibt. Allerdings wurde dieser Mobilität in Kairo selbst ein sehr enger Rahmen gesetzt. Habibas Lebenswelt beschränkte sich weitestgehend auf die Wohnung und die religiösen Kurse. Somit blieben die Mutter und die Tante die zentralen Bezugspersonen, und Habiba war es nicht möglich, engere Kontakte z.b. zu anderen Kurs-teilnehmerinnen zu pflegen oder Erfahrungen mit der kosmopolitischen Umgebung der Al-Azhar-Universität zu sammeln. Im Ergebnis konnte sich Habiba anders als in Moskau über den Aufenthalt in Kairo keinen eigenen Möglichkeitsraum außerhalb der Familie erschlie-ßen, in dem sie eine individuelle, juvenile Identität hätte entwickeln können. Im Gegenteil, Habiba erlebte den Aufenthalt in Kairo als Ausweitung des familiären Bereiches über weite räumliche Distanzen hinweg und fühlte sich in der Fremde noch stärker mit der Dominanz der in der Heimat vorherrschenden Geschlechterkonzepte konfrontiert – insbesondere auch durch die Kontrolle der sie begleitenden Tante. Bestärkung erfährt diese Erfahrung in den gestiegenen Erwartungen der Eltern gegenüber Habiba, sich nach ihrer religiösen Ausbil-dung im Ausland stärker in die heimatliche Geschlechter-Ordnung einzufügen.

Wieder ist es der Hijab, der nun als Teil eines erwarteten neuen religiös-moralischen Habitus eine Schlüsselrolle spielt und über den Habiba symbolisches Kapital generiert, das ihre Familie einsetzt, um ihre soziale Position und ihren moralischen Status als Migranten in der Heimat zu verhandeln. Habiba reagiert auf die gestiegenen elterlichen Erwartungen, indem sie sich dem Hijab nach ihrer Rückkehr aus Kairo völlig verweigert. Dies bezeugt ein Streit, den ich mit meinem Besuch in der Familie in Duschanbe wenige Monate nach der Rückkehr aus Kairo auslöse: Habiba soll für mich (als Gast der Familie) ihren Hijab tragen, um in den Worten der Mutter, »ihre Schönheit, die durch das Tuch noch stärker strahlt« zu präsentieren. Habiba verweigert sich, und als die Eltern sie drängen, verlässt sie wütend den Raum und bleibt bis zu meinem Aufbruch in ihrem Zimmer. Die Mutter kom-mentiert das Verhalten ihrer Tochter damit, dass sie nach der Reise noch nicht wieder »zu sich gefunden« habe. Habiba dagegen hat ihre eigenen Erklärungen:

Habiba: »Wenn ich auf die Straße gehe, muss ich mich bedecken. Das wollen alle [die Verwandten] so, und meine Eltern fügen sich. Ich bin dann wie ein Tier im Zoo, dass alle anstarren. [Also] ich bleibe lieber in der Wohnung.«
Forscherin: »Aber langweilst du dich denn nicht?«
Habiba: »Nein! In meinem Zimmer habe ich Computer und Internet. Ich kann also immer wenn ich will mit meinen Freundinnen in Moskau [zusammen] sein«.

Habibas Rückzugsverhalten bestätigt ihren Wunsch nach Selbstbestimmtheit und Emanzi-pation gegenüber den Eltern und eröffnet ihr einen Möglichkeitsraum, auch während ihrer sommerlichen Aufenthalte in Duschanbe virtuellen Kontakt zu ihren Moskauer Freundin-nen zu pflegen. Anderseits bringt sie sich damit selbst in eine isolierte, ja marginalisierte Position in der Heimat und verweigert sich, beide kulturelle Zugehörigkeiten als Teil ihrer Identität zu akzeptieren. Vor dem Hintergrund ihrer Migrationserfahrungen erlebt Habiba religiöse Praktiken wie z.B. das Tragen des Hijabs – anders als viele ihrer Altersgleichen in Duschanbe – nicht als eine Möglichkeit, sich von den kulturellen Traditionen und muslimi-schen Selbstentwürfen des sozialen Umfeldes zu emanzipieren und moderne bzw. auch dezidiert juvenile Identitäten auszubilden (Stephan 2010c: 476ff.; Kirmse 2011: 288ff.). Vielmehr verdichtet sich in den familiären Verhandlungen und Konflikten bezüglich des Hijabs jenes Ringen um Autonomie und Kontrolle, das adoleszente Lebenswelten so maßgeblich prägt und vor allem für transnationale Familien eine Herausforderung darstellt. Am Ende erreicht Habiba mit ihrem Rückzugsverhalten, dass sie sich der elterlichen Deutungsmacht über ihren Körper als Symbol makelloser weiblicher Moralität teilweise zu entziehen vermag. Da die moralische Botschaft des Hijabs einer Öffentlichkeit bedarf, um sich entfalten zu können, ist es auch Habibas Eltern nur eingeschränkt möglich, die Tochter und ihren Bildungsaufenthalt in Kairo als Ressource für die Realisierung eigener Interessen in der Heimat zu nutzen.

Fazit

Die Praxis, adoleszente Töchter über einen Studienaufenthalt ins muslimische Ausland in die »Reife« zu führen, gibt Aufschluss darüber, wie Familien transnationale soziale Räume nutzen, um ihre Interessen und Strategien in einem von Migration geprägten Alltag zu verfolgen. Kinder stellen dabei eine wichtige Ressource für Eltern dar, um die eigenen Erfahrungen im Migrationsland mit den sozialen, moralischen und auch politischen Gegebenheiten in der Heimat zu verhandeln. Die daraus resultierenden familiären Erfahrungen geben einen Rahmen vor, der Kindheiten in transnationalen Kontexten determiniert, die Eltern-Kindbeziehung neu reguliert und Handlungsräume sowohl für Eltern als auch für Kinder schafft (Faulstich Orellana et al. 2001: 586).

Mit Blick auf die relevante Position von Kindern in transnationalen Kontexten zeigt sich, dass familiäre Migrationserfahrungen die Ausprägung von Moratorien begünstigen können. Das multikulturelle urbane Umfeld in Moskau, in dem Habiba ihre Kontakte zu Altersgleichen aufbaut und pflegt, schafft einen Raum für die Erfahrung von »Neuem«, in dem sie ihre Identität außerhalb des familiären Rahmens und über die Auseinandersetzung mit ihrer kulturellen Herkunft entwickeln kann. Die Position der Eltern in diesem Prozess ist ambivalent und beschreibt gleichermaßen unterstützende wie begrenzende Tendenzen. Sie lassen Habiba einerseits Raum für die individuelle Ausgestaltung von »Freizeit«, d.h., einer Zeit zwischen Schule und Aufenthalt im häuslichen Bereich, die ihr in dieser Form in Duschanbe verwehrt geblieben wäre. Dieses Gewährenlassen intendiert den elterlichen Wunsch nach Integration in das neue Lebensumfeld und erfährt eine Ausweitung auf die Aufenthalte in der Heimat, indem die Eltern ihrer Tochter über die Ausstattung der Duschanbeer Wohnung mit moderner Kommunikationstechnologie einen virtuellen Kontakt mit den Moskauer Freundinnen ermöglichen. Unter diesen Bedingungen kann Habiba auch eigene Lebensentwürfe entwickeln, die weniger darauf abzielen, sich auf eine baldige Heirat vorzubereiten, sondern v.a. berufliche bzw. Bildungskarrieren in den Blick nehmen.

Allerdings handelt es sich in Habibas Fall um eine zeitlich eng begrenzte Entpflichtung (Andresen 2005: 107f.). Dies bestätigen die religiösen Erziehungsbemühungen ihrer Eltern. Der Studienaufenthalt in Kairo und die damit verbundenen intendierten elterlichen Ziele lassen einen Lebensentwurf für Habiba offensichtlich werden, in dem Bildung – hier eine religiöse – weniger der Vorbereitung auf eine spätere berufliche Karriere als auf die zukünftige Rolle als ehrbare Ehefrau und Schwiegertochter dient. Hier bricht sich ein Konzept von Jugend als Phase der Transition Bahn, das Kindern in Tadschikistan die Position von »Lernenden« zuweist, die frühzeitig unter Anleitung von Erwachsenen auf die späteren Erwachsenenrollen vorbereitet werden. Religion übernimmt dabei unabhängig davon, ob sie in einem lokalen oder transnationalen Raum praktiziert wird, eine wichtige Rolle. Sie ist eine Ressource für Migranten, um ihre moralische und soziale Position in der Heimat sowie im Migrationsland zu verhandeln, und um gleichzeitig das Risiko, das adoleszente Erfahrungen mit einer Kindheit zwischen zwei Welten für die elterlichen Aushandlungen birgt, so gering wie möglich zu halten. Unter dem dominierenden Zugriff durch Erwachsene wirkt Religion hemmend für die Ausprägung von Moratorien und steht Habiba als Ressource für die Identitätsentwicklung in der Adoleszenz nicht zur Verfügung.

Zwischen zwei Welten zu leben, ist nicht nur eine Kernerfahrung transnationaler Kindheiten. Das Oszillieren zwischen Heimat und Migrationsland prägt auch die Eltern maßgeblich und erzeugt neben Erfahrungen von Neuem und Positivem in starkem Maß auch Unsicherheiten, die sich auf die geschlechterspezifische Erziehung von Kindern in der Migration auswirken – und die von den Kindern selbst als ambivalentes Verhalten der Eltern erlebt werden. Augenscheinlich ist, dass bei der Bewältigung von Unsicherheit der Rückgriff auf Traditionen und bewährte kulturelle Konzepte eine signifikante Rolle spielt. Zwar mag die Auslagerung religiöser Erziehungspraxis auf einen neuen, dritten geografischen Raum mit Blick auf die muslimische Identität von Habibas Eltern emanzipatorischen Charakter haben. Andererseits aber reproduziert sich darüber die bestehende Geschlechterordnung in der Heimat und sorgt für eine Perpetuierung der kulturellen Bindung an die Heimat. Migrantische Familien erweisen sich somit als ein sozialer Raum, der in verdichteter Form Wandel ebenso manifest werden lässt wie Kontinuität und Kohärenz, und in dem transnationale Erfahrungen in einem lokalen Kontext adaptiert, gewandelt und verworfen werden können (Freitag/von Oppen 2010).

Literatur

Andresen, Sabine (2005): Einführung in die Jugendforschung. Darmstadt: Wissenschaftliche Buchgesellschaft.

Appadurai, Arjun (1996): Modernity At Large. Cultural Dimensions of Globalization. Public Worlds, Vol. 1. Minneapolis and London: University of Minnesota Press.

Brettell, Caroline (2003): Anthropology and Migration. Essays on Transnationalism, Ethnicity, and Identity. Walnut Creek u.a.: AltaMira Press.

Eickelman, Dale F. (1985): Knowledge and Power in Morocco: The Education of a Twentieth-Century Notable. Princeton Studies on the Near East. Princeton N.J.: Princeton University Press.

El Moudden, Abderrahmane (1990): The Ambivalence of *rihla*: Community Integration and Self-Definition in Moroccan Travel Accounts, 1300-1800. In: Eickelman, Dale F./Piscatori, James (Hg.): Muslim Travellers. Pilgrimage, Migration, and the Religious Imagination. London: Routledge, S. 69-84.

Faulstich Orellana, Marjorie/Thorne, Barrie/Chee, Anna/Lam, Wan Shu Eva (2001): Transnational Childhoods: The Participation of Children in Processes of Family Migration. In: Social Problems, Vol. 48, S. 572-591.

Freitag, Ulrike/von Oppen, Achim (Hg.) (2010): Translocality. The Study of Globalising Processes from a Southern Perspective. Studies in Global Social History, Vol. 4. Leiden/Boston: Brill.

Gellens, Sam I. (1990): The Search for Knowledge in Medieval Muslim Societies: A Comparative Approach. In: Eickelman, Dale F./Piscatori, James (Hg.): Muslim Travellers. Pilgrimage, Migration, and the Religious Imagination. London: Routledge, S. 50-65.

Giddens, Anthony (2000): Runaway World: How Globalization is Reshaping our Lives. New York: Routledge.

Glick Schiller, Nina/Fouron, Georges E. (1999): Terrains of Blood and Nation: Haitian Transnational Social Fields. In: Ethnic and Racial Studies, Vol. 22, S. 340-366.

Goulbourne, Harry/Reynolds, Tracey/Solomos, John/Zontini, Elisabetta (Hg.) (2010): Transnational Families. Ethnicities, Identities and Social Capital. Relationships and Resources Series. London/New York: Routledge.

Hutnyk, John (2010): Hybridity. In: Knott, Kim/McLoughlin, Seán (Hg.): Diasporas. Concepts, Intersections, Identities. London and New York: Zed Books, S. 59-62.

ICG (International Crisis Group) (2009): Tajikistan: On the Road to Failure. ICG Asia Report 162 (12. Februar). Dushanbe/Brüssel.

Kirmse, Stefan B. (2011):»Nested Globalization«. In: Osh, Kyrgyzstan: Urban Youth Culture in a »Southern« City. In: Tsypylma, Darieva/Kaschuba, Wolfgang/Krebs, Melanie (Hg.): Urban Spaces after Socialism. Ethnographies of Public Places in Eurasian Cities. Eigene und fremde Welten, Bd. 22. Frankfurt a.M. u.a.: Campus, S. 283-306.

Klein-Hessling, Ruth (1999): Wo endet die Trauer? Soziale Praktiken im Diskurs über islamische Identität im Nordsudan. In: Klein-Hessling, Ruth/Nökel, Sigrid/Werner, Karin (Hg.): Der neue Islam der Frauen. Weibliche Lebenspraxis in der globalisierten Moderne. Fallstudien aus Afrika, Asien und Europa. Bielefeld: transcript, S. 229-248.

Liebelt, Claudia (2008):»Touristinnen, nicht Arbeiterinnen!« Philippinische Pflegekräfte in Israel auf Pilgerfahrt im »Heiligen Land«. In: Lauser, Andrea/Weissköppel, Cordula (Hg.): Migration und religiöse Dynamik. Ethnologische Religionsforschung im transnationalen Kontext. Bielefeld: transcript, S. 173-195.

Medlin, William K./Cave, William M./Carpenter, Finley (1971): Education and Development in Central Asia. A Case Study on Social Change in Uzbekistan. Leiden: E. J. Brill.

McLoughlin, Seán (2010): Muslim Travellers: Homing Desire, the umma and British-Pakistanis. In: Knott, Kim/McLoughlin, Seán (Hg.): Diasporas. Concepts, Intersections, Identities. London/New York: Zed Books, S. 223-229.

Papas, Alexandre/Welsford, Thomas/Zarcone/Thierry (Hg.) (2012): Central Asian Pilgrims. Hajj Routes and Pious Visits between Central Asia and the Hijaz. Islamkundliche Untersuchungen, Bd. 308. Berlin: Klaus Schwarz.

Saroyan, Mark (1997): Minorities, Mullahs and Modernity: Reshaping Community in the Late Soviet Union. Berkeley: University of California Press.

Schiffauer, Werner (2006): Migration and Religion: A Special Relationship. In: Fikrun wa Fann, Vol. 83, S. 29-34.

Schmitz, Andrea/Wolters, Alexander (2012): Politischer Protest in Zentralasien. Potentiale und Dynamiken. Berlin: Stiftung Wissenschaft und Politik.

Stephan, Manja (2010a): Das Bedürfnis nach Ausgewogenheit. Moralerziehung, Islam und Muslimsein in Tadschikistan zwischen Säkularisierung und religiöser Rückbesinnung. Kultur, Recht und Politik in muslimischen Gesellschaften, Bd. 16. Würzburg: Ergon Verlag.

Stephan, Manja (2010b): Erziehung, Moralität und Reife: Zur Popularität privater religiöser Kurse im städtischen Tadschikistan. In: Hunner-Kreisel, Christine/Andresen, Sabine (Hg.): Kindheit und Jugend in muslimischen Lebenswelten. Aufwachsen und Bildung in deutscher und internationaler Perspektive. Kinder, Kindheiten, Kindheitsforschung, Bd. 1. Wiesbaden: VS, S. 125-141.

Stephan, Manja (2010c): Education, Youth and Islam: The Growing Popularity of Private Religious Lessons in Dushanbe, Tajikistan. In: Central Asian Survey, Vol. 29/4 (Special Issue: Youth in the Former Soviet South: Everyday Lives between Experimentation and Regulation), S. 469-483.

Thangarajah, C.Y. (2003): Veiled Constructions: Conflict, Migration and Modernity in Eastern Sri Lanka. In: Contributions to Indian Sociology, Vol. 37/1-2, S. 141-162.

van der Veer, Peter (2001): Transnational Religion. WPTC-01-18 (Conference Paper; Transnational Migration: Comparative Perspectives. Princeton University, 30 June – 1 July 2001).

Vertovec, Steven (2009): Transnationalism. London and New York: Routledge.

Monica Heintz

»We are here for caring, not educating«: Education in Moldova

When I was conceptually designing my research on moral education in Moldova, before leaving for the field, I did not anticipate that this theme would naturally lead me to spend six months of field research surrounded by children. Looking back retrospectively, this was not due to my incapacity to foresee, but to the little attention I was willing to pay to differences between children and adults in the economy of my research. In the debate between Lawrence Hirschfeld who claims that anthropologists do not study children enough (2003) and David Lancy (2008) or Heather Montgomery (2008) who, through looking back to more than a century of anthropology, discover that they do, even if not making it a separate chapter, Piaget and his fundamental distinction between children and adult's constitution looms large. The discovery of the 90s that anthropologists do not pay attention to children is similar to the discovery of the 60s that anthropologists do not pay attention to women seen as less articulate (Ardener 1968). But anthropologists did observe women in the field before the 60s, as they also observed children; it is only the Western desiderata to make these categories visible that had changed. The Declaration of Children's Rights was issued in 1989; quite logically, the claim that they were understudied came in the 90s. Again, if the debate over the size of a woman's brain was contentious and feminist anthropology fought to convince that gender differences were culturally constructed, thus that we can study men and women in a similar way, there is a definitive scientific agreement that children are differently constituted beings, due to their stage in the process of human development. Five years olds do not have the same knowledge and understanding of the world as eight years olds (s/he does not have the same mental constructions) and basic knowledge of the child development is needed for contextualizing children's statements. This incited to a certain reticence on the part of anthropologists not familiar with psychological research to explicitly focus their research on children and I would explain in this way my unwillingness to differentiate children as a separate focus group in my pre-field research. On the other hand, approaches coming from psychology, psychiatry and health overcame universalizing biological prejudices to show that children's needs depend on the cultural contexts in which they were raised (Wallet/Camilleri 1996), those going hand in hand with anthropological approaches.

My argument in this paper springs directly from the lack of methodological distinction between my work with adults and my work with children in the field. I argue that the veracity of the information obtained was difficult to check for one category as for the other, as both categories of persons were lying or simply ignoring important aspects of their social reality. For making sense of their statements I would have needed to know as much about developmental psychology as about the psychology of adults' trauma, disruptive change, loss or fear. But no psychologist preceded me in a Moldovan village so that I can rely on her/his work. This is not a claim that children should not deserve a separate approach in anthropology, but a warning that we might be as prepared (or as unprepared) to deal with children's statements and with adults' in some social contexts. Luckily, explicit statements are not the only ways of apprehending moral education; observation of actions, behaviours, even bodily postures (Rydstrom 2003) is another.

I focus in this paper on a corpus of statements and observations dealing with migration. Many Moldovan children grow up without their parents, gone to work abroad, and about whose life abroad neither them nor the adults in the village know much. Migration is the locus (or the context), not the focus of my research; in this paper I only deal with its consequences in the country of origin of migrants. In the first part of this paper I will present the context of my research and the particularity of my dialogue with children. In the second part of the paper I will describe their daily life between school, family and the street. Finally I will tackle through analysed examples the uncertainty around their parents' absence and the consequences of this uncertainty on children's self-perception, on the surrounding adults' involvement in their education and on the local understanding of truth and probity.

A particular method of research

Moldova is an ex-Soviet Republic, which gained independence in 1991 from the declining USSR, a few days after the putsch against Gorbatchev. The majority population speaks Romanian (78%), but the country also hosts a large Slavic speaking population (Ukrainians and Russians) and a Turkic language speaking minority (the Gagauz). When I went in the field in 2003 in Moldova with the aim of observing religious moral education in the countryside, I had not decided on the exact location, only searched for a Romanian speaking community, because it was the common basis needed for my comparative project between Romania and Moldova. I was also explicitly wishing to do research in a typical (or representative) location and as 61% of the Moldovan population lives in the country side, the rural area imposed itself as an obvious choice. I crossed by car this densely populated country of 3,9 million inhabitants on 33.843 km^2 surface from the south to the north and chose the village of Satul Vechi (this is not the real name of the village) in the north at the frontier with the Ukraine, on the following criterion: there was life in the streets, people interested in our presence, thus some feeling of a community. We later understood that this village was not representative of Moldovan villages in two respects: firstly it was less touched by migration and secondly people kept priding themselves with their richness, despite this richness having substantially declined after 1991. This was quite visible in the impressive number of large houses dating from the 70s-80s, while when crossing Moldova the usual picture was that of large houses under construction with money from migrants side by side with small old decaying houses.

The particularity of my method of research (mere variation around the participant observation accompanied by interviews and a household survey) comes from the particularity of my integration within this community, which is in turn largely responsible for my intensive research with children. Although I was conducting individual research, I settled for six months in the period October 2003 to September 2004 in the village, together with my family composed by my couple and four young children (aged from 3 months to 6 years old). Young children are an object of tenderness and admiration and are also considered somehow as common property in a village. In a society where older siblings take care of the younger, my young children have been quickly ›adopted‹ and taken care of by older children from our *mahalla*. A mahalla is loosely defined as a quarter around a common fountain, a space of sociality where adults meet and discuss while filling their buckets with water. These fountains are in general placed at cross roads and cross roads are larger spaces where children could play together, not far from their home. The old house we were renting was placed at the cross roads and disposed of a large non cultivated garden, which quickly became an extension of the playground that was at the cross roads, despite the threats of the adults, who did not dare fetch their children directly from our garden when they needed them for some work. It took no more than a couple of days after our arrival in the village to see our tiny house completely taken into possession by a dozen of children aged 5 to 14. Their relatives were more reluctant to engage in conversations with us and our landlord confessed after a few months that much gossip was going on at the beginning of our stay about what we had come to do in the village and what we were doing at home. Neighborhood children were the first »culture brokers« (this term is also used by Lancy 2008 to characterize the point of view taken by a set of researches on the schooling of U.S. migrants and minorities in the 60s) between me and the community and my first source of knowledge about the community. When we met parents in the village afterwards, they knew as much about us, as we knew about them and our exchanges were much eased, despite the fact that politeness dictated us to hide the amount of information we held about each other.

Despite the successful role of children as culture brokers, I have realized after a few months that adults remained quite opaque when it came to my research interest, which was moral education. As it turned out lately, the reason was that education was considered to concern uniquely children, as they put it bluntly. As adults, they did not consider that they had anything else to learn and did not see their (challenging) adaptation to the new economic and political situation as a form of learning. As for their religious moral education, which was the very scope of my research, the subject did not interest them much. Although being an atheist would have been an impossible position in this Orthodox community, the church was not a meeting-point on Sundays or otherwise a social catalyzer of the community. The monastery located next to the village was more in view, but it was due to the charisma of the priest and to pride of its touristic interest, not because of any particular spiritual engagement. Thus, when learning about my research interests, adults directed me towards children, which they chose to consider being the focus of my research. This focus also legitimated my place in their community: as children and their education was increasingly a burden for adults (too many children left behind due to migration and too few school trained adults who can help with their formal education, mainly due to the change of the script from Cyrillic to Latin in 1989), they passed me over some part of the responsibility and I found myself often in the position of cultural animator or mentor among a group of children who I could not get rid of until late at night, all the more so as they were trying to take care of my own children in order to justify their presence. This position allowed me to observe interactions between children, their internal hierarchies and principles of cooperation, children's play. It oscillated between authority (I was the adult, it was my house after all) and companionship in shared responsibility (we took care of young children together). Connivance was installed with the adults taking care of these children, whom, for the larger part, were not their biological parents, a position that made them even more willing to share with me comments and advices regarding them. This allowed me to complete the information obtained by directly observing and freely conversing with children, with information from the adults surrounding them, who were typically commenting as much about their children as about the others' children. A Romanian saying *aschia nu sare departe de trunchi* (the chip does not spring far from the trunk) underlines the heavy burden of family heritage: when commenting on children, adults were also commenting on children's parents, of which children were seen as an accurate reflection.[1]

I ended up doing research on children and their education as it was transmitted through family, school, mass media and in the street. The role of the church being nonexistent as a direct educator, I have looked at the role of religion in the context of family transmission. I will consider each of this in turn.

Caring is not educating

Satul Vechi is a village of 2990 inhabitants, all Romanian-speaking except for some women of a different ethnic origin married in the village, all Orthodox except for three related families recently converted to a new form of Protestantism. As reflected in people's opinion and in the small household survey on a sample of 75 households in the village, in 2003 the village was less touched by migration than other villages, where the rumor was that only old people were left. Despite this, I met few people between 20 and 40 years old in the village. Even more so, when trying to find who was caring for the dozen children of my mahalla, I discovered that only one of them was living with both parents. As I will show later, this lack of representativeness of the sample was not entirely fortuitous. When I first met the director of the village school, he started the conversation by sharing with me some statistics on the number of pupils in his school leaving without one or both parents. All elderly people complained about their children gone abroad. The postsocialist transformation in Moldova led to mass migration (Heintz 2008), whose estimation occupies social researchers, but whose real size continues to remain a guess: when journals speak about 20-25% of the total population engaged in migration, today the International Office for Migrations Moldova gives only 10.5% international migrants, a figure that matches my own estimation based on my household sample in Satul Vechi. But those leaving to work abroad are between 20 and 40 years old and when estimating the percentage of departures in this age group, we obtain that as many as 30% of this age group work abroad. If we take into account the fact that in this age group people are married and have children, a life step taken by most Moldovans at the end of their studies, then we arrive at the estimation that

---

1   This was often prejudicial to the way in which children were considered. Those having an alcoholic father were expected to follow in the same path, sooner or later, no matter how hard working they presently were–an expectation expressed by adults and rapidly relayed by children.

half of the Moldovan families with children have at least one parent abroad, thus corroborating the school director's statistics (Mashkova/Crudu 2005).

If we start with the director's statement regarding the role of the school in community and his opening complaint to our discussion, the family should educate children, not the school- an assertion also made in Western countries such as France (Fraïoli 2010: 57). Let me present however the role that the medium school as a social institution had in this village, where there were no other job opportunities than agriculture, no bar/café in the whole village (though men could drink in minimarkets) and where the church was not frequented by more than half a dozen old women on a regular Sunday. The school was the only imposing building in the village, next to the city council, the kindergarten, the museum, the library and the ancient House of Culture and it was in front of the school and with its collaboration that all public manifestations took place. It was obviously the larger employer in the village and it hosted 500 pupils, from the first grade to the eleventh grade. Indeed, the Soviet system of medium schools allowed children to study in the village during all their school years. After finishing their degrees, most would marry in the village right afterwards and get a job in the collective or in the factories of the neighbouring town (7 km away). In 2003 and despite the economic difficulties, almost all children finishing their medium studies were leaving the village for going to Chisinau to study at the University, studies for which their parents had to pay. Paying for their University was one of the main motives together with building a house for which adults left for working abroad, mainly in Russia, but also in Western Europe, Ukraine or Turkey.

If the school director and teachers complained about the negative effects of migration on children, it was a complaint about their lack of home education (»the seven years from home«, at it is called in Romanian) and not about the psychological effects that living without parents entailed. Indeed, as it resulted from my interviews and conversations with caring adults in the village, education was parents' responsibility and they, the adults left home (uncles, aunts, grandparents), were only responsible for caring for children: feeding and cleaning. Left alone with the children of migrants in addition to their own children, they could not endorse more than the basic responsibilities towards these children, not to mention that they were often confronted with disobedience when it came to enforcing rules on them. But the situation was particularly dramatic for those children left with one parent at home, typically the father, often victim of alcoholism (Mashkova/Crudu 2005 on the feminization of migration), and who had to take on the responsibility of the absent mother: cleaning, taking care of the poultry, cooking. It would be easy to cast them in the category of children slaves and denounce children's work, but in the same time working was not uncommon in rural Moldovan culture even before mass migration and adults have always considered work as part of their necessary enculturation and development. On the contrary, elder complained that children were more »spoiled« than before, especially those who were crumbling under the weight of presents brought by their parents living abroad as compensation for their absence.

Let us consider the group of children who spent most of their after school time in or around my house. Two siblings, 11 and 15 years old were living with their father. While he was gone to work, they had to keep the household: the girl, 11 years old, had to keep the house and cook, and the boy to cut the wood and take care of the animals. Another two sisters, 11 and 14 years old, whose mother had abandoned her home to leave with a man in another village, were left to manage the house while their father was working to earn some money. For a long period of time, they had no electricity because the bill had not been paid. The older one was sometimes cutting school for finishing her work in the courtyard, because she had forgotten it while playing with the other children. Their father died from a combination of untreated tuberculosis and alcoholism a few days after we left the village and the two girls were sent to a distant great aunt at the other end of the village. In another family, a couple of better off grandparents were taking care of their child and of two grandchildren, but could not help them with their lessons because of their illiteracy in Latin scripts. They also considered that their parents should come back home and take care of their children, as they had already performed their ›due‹ by rearing their own four children in their time. One eight years old boy and one five years old girl of single mothers were taken care of each by their aunt, respectively by their uncle's married couple, who also had two children of their own. In one of these two cases, the two children were not from the same marriage (the number of recomposed families in the village was quite high as many couples were divorcing as a result of long term separation during migration). Family solidarity worked between siblings and children were accustomed to think of their cousins as brothers. But there was a differentiation in the way they were educated: in our house and in the street, those left to come, those uncontrolled, were mostly those children whose parents were abroad. Their more fortunate cousins, who had one or both parents at home, were not coming so often. In some cases it was a matter of age- they were older and had to help with housework, in other cases it was a matter of reputation. As I stated earlier, if there was an exaggerated quota of children living without parents in my courtyard is that these particular children were unattended by somebody else or were themselves in need of affection and more keen on having my friendship and my children's. If this was not a village, but a town, some of them (those living with their father mostly) might have been considered street children.

In this debate over the responsibility for education between the school and the family, were there no other sources of inspiration or responsibility? The role of the church was inexistent (Heintz 2006), the role of mass media as well. Indeed this last source of information was in Russian and new generations of children did not master this language correctly. TV was often watched for its entertainment programs and cartoons, not for learning, the press was too difficult to read for children and the school and village libraries contained almost now books written in Latin characters. The lack of solid external and appealing knowledge became apparent to me when one of these »street« children, a 14-years old girl, who was often cutting school, was prompted by my use of a correct Romanian language that she was appreciating, to listen to Radio Romania in order to improve her language competences. I did my fieldwork in a period of tense relations between Moldova and Romania, when the communist party in power accused Romania of colonial intentions over Moldova; still, even the most pro communists and anti-Romanians in the village listened to Radio Romania »for the folk music«. Listening to the radio was not however something common among children. In the tense context mentioned above and given my Romanian origin, I was very reluctant to provide any direct incitement to learn proper Romanian and this girl's sudden discovery of a literary language was exclusively her discovery. It shows that there had been not even a distant previous incitement for such knowledge and no available role models in her family circle.

Ignorance and lies: making sense of the absence

Myths and lies were surrounding the absence of parents from the village and the activity they were performing abroad. Questioning children or adults was not likely to bring a clearer answer to the anthropologist: where children ignoring where their parents were as this 8 years old boy who was telling me that his mother was in Chisinau, while his older cousin knew he was protected through lying and that his mother was in fact in Turkey? Most women working in Turkey had been gone through a human trafficking network led by one of the neighbours. The older cousin knew her aunt was taking care of children in Turkey: was she protected in turn by not being told the truth about her work abroad or did her aunt move to a decent job since? Did the adults who were recounting the involvement in prostitution as being a thing of the past lie, hide or were being deceived themselves? In the imbroglio of different levels of truths for different categories of people, lies prompted by shame or by the will to protect, mixed with different levels of pure ignorance, it was hard for the anthropologist to find out what was the truth and to find out what kind of principles of truth sharing linked adults to children. Of course, children were taught not to lie to their parents, but they were also taught to lie to protect younger children from an early age – a fact common in many traditional societies (Barnes 1994). As »lying as protection« was often practiced to hide sensitive issues and as I have seen sometimes older children being protective towards their lost drunk parents, I wonder how the principles of truth and probity were still capable of balancing a reality full of lying and storytelling, among children, between children and adults and among adults.

The fact of endorsing the responsibility towards the psychological balance of the others at an early age under adults' compelling, brings an early maturity in relations that gives also autonomy and self-confidence to the child. Although this is often not true, children speak about the ideas, feelings, decisions in relation with their peers as being derived from their own thinking, doings, proudly using the ›I‹. By comparison, when they refer to school or to other external affairs that have an impact on their lives (prices, shops, TV information), the impersonal form is often used and they seem to endure the consequences. Regarding school however, when it comes to the behavior of individual teachers, children consider to be able to have an impact if they wish. Thus several children (aged 10-11) told me that if they wanted to have good marks in school it would be enough to give money to the teacher and if they (›the children‹) do not do it, this is because they do not need good marks so badly. I will not comment here on the idea (or the reality) that children had of the corruptibility of their teachers, but just note that despite the fact that they did not have money on their own, they would speak as if it was them who had the power to decide whether to bribe the teacher or not. Useless to say that their discourse was just an echo of what they had heard from their parents (or caretaking adults) and their own decision that marks did not matter was a reflection of their parents' decision. The illusion that they are deciding what to think and what to do was obvious in the way children were managing relations among themselves. Two girls (10 and 11 years old) did not talk to each other and were depicting each other in bad terms whenever possible. In reality they had barely played together and their conflictual position came from the conflict and reciprocal distrust between their families. But this self-deception into how much power or agency they had in life was similar to the adults'; children were imitating adults in their discourses. Unsurprisingly their parents were saying the same things in same terms: they also would have bribed teachers if they wished, changed their relationships with neighbours if they wished. And it looked like they were self deceiving themselves as much as their children, because actually none of them did any of these things. It appears that parents speak quite openly in front of their children, from the moment they consider that they have grown up enough to be able ›to understand‹, but sometimes the compulsory proximity due to the size of the house (during winter families live in one room in order to reduce heating costs) led children hear what was not meant for their ears. The share of concerns between adults and children gives responsibility but also empowers these last. The caught ›secret‹ that adults do not know that children know gives power too. Let us consider the contrary example of a deceived child who found out the truth about who was her real mother when she grew older. Married at 18 years old, this mother was forced by her parents to divorce a few months later when her baby was not yet born, because her husband run away with money taken from her parents' house. To hide this shame to her child and the community, grandparents decided to bring up the child as their own, together with their 6 years old son. The unfortunate young divorced mother, ashamed, without resources and unemployed, left home to work abroad. There she was drawn into a spiral of human trafficking, shame and poverty that did not allow her to remarry or to return as a respectful divorced mother with a child back home. The child grew up until the age of ten believing that her grandmother was her mother and her biological mother her sister, which made her grow up without psychological problems as the child of a stable mature couple. When she heard the truth about her origins from rumors and neighbours, she confessed having been ›scarbita‹, a term that means both ›sad‹ and ›disgusted‹ in the local dialect. Her grandmother and later her mother were forced to confirm the rumors. Suddenly she found herself to be the child of a single mother, a stigma, and in addition having an absent mother, a loss. However, nothing had changed in her life besides her self-perception: everybody else already knew. It was unclear from my discussions with this girl, who was 11 years old at the time of my fieldwork, whether she had been disgusted to find out that she had no father or she was disgusted because she had been deceived. Obviously there was no concurrence between her mother and her grandmother in her heart; she was naming both of them with a different derivate of the word ›Mum‹, something which is not uncommon in a society where traditionally older sisters or grandmothers can take care of children as well as mothers.[2] But she was not particularly thinking about leaving the village with her mother, while it was the dream of this last; the girl felt safer in the village and from the way in which she was describing her quiet life before the moment of her »finding out«, one would think that she would have preferred the truth to be a lie.

---

[2]   During the Soviet period mothers' hours of work were long and the state system through its nurseries and kindergarten did not assure childcare for the whole amount of time needed; female kin had to step in to provide complementary childcare. When parents lived in town, preschool children were often taken care by the grandmother in the village away from home.

Conclusion

Children left behind by temporary migration, away from their fathers or most commonly mothers, sometimes from both, living with this absence while their education is trusted to adults who are overwhelmed by too many other responsibilities to be able to really engage with their lives, these children seem to be living in a world of their own, a world without adults. Martine Segalen's question »to whom do children belong?« has a completely different answer in Moldova, where nobody seems to be fighting over to endorse the responsibility (Segalen 2010). However it would be difficult to conclude, as in many current approaches to childhood, on children's agency- by default. Children behave and judge according to adults' rumors, models, teachings; they treat each other according to adults' judgments and if a rebellious position was taken, it was caused by a new perspective taken from an adult rather than by them. However it is not lack of agency that differentiates children and adults in the community I have studied. Depending on their success in life, measured according to sometimes outdated community norms, adults could equally be deprived of agency. If so many women leave to work abroad it is because they could better exercise their freedom of choice there rather than in a village where their past, the prejudices against their family, their economic and political position in the community, deprive them of agency, leaving them in an inferior, permanent childhood. All in all, with respect to moral judgments, moral education and community tolerance, maturity and exercise of agency are not a matter of age.

Bibliography

Ardener, Edwin (1968): Belief and the problem of women. In: Ardener, Shirley (Hg.): Perceiving Women. London: Malaby Press, S. 1-17.

Barnes, John Arundel (1994): A Pack of Lies: Towards a Sociology of Lying. Cambridge: Cambridge University Press.

Fraïoli, Nathalie (2010): La socialisation comme analyseur de l'existence d'une coéducation. In: Rayna, Sylvie/Rubio, Marie-Nicole/Scheu, Henriette (Hg.): Parents-professionnels: la coéducation en questions, Paris: Erès, S. 57-70.

Heintz, Monica (2006): »Be European, Recycle Yourself!« The Changing Work Ethic in Romania. Berlin: LIT Verlag.

Heintz, Monica (2008): State and citizenship in Moldova: a pragmatic point of view. In: Heintz, Monica (Hg.): Weak State, Uncertain Citizenship: Moldova. Berlin: Peter Lang.

Hirschfeld, Lawrence (2003): Pourquoi les anthropologues n'aiment-ils pas les enfants? Terrain (40).

Lancy, David (2008): The Anthropology of Childhood: Cherubs, Chattel, Changelings. Cambridge: Cambridge University Press.

Mashkova, Elena/Crudu, Lilia (2005): Les facettes familiales de l'immigration moldave. In: Informations sociales 4/2005 (n° 124), S. 108-115.

Montgomery, Heather (2008): An Introduction to Childhood: Anthropological Perspectives on Children Lives. Chichester: Wiley-Blackwell.

Rydstrom, Helle (2003): Embodying Morality: Growing up in Northern Vietnam. Honolulu: Hawai'i University Press.

Segalen, Martine (2010): A qui appartiennent les enfants? Paris: Tallandier.

Wallet, Jean William/Camilleri, Carmel (Hg.) (1996): Des sociétés, des enfants: le regard sur l'enfant dans diverses cultures. Paris: Éditions L'Harmattan.

III. Sozialer Wandel, Migration
und Wohlbefinden von Heranwachsenden

Christine Hunner-Kreisel

»They say, girls are migrants …«: Vorstellungen vom guten Leben bei einer jungen Aserbaidschanerin und familiale Begrenzungen

Gender, gesellschaftliche Wandlungsprozesse und weibliches Aufwachsen in der Familie in Aserbaidschan

»Gender appears to be a new issue for the post-Soviet transition agenda« (Günes-Ayata/Ergun 2009: 210).

Genderfragen stehen im Fokus des Interesses auch in der post-sowjetischen aserbaidschanischen Gesellschaft. Sicherlich setzt sich dabei nicht eine ganze Gesellschaft mit Gender-Problematiken auseinander, jedoch lassen sich viele gesellschaftliche Diskurse[1] in Zusammenhang mit den wirtschaftlichen, politischen und sozialen Veränderungen in Aserbaidschan seit der Unabhängigkeit von 1991 (Swante 2011: 253) in einen thematischen Zusammenhang mit Genderfragen stellen. Während sich die zivilgesellschaftlichen Akteure (OECD 2011; UNDP 2007; Somach/Dadasheva/Kasumova 2004; UNICEF 2010) vor allem mit Fragen der Geschlechter(un-)gleichheit in Bezug auf Bildung, Arbeit und Gesundheit auseinandersetzen, wird die Thematik von wissenschaftlicher Seite (Günes-Ayata/Ergun 2009; Heyat 2008; Gureyeva 2003; Heyat 2002; Tohidi 2002) unter Bezugnahme auf ein breiteres thematisches Spektrum aufgegriffen, das die Komplexität eines Feldes spiegelt, in dem alte und neue, so genannte traditionelle und moderne Rollenvorstellungen aufeinander treffen. Diese sind nicht zu verstehen ohne (a) einen Rückgriff auf (prä-)sowjetische Geschlechterpolitiken und deren Wirkungen im öffentlichen und im privaten Bereich (Rohrlich 2000; Tohidi 1997; Dragadze 1994), ohne (b) ein Verständnis von nationalen Identitätsfindungsprozessen nach der Unabhängigkeit im Jahr 1991 (Günes-Ayata/Ergun 2009; Heyat 2002: 167), ohne (c) ein Verständnis der Auseinandersetzung mit neuen For-

---

1 Wie beispielsweise die Arbeitsmigration von insbesondere jungen Männern und die dadurch veränderte Situation für Frauen und Kinder, vor allem in den ländlichen Gebieten (Yalçin-Heckmann 2010: 112-122; 136-141). Gesellschaftliche Diskurse, die sich um die Thematik der Arbeitsmigration gruppieren und in den Familien diskutiert werden, die ich im Rahmen meines Feldforschungsaufenthaltes 2007 besuchte, sind dabei die Probleme der zurückgebliebenen Frauen und Kinder (aus diversen Gründen migrieren viel mehr Männer als Frauen, Somach/Dadasheva/Kasumova 2004: iv; UNDP 2007: 24), die Zunahme von auf sexuellem Weg übertragenen Infektionskrankheiten wie insbesondere von Aids im Kontext der Heimatbesuche der Männer oder auch die gestiegene Anzahl junger Frauen in den ländlichen Gebieten, die unverheiratet bleiben, weil aufgrund der Migration ein zahlenmäßiges Ungleichgewicht zwischen jungen Männern und Frauen entsteht.

men muslimischer Religiosität (Heyat 2008; Hunner-Kreisel 2006; Gureyeva 2003) sowie ohne (d) die Berücksichtigung der Imaginationen von Europa bzw.»dem« Westen und Einflüssen durch Globalisierungsprozesse (Tohidi 2002: 853) insbesondere in der jüngeren Generation der Aserbaidschaner_innen (Roberts 2010). Für die jüngere Generation der Aserbaidschaner_innen – hier insbesondere für die jungen Aserbaidschanerinnen – stellt dabei die Familie einen bedeutsamen Ort dar, an dem Fragen der (Geschlechter-)Gerechtigkeit dahingehend virulent werden, dass beispielsweise »neue« Freiheiten seit der Unabhängigkeit wie Auslandsaufenthalte zu Bildungszwecken für junge Mädchen und Frauen nicht in gleicher Weise selbstverständlich in Betracht gezogen und umgesetzt werden wie für ihre männlichen Geschwister.[2] Eine Orientierung an – in der aserbaidschanischen Gesellschaft häufig als »westlich« antizipierten – Vorstellungen im Sinne von größeren moralischen Freiheiten im Umgang der Geschlechter miteinander kommt Mädchen und jungen Frauen ebenfalls seltener zugute als jungen Männern (Magerramov/Ismayilova/Faradov: 2005: 8).[3] Dabei sind junge (wie im Übrigen auch ältere) Aserbaidschaner_innen in unterschiedlichem Ausmaß mit sozialen Konstruktionen von Weiblichkeit und »Frau-Sein« in Familie und Gesellschaft konfrontiert (Günes-Ayata/Ergun 2009: 211; Somach/Dadasheva/Kasumova 2004: 5), deren Begrenzungen sie zum Teil nicht mehr akzeptieren wollen, sodass sie hierüber auch in Verhandlungen insbesondere mit der älteren Generation treten. Der »Raum« an dem diese Verhandlungen stattfinden, ist für die Heranwachsenden meist die Familie, denn diese ist in der aserbaidschanischen Gesellschaft bedeutsame normative Instanz (Roberts 2010: 542f.; UNDP 2007: 41ff.) und zentraler Ort des Aufwachsens. Wie in den anderen postsowjetischen Republiken auch (vgl. Heintz in diesem Band), lässt sich in Aserbaidschan ein weiträumiges Fehlen von sozialen Institutionen festzustellen, die im weitesten Sinne als »wohlfahrtsstaatlich« bezeichnet werden können. Dies hat zur Folge, dass insbesondere Heranwachsende in fast allen Belangen auf die Institution Familie verwiesen sind (Ismayilova/Ismailzade 2003: 12). Des Weiteren gibt es kein gesell-

---

2 Generell gibt es eine starke Ablehnung von weiblicher Arbeitsmigration in der Bevölkerung. Diese Ablehnung bzw. die sie bedingenden Vorannahmen werden jedoch nicht in gleicher Weise auf Bildungsaufenthalte von jungen Mädchen und Frauen im Ausland übertragen. Bildung hat einen sehr hohen Stellenwert in der Gesellschaft, was erklärt, warum diese Form von Auslandsaufenthalten von jungen Mädchen und Frauen – im Gegensatz zur Arbeitsmigration von Frauen, die als Wegbereiter zu unmoralischem Verhalten antizipiert wird – als prinzipiell positiv angesehen werden. Dahinter wiederum steht die Vorstellung, dass primär der Mann für das Einkommen der Familie zuständig sei, wogegen die Aufgaben der Frau die häusliche Versorgung der Familienmitglieder umfassen würden (UNDP 2007: 41). Obwohl eine eher positive Einschätzung von Auslandsaufenthalten besteht – bei einer Umfrage des UNDP im Rahmen des Azerbaijan Human Development Reports (2007: 41) stimmten 18 Prozent der Befragten der Aussage zu, dass ein Mädchen, das ins Ausland reist, sich die Möglichkeit nimmt zu heiraten; 24 Prozent stimmten dieser Aussage teilweise zu und 58 Prozent stimmten gar nicht zu – habe ich im Rahmen meiner eigenen Forschungsaufenthalte die Beobachtung gemacht, dass die Söhne zu Bildungsaufenthalten wie selbstverständlich für mehrere Monate ins Ausland geschickt werden (bei Vorhandensein von finanziellen Möglichkeiten), wogegen die Eltern dies für die Töchter entweder gar nicht in Betracht ziehen oder zumindest versuchen, sie bei Bekannten oder Verwandten im Ausland unterzubringen und sie somit einer gewissen sozialen Kontrolle zu unterstellen.

3 Dementsprechend schreiben Magerramov/Ismayilova/Faradov (2005: 8): »Men are in a more privileged social and economic position compared to women, who often are financially dependent on their husbands. Widely accepted social norms permit a ›double standard‹ for men and women; there is much higher social tolerance towards a man's early, premarital, and even extramarital sexual relations. In contrast, women are expected to abstain from premarital sex and stay faithful during their marriage«.

schaftliches Bewusstsein von eigenen Rechten von Kindern bzw. Heranwachsenden. Kinder bzw. Heranwachsende »gehören« bis zum Verlassen des Elternhauses ihren Eltern (Huseynli 2010: 3; Ismayilova/Ismailzade 2003: 12f.), es existiert in weiten Teilen der Gesellschaft die Vorstellung, dass »Kinder« ihren Eltern zu Gehorsam im Sinne auch von unbedingter Solidarität (Güneş-Ayata/Ergun 2009: 228) verpflichtet sind, und diesen gegenüber eine »Bringschuld«, eine Verpflichtung den Erwartungen der Eltern gerecht zu werden, haben (vgl. auch Usmanova 2009: 275). Damit müssen Aushandlungsprozesse zwischen älterer und jüngerer Generation im Kontext von Familie auch vor dem Hintergrund einer institutionellen und mit Bezug auf ein gesellschaftliches Verständnis von Familie, einer auch ideologisch begründeten emotionalen Verwiesenheit der Heranwachsenden auf ihre Familie analysiert werden. Der für den vorliegenden Beitrag gewählte Fokus auf die Thematik der Vorstellungen vom guten Leben und Handlungsbefähigungen als Maßstab des Wohlbefindens einer Person, hier insbesondere von heranwachsenden Personen (Biggeri et al. 2006: 59ff.), beabsichtigt in diesem Zusammenhang eine Sensibilisierung für ein Verständnis von familiären Aushandlungsprozessen, die unter Bezugnahme auf diese gesellschaftlich-institutionellen Kontexte zu deuten sind.

Ziel des Beitrags ist es, Einblick in diese Aushandlungsprozesse zu gewähren und dabei in einen Zusammenhang zu Konstruktionen von Gender innerhalb der aserbaidschanischen Mehrheitsgesellschaft zu setzen. Fragen von Gender – insbesondere mit Blick auf den Kontext Familie – können des Weiteren nur unter Bezugnahme auf gesellschaftlich-soziale Konstruktionsprozesse von Familie bzw. zu Generationsbeziehungen sowie auch zu Vorstellungen von Kindheit und »Kind-Sein« in der Familie verstanden werden. Vor diesem Hintergrund werden Gender-relevante Fragen im Kontext des Aufwachsens mit dem Konzept der generationalen Ordnung (Alanen 2001) und hier insbesondere der Positioniertheit von Kindern innerhalb dieses Rahmens, zusammengeführt. Dabei wird gefragt, welche Rolle Geschlechter- und Generationenverhältnisse im Kontext des Aufwachsens im »neuen« Aserbaidschan bei der Entstehung und Verwirklichung von Vorstellungen vom guten Leben spielen. Die Beschäftigung mit Vorstellungen von einem guten Leben als Möglichkeit, mit guten Gründen zu leben und so zu sein, wie man möchte (Sen 2009; Nussbaum 2000, 2011), nimmt damit in einer erziehungswissenschaftlichen Perspektive einerseits Fragen der Handlungsbefähigung und ihrer familialen Begrenzungen in den Blick, andererseits setzt sie diese in Beziehung zu aktuellen wie auch historisch überformten gesellschaftlichen Bedingungen.

Die dem Beitrag zugrunde liegenden empirischen Daten wurden im Rahmen eines Forschungsaufenthaltes in Baku/Aserbaidschan im September/Oktober 2007 in zwei familiären Netzwerken in Form von Teilnehmender Beobachtung und durch Interviews mit Mitgliedern zweier Generationen, und zwar mit Müttern und Vätern sowie deren Töchtern und Söhnen, erhoben. Im Mittelpunkt meiner Ausführungen steht ein junges Mädchen, Fariz (17 Jahre). Fariz und ihre weitläufige Familie habe ich ausgewählt, weil ihre Fallgeschichte exemplarisch zeigt, wie sich Gender-relevante Fragen mit generationalen Ordnungen sowie spezifischen lebensweltlichen Bezügen (hier Religiosität) verflechten und so die Bedingungen des Aufwachsens im Spannungsfeld von Familie und Gesellschaft bestimmt werden.

(Prä-)Sowjetische und postsowjetische Konstruktionen von Gender in Aserbaidschan

Die von den sowjetischen Machthabern so postulierte »Befreiung der Frau« in den von
Muslimen bewohnten Regionen der ehemaligen Sowjetunion (Kaukasus, Transkaukasus
und Zentralasien) formierte sich ab etwa 1926 zu einem zentralen Element der bolschewistischen Nationalitätenpolitik (Frings 2006: 63). Der sowjetische Diskurs um die »Emanzi-
pation«[4] der »muslimischen Frau«,[5] der maßgeblich auf Lenins Diktum »The most
oppressed of the oppressed and the most enslaved of the enslaved« zurückgeführt wird,
habe dabei zum einen den Mythos ihrer Unterdrücktheit manifestiert (Kocaoglu 2009: 169).
Zum anderen sei die prosowjetische, jadidistische[6] Bildungsreformbewegung (Baberowski
2003: 53), deren Ziel unter anderem eine größere Gleichheit von Frauen war (Heyat 2002:
66), aus dem zeitgeschichtlichen Gedächtnis verdrängt worden. Das sozialpolitische Ziel
der »Emanzipation« der (muslimischen) Frau sei somit zum alleinigen und erstmalig in
Angriff genommenen Auftrag und in der Folge zum angeblichen Verdienst der sowjetischen Herrschaft erklärt worden (Kocaoglu 2009: 176)[7]. Baberowski betrachtet die ver-
meintlichen Emanzipationsbestrebungen im Kontext der sowjetischen Herrschaft kritisch.
Auch wenn das Sowjetregime zumindest auf einer formalen Ebene eine Gleichberechtigung
der Frauen durchsetzte, war der Gedanke dabei weniger die Ermöglichung einer Geschlechtergerechtigkeit als u.a. die Einbindung der Frau als Arbeitskraft. Er (2003: 448) attestiert
sowohl der jadidistischen als auch der sozialistisch-kommunistischen Bewegung, die Frau-
enfrage instrumentalisiert zu haben. Die sowjetische Frauenpolitik führte demnach zwar
formal zu einer Präsenz von Frauen im öffentlichen Bereich – in den Bildungsinstitutionen,
im politischen Feld und als Arbeitsnehmerinnen auf allen Ebenen. Gleichzeitig jedoch kam
es zu einer Polarisierung von öffentlichem und privatem Frauenleben. Für die aserbaidschanische Gesellschaft stellen Dragadze (1994: 147) und Tohidi (1997: 159) die beiden
divergenten Pole weiblichen Lebens dar: Während Frauen im öffentlichen Leben eine weitgehend gleichberechtigte und den Männern vergleichbare Stellung innehatten, blieben die
Geschlechterrollen zu Zeiten des Sowjetregimes im privaten Bereich unverändert bestehen
und führten dazu, dass Frauen eine Doppelbelastung zu meistern hatten, die darin bestand,
dass sie neben der Erwerbstätigkeit den Haushalt und die Kindererziehung zu bewältigen
hatten. Mit dem Ende des sowjetischen Regimes fanden auch deren homogenisierende
Sozialpolitiken ein Ende, und Studien zum Thema von Gender machen deutlich, wie sehr
Genderfragen im Folgenden mit den unterschiedlichen postsowjetischen Entwicklungen in

---

4   Mit den Anführungszeichen möchte ich eine kritische Distanzierung von diesem Begriff und seinem inhä-
     renten kolonialistischen Duktus im Kontext des sowjetischen Diskurses vornehmen. Zu den Emanzipations-
     bestrebungen im Rahmen der jadidistischen Bewegung sowie zu Sowjetzeiten siehe auch die Ausführungen
     in Hunner-Kreisel 2008, S. 42-45 und S. 68.

5   Da es »die« muslimische Frau nicht gibt, sondern es sich hierbei um eine soziale Konstruktion handelt, habe
     ich hier Anführungszeichen verwendet.

6   Mit Blick auf eine größere Gleichheit von Frauen war es das Ziel der jadidistischen Reformbewegung, die
     eine säkulare Ausrichtung hatte und von so genanntem modernem europäischem Gedankengut inspiriert war,
     die Polygamie sowie die Verschleierung zu beenden und für Mädchen den Zugang zu Bildung zu gewähr-
     leisten.

7   Heyat weist im Gegenzug darauf hin, dass dies allerdings ein weit verbreiteter Irrtum ist, da zumindest die
     Töchter der aserbaidschanischen Oberschicht bereits in den 1920er-Jahren die Bildungsinstitutionen in Tiflis
     besucht haben (Heyat 2002: 57).

den einzelnen Ländern und Nationen verknüpft sind (vgl. beispielsweise Usmanova 2009: 267ff.). Kahlert und Schäfer (2011: 7) nennen hierbei an erster Stelle Ökonomie und Politik und deren Einflussnahme auf Genderfragen; aber insbesondere auch Religion und neue Formen von muslimischer Religiosität spielen im Südkaukasus und in Zentralasien eine wichtige Rolle im Kontext von Genderthematiken (Heyat 2008; Hunner-Kreisel 2006; Gureyeva 2003). Am Thema Religion sowie insbesondere an der Frage der Verschleierung lässt sich die Komplexität der Genderkategorie im aserbaidschanischen Kontext in seinen historischen und aktuellen Bezügen besonders gut zusammenfassend illustrieren: Die so genannte Entschleierung[8] der Frau in der aserbaidschanischen Gesellschaft zu Beginn des 20. Jahrhunderts durch die neuen sowjetischen Machthaber ist in das kollektive Gedächtnis der Bevölkerung als ein Akt der Befreiung eingegangen (Heyat 2008: 361). Ungeachtet der eigentlichen historischen Abläufe (Frings 2006: 65)[9] wurde die »entschleierte Frau« zur sozialen Errungenschaft im Zuge der Frage der eigenen Nationwerdung in den 1990er-Jahren und zu einem wichtigen Abgrenzungskriterium gegenüber den benachbarten Regionen. Die »aserbaidschanische Frau« wurde dabei von »allen anderen Frauen«, der »iranischen, türkischen und europäischen sowie der sowjetischen Frau« unterschieden und gleichsam zur Symbolfigur der ethnisch unterlegten spezifischen aserbaidschanischen nationalen Identität. Tohidi (1997: 162) zitiert den aserbaidschanischen Journalisten und Historiker Sabir Mamedov, der auf ihre Besonderheiten verweist: Nicht nur trage sie keinen Schleier wie die iranische Frau und sei damit europäischer als diese, sie sei auch gebildeter als die türkische Frau aus der ländlichen und moralischer als diejenige aus der urbanen Türkei. Die aserbaidschanische Frau sei bescheiden und verkörpere das Zentrum der Familie, in der sie jedoch größten Respekt und Verehrung genieße (ebd.).

Welche Aussagen lassen sich fünfzehn Jahre nach diesem Zitat zum mehrheitlichen Verständnis von Frau-Sein in der aserbaidschanischen Gesellschaft machen, insbesondere auch mit Blick auf die Geschlechterverhältnisse in den Familien? Welche Prozesse sozialen Wandels haben stattgefunden und inwiefern beeinflussen die sozialen Praktiken der Akteur_innen dieses Verständnis?

---

8   Im heutigen Zentrum der Hauptstadt Aserbaidschans, Baku, steht das Denkmal einer großen Frauenfigur, die an das historische Ereignis der Entschleierung erinnern soll. Die Frau schreitet, den Blick in die Ferne gerichtet, das lange Haar weht im Wind, in der Hand hält sie relativ achtlos den Schleier.

9   Tatsächlich waren die Reaktionen auf die Kampagnen der Sowjetregierung zur Entschleierung der Frau aufseiten der Bevölkerung zum damaligen Zeitpunkt sehr unterschiedlich. Während einige den Angriff auf die traditionelle gesellschaftliche Geschlechterordnung unterstützen (der ja, wie erwähnt, bereits vonseiten der muslimischen Reformbewegung, dem Jadidismus unternommen worden war), wehrten sich viele gegen »den Angriff auf ihre Familienordnung« (Frings 2006: 65). Frings stellt die unterschiedlichen Formen dieses Widerstandes dar, die zwischen Vermeidung durch den Verbleib in den privaten Räumen bis hin zu selektiven Ver- und Entschleierungen, die je nach Ort und sozialem Anspruch des Umfeldes vorgenommen wurden. Auch waren die Reaktionen von Frauen und Männern unterschiedlich, denn während einige Frauen von ihren neuen Rechten, die über die Entschleierung hinaus offeriert wurden, Gebrauch machten und sich zum Beispiel scheiden ließen, zielten die – teilweise auch sehr gewalttätigen – männlichen Reaktionen gegenüber (ihren eigenen) Frauen und Töchtern, die den Schleier ablegten oder abzulegen versuchten, eher auf einen Erhalt des Status Quo der bestehenden Geschlechter- und Machtverhältnisse und sind als Ausdruck einer Auseinandersetzung um kulturelle Hegemonie zwischen sowjetischen Machthabern und der autochthonen (männlichen) Bevölkerung zu verstehen (ebd.: 68).

Geschlechterverhältnisse und familiäres Aufwachsen im »neuen« Aserbaidschan

»... *they say girls are migrants*[10]« (UNDP 2007: 53).

Die patrilineare Tradition sieht vor, dass Frauen mit der Heirat in den Haushalt des Mannes »migrieren«, während Söhne bei den eigenen Eltern mit ihrer Familie verbleiben. Mit der Heirat verschiebt sich die Zugehörigkeit von der Herkunftsfamilie zur Familie des Mannes:

> »Attitudes to daughters' association with their own families seem to change after they get married. Girls, being symbols of their ›fathers and brothers honour ‹, are seen as ›another familiy's property‹ after marriage. They are characterized as ›belonging to others‹, ›migrants‹ and ›caring for and serving another family‹«« (UNDP 2007: 53).

Die familiären Strukturen haben sich in der zweiten Hälfte des 20. Jahrhunderts verändert, nach Angaben der UNDP (2007: 49) haben die gesellschaftlichen Veränderungen und die Unsicherheiten, die auf Seiten der Bevölkerung damit einhergingen, bewirkt, dass sich Anzahl der Kinder pro Familie verringert hat. Ohne dass dabei ein Ausgangswert angegeben wird, liegt der Durchschnittswert der pro Frau geborenen Kinder aktuell bei 1, 8 (UNDP 2007: 49). Priorisiert werden männliche Nachkommen, was bedingt durch neue Verfahren zur pränatalen Diagnostik zu einem aktuellen Verhältnis von 3:1 neugeborenen männlichen Babies zu weiblichen Babies im Jahr 2006 geführt hat. Dies könnte unter anderem damit zusammen hängen, dass Söhne und dabei insbesondere der jüngste Sohn die Aufgabe haben, für die alternden Eltern zu sorgen (»Boys are considered as ›family guardians‹ and ›sources of the family's lineage‹; UNDP 2007: 53). Dies bezieht sich nicht nur auf eine gegebenenfalls finanzielle Absicherung, sondern beinhaltet insbesondere auch den Aspekt der Fürsorge und Obhut der Eltern im Alter. Das Zusammenleben von mehreren Generationen hat sich zugunsten der Kernfamilie verschoben. Dennoch ist, bedingt durch finanzielle und räumliche Engpässe, auch in der aktuellen aserbaidschanischen Gesellschaft das Zusammenleben mehrerer Generationen in einem Haushalt über die gesamte Lebensspanne nichts Ungewöhnliches (Günes-Ayata/Ergun 2009: 228; Roberts 2010: 542f.) Auch ohne ein Zusammenleben in einem gemeinsamen Haushalt ist die innerfamiliäre Verbundenheit sehr hoch (Roberts 2010: 542f.; UNDP 2007: 52; Tohidi 2002: 867). Die Familie stellt über die gesamte Lebensspanne den zentralen Bezugsrahmen für das Individuum dar. Dabei dominiert ein patriarchaler »Habitus« – der im Einzelfall einer differenzierten lebensweltlichen Analyse unterzogen werden muss – konzeptionell das familiäre Generationengefüge und bedingt eine weitreichende männliche Kontrolle der weiblichen Familienmitglieder, insbesondere auch mit Blick auf die sexuelle Selbstbestimmung von heranwachsenden jungen Frauen (Magerramov/Ismayilova/Faradov 2005: 8). Die ausgeprägten patriarchalischen Werthaltungen innerhalb der Gesellschaft bedingen, dass eine klare Rollenverteilung innerhalb der Familie weiterhin Bestand hat und überwiegend Mädchen bzw. Töchter und Frauen für Haushalt und Kindererziehung zuständig sind (UNDP 2007: 53ff.). Der Vater wird üblicherweise als das Oberhaupt der Familie begriffen, dessen Aufgabe es

---

10   Dieses Zitat stammt von einer jungen Aserbaidschanerin aus dem Kontext eines Gruppeninterviews.

u.a. ist, letztgültige Entscheidungen zu treffen (FAR Centrer 2007: 93).[11] Mit ihren eigenen Worten sagte mir das im Interview auch die 53-jährige Sevda, Mutter von vier Kindern, die selbst ganztags in einer leitenden Funktion arbeitet: »Am Ende aller Fragen zählt das Wort des Vaters, er löst alle Probleme [...]. Die kleinen Probleme lösen wir selbst, er löst die größeren Probleme«.

Laut UNICEF (2002) ist genderbedingte soziale Ungleichheit eine der Dimensionen von Ungleichheit, von denen Kinder bzw. Heranwachsende in Aserbaidschan betroffen sind. Dass das Wohlbefinden von weiblichen Heranwachsenden prinzipiell schlechter ist als das von männlichen, bestätigen auch die vorliegenden Daten. Laut einer Statistik von UNICEF (2002 zit. in Ismayilova/Ismailzade 2003: 17) weisen 20 Prozent der weiblichen adoleszenten Personen depressive Symptome (wie Traurigkeit, wenig Energie, Passivität, fehlendes Interesse und Hoffnungslosigkeit) auf. Eine weiterführende Interpretation der Daten durch die Autorinnen wird nicht vorgenommen. Ob und inwiefern ein Zusammenhang zwischen einem eingeschränktem Wohlbefinden und andauernden patriarchalen Gesellschaftsstrukturen besteht, muss an dieser Stelle unbeantwortet bleiben. Tohidi fasst die Situation von Frauen in Aserbaidschan aus einer feministischen Perspektive folgendermaßen zusammen:

> »Women in Azerbaijan, however, have already benefited from a secular and egalitarian legal system, thanks in part to the Soviet legacy. The main barrier to the actualization of women's rights in Azerbaijan is not the legal system, but the persistence of a modern male supremacy within an authoritarian and corrupt polity [...], and the socioeconomic hazards of marketization in an economy that is an oil-based monoculture, dominated by trade instead of production, and suffering from poverty, unemployment, the commercialization of sex, and the trafficking of women and narcotics. In Azerbaijan, as in many other post-Soviet republics, these trends, which are associated with Westernization and sexual ›freedom‹, have provoked defensive and reactionary attitudes – reinforced by religious and conservative nationalists – that emphasize male control over women's bodies and their sexuality, reproductive capacity, and public role« (Tohidi 2002: 880; vgl. auch UNDP 2007).

Insbesondere mit einem Fokus auf heranwachsende Mädchen und jugendliche Frauen wird es dabei bedeutsam, die Verflechtung von Gender mit Generationskonstrukten in den Blick zu nehmen.

---

11   Ziel einer Umfrage des FAR Center in Baku im Jahr 2007 war es, präzise Angaben über den sozialen und moralischen Status der aserbaidschanischen Jugendlichen zu erfassen sowie ihre Ansichten und Informationen über ihre Einbezogenheit in die gesellschaftlichen Prozesse des Landes zu erfahren. Die Meinungsumfrage wurde vom »ADAM« Forschungsinstitut in Kooperation mit dem FAR (Economic and Political Researches Center) Institut in Baku vorgenommen. Sie fand im Rahmen des Projekts »Azerbaijani Youth Abroad and at Home« (Projektkoordinator Hikmet Hadjy-zadeh) und mit Unterstützung der »National Endowment for Democracy« Stiftung (NED) (USA) statt. Im Rahmen der Umfrage wurden 1.000 Personen im Alter zwischen 18 und 30 Jahren befragt und sechs große Regionen in Aserbaidschan einbezogen. Als Ergebnis dieser Befragung konstatieren die Autoren zwar eine Veränderung der Einstellungen: weg von patriarchalischen Werthaltungen hin zu einer Befürwortung von persönlicher Freiheit, Selbstbestimmung und sozialer Verantwortung. Dennoch befürworten 65 Prozent der Befragten, dass das Oberhaupt der Familie ein Mann sein sollte und nur 25 Prozent sind der Meinung, dass in der Familie alles in gegenseitigem Einvernehmen beschlossen werden sollte.

Die Intersektion von Geschlecht und Generation: Vorstellungen vom guten Leben und familiale Begrenzungen

Der Ansatz der Intersektion geht davon aus, dass Dimensionen sozialer Ungleichheit, wie sie sich in Form von Differenzierungskategorien wie Gender, ethnischer und sozialer Herkunft manifestieren können, in ihren gegenseitigen Verflechtungen und Verwobenheiten analysiert werden müssen, da sie sich gegenseitig beeinflussen. Diese Beeinflussung kann eine Verstärkung dahingehend sein, dass eine soziale Benachteiligung durch die Zugehörigkeit zum weiblichen Geschlecht durch die soziale Herkunft verstärkt wird, wenn beispielsweise die im Kontext der Sozialisation erworbenen sozialen Kapitalien wenig gesellschaftliche Anerkennung finden und damit die Nachteile, die aus der Geschlechtszugehörigkeit entstehen, noch verstärken (Winker/Degele 2009). Die erkenntnistheoretische Relevanz einer Differenzkategorie Generation ist das Ergebnis einer veränderten Perspektive auf Kindheit und Kinder als Subjekte. Die neue Kindheitsforschung hat gezeigt, dass der von den Sozialisationstheorien bestimmte wissenschaftliche und gesellschaftliche Blick auf Kinder von der grundlegenden Annahme eines Defizits bzw. einer Differenz von Kindern im Vergleich zu Erwachsenen geprägt ist. In dieser Perspektive werden Kinder ausschließlich als zukünftige Erwachsene gesehen, behandelt und beforscht und nicht als eigenständige Akteure, die im Hier und Jetzt leben, einen Anspruch als Personen in ihrer gegenwärtigen Verfasstheit haben und aktiv an der Gestaltung ihrer Lebenswelten beteiligt sind (kindliche *agency*). Aus der Erkenntnis, dass Kinder Gefahr laufen, als gesellschaftliche Mitglieder und als interaktives und handlungsfähiges Gegenüber unsichtbar zu sein, resultiert die Forderung, Generation als eine mögliche Dimension sozialer Ungleichheit zu konzeptionalisieren (Bühler-Niederberger/Sünker 2006: 39) und diese »analog dem Konzept ›gender‹ als sozial konstruierte Kategorie der gesellschaftlichen Ungleichheit zu verstehen« (Qvortrup 2009: 21f.; Bühler-Niederberger/Sünker 2006: 36; Alanen 2001: 17f.). Die Zusammenführung von sozialstrukturellen Analysen auf der einen Seite mit einem ethnografisch informierten und interessierten Blick auf der anderen Seite soll dabei die Akteure – die Kinder – und ihre Lebenswelten sowie die strukturellen Bedingungen und Begrenzungen ihrer Handlungsbefähigungen verstehend nachvollziehen und erklären. Diese Perspektive auf eine Verschränkung und daraus resultierende Verstärkung der sozialen Kategorie von Gender durch Generation sowie im Weiteren auch durch Religion bzw. die tatsächlich praktizierte Religiosität vor dem Hintergrund der Handlungsbefähigungen der Akteur_in wird im Folgenden mit Blick auf die eigenen Daten gewählt.

Das hier in Form von ausgewählten Bezügen auf einzelne Personen vorgestellte, miteinander eng verwandte und in einem regen Kontakt bestehende familiale Netzwerk kannte ich bereits von einem insgesamt neunmonatigen Forschungsaufenthalt in den Jahren 2002 und 2003. In meinen folgenden Ausführungen beziehe ich mich wie bereits ausgeführt im Wesentlichen auf die von Fariz geäußerten Vorstellungen vom »guten Leben«. Ausgewählt beziehe ich mich dabei auch auf die Interviews mit weiteren Familienmitgliedern. Fariz' Vorstellungen von einem guten Leben umfassen Vorstellungen und Wünsche hinsichtlich einer Freizeitgestaltung mit ihren Peers, Vorstellungen zu einer späteren Familiengründung und einem Partner, zu Schule, Studium und einer angestrebten Berufstätigkeit. Hinzu kommen Vorstellungen zur Veränderung der Welt, zu allgemeinen Sorgen und Nöten.

Ausgeführt werden hier jedoch nur jene Vorstellungen von einem guten Leben, deren strukturelle Begrenzungen durch Gender und Generation bzw. Religion rekonstruiert werden können, und die für den vorliegenden Beitrag relevant sind.

Fariz' Handlungsbefähigungen sind mit Blick auf eine selbstbestimmte Gestaltung ihrer Freizeit- und Peerbeziehungen deutlich beschränkt. Sie darf das Haus außer zum Schulbesuch sowie zum Besuch von außerschulischen Extrakursen zur Vorbereitung auf das Aufnahmeexamen an der Universität nicht verlassen. »Jugend ist Freiheit« sagt Fariz im Interview und fügt hinzu: »Wir [jedoch] sitzen den ganzen Tag zu Hause«. Obwohl es beispielsweise möglich ist, anlässlich einer Geburtstagsfeier mit Erlaubnis des Vaters eine Freundin zu besuchen, dürfen sich beide Töchter der Familie nicht in unkontrollierten Räumen bewegen, zumindest nicht ohne die Anwesenheit eines der erwachsenen bzw. männlichen Familienmitglieder. »Jung-Sein ist Freiheit«, sagt sie, und weiter »aber, wenn ich mich vergnüge, dann wird das als unmoralisch angesehen«. Obwohl Fariz nach größerer Handlungsfreiheit strebt, ist ihre Vorstellung von Geschlechtergerechtigkeit überformt durch ein normatives, von patriarchalen Strukturen unterlegtes Denken. Dies wird deutlich, wenn sie im Interview im Hinblick auf ihren (vorgestellten) zukünftigen Ehemann sagt, dass er nicht zu viel unterdrücken sollte, nicht verbieten sollte zu arbeiten und dabei eine männliche Dominanz und den Gehorsam gegenüber dem antizipierten Lebenspartner prinzipiell nicht infrage stellt.

> »Ich hätte gern, dass er ein Moderner ist. Dass heißt, ›dies ist unmöglich, dahin geh nicht‹, so etwas sollte nicht sein. Er sollte nicht sehr unterdrücken. Er sollte die Erlaubnis geben zu arbeiten, er sollte die Erlaubnis geben, dass ich zu meinen Freunden gehen kann und sie kommen können. Außerdem sollte er nicht sehr eifersüchtig sein […]. Er sollte Freiheit gewähren«.[12]

Im Interview mit Fariz wird deutlich, dass sie unter einem starken Leidensdruck steht. Neben meinem Gefühl, dass ihr im Erzählen über ihre nicht umsetzbaren Vorstellungen von Freiheit und dem Zusammensein mit ihren Peers bildhaft gesprochen »das Herz überläuft«, lässt sich das auch an ihren Äußerungen zum »Ausland« festmachen. Die Handlungsfreiheiten, die sie nicht hat, die sie sich aber wünscht, projiziert sie dabei in ein imaginiertes »Ausland«:

> »…denn dort [im ›Ausland‹, CHK] wird man nicht wie ich unterdrückt. Ich muss auf Vater und Mutter hören, dort kann ein Kind sich erheben und seiner Mutter sagen, ich möchte das so und sie kann es akzeptieren. Aber ich muss auf Vater und Mutter hören […]. Es muss so sein, wie sie es sagen. Aber im Ausland haben die Mädchen einen ›boyfriend‹. Bei uns nicht. Es stimmt, es gibt Mädchen, aber in unserer Familie ist es verboten […]. Wenn ich meinem Vater sagen würde, ich habe einen ›boyfriend‹, würde er mich umbringen. Aber im Ausland ist das normal […]. Bei uns sagt man, ein Mädchen das am Abend um 12:00 in der Diskothek tanzt, über die spricht man schlecht. Dies ist eine ›Unerzogene‹. Aber im Ausland finden sie das normal. Im Ausland gibt es Freiheit«.[13]

---

12 Die Interviewstelle wurde von mir übersetzt. Im Original heißt es: »Istərəmki, müasir biri olsun. Yəni ora olmaz, bura gedmə, belə bir şey olmasın. Çox sıxmasın. İşləməyə icazə versin, dostlarımla gedib gəlməyə icazə versin. Həmdə cox qısqanmasın. Yani hər şeyin öz yeri var. Azadlıq versin«.

13 Die Interviewstelle wurde von mir übersetzt. Im Original heißt es: »Fərqi var. Orada həyat daha gözəl. Çünkü orada mənim kimi sıxmırlar. Orada uşaq durub anasına deyə bilər ki, mən belə istəyirəm oda onu

Ebenso wie ihren Cousinen ist es Fariz nicht erlaubt, alleine ins Ausland zu reisen. Dennoch ist dieses in ihrer eigenen Familie auf unterschiedliche Art und Weise präsent, zum einen durch die Geschäftsbeziehungen des Vaters mit dem islamischen Ausland, vor allem aber auch durch die Auslandsaufenthalte ihres Bruders sowie eines Cousins in unterschiedlichen westlichen Regionen und Ländern. Zum Zeitpunkt meines Feldforschungsaufenthaltes kehrte gerade ein Cousin von einem mehrmonatigen Aufenthalt in Amerika heim und erzählte nach seiner Ankunft fortlaufend von seinen Erfahrungen, Eindrücken und Erlebnissen. Im Interview schildert dieser Cousin mir, wie er erlebt hat, dass ein fünfzehnjähriges Mädchen in Gegenwart ihrer Mutter geraucht habe und betont, dass dies in Aserbaidschan nicht mal bei 30- bis 40-Jährigen vorstellbar sei. Geht man davon aus, dass Fariz Cousin nicht nur im Interview mit mir, sondern auch im Gespräch mit seiner Cousine von seinen Eindrücken berichtet, dann kann mit Bezug auf das obige Zitat überlegt werden, inwieweit Fariz ihre Vorstellungen von und Zuschreibungen an Freiheit aus einem imaginierten Ausland bezieht, in dem beispielsweise Kinder gegenüber ihren Eltern den eigenen Willen bekunden können und damit gewisse selbstbestimmte Handlungsspielräume haben. Imaginiert ist das Ausland deswegen, weil Fariz nicht selbst dorthin reisen darf, jedoch die erzählten Erfahrungen des Cousins als Imaginationen von diesem in ihre eigene Vorstellungswelt integriert. Folgt man dieser Annahme, dann wäre weiterhin zu überlegen, ob und warum Freiheit im Sinne größerer Handlungsfreiheit von Fariz über nationale Grenzen hinweg konstruiert wird und nicht einfach über die Familiengrenzen hinweg vorgenommen wird.[14] Es stellt sich die Frage, welche Rolle eine solche symbolische »Hilfs-Konstruktion« anhand nationaler Grenzen spielt auch mit Blick auf die familiäre Beziehungsqualität im Sinne einer de facto Unantastbarkeit des familiären Beziehungsgefüges, auf das Fariz trotz, bzw. gerade wegen aller ihr auferlegten Beschränkungen gleichzeitig fast vollkommen angewiesen ist. Dementsprechend nennt sie als Grund, warum sie nicht gegen die Gebote (im Haus bleiben bzw. keinen Freund haben dürfen) des Vaters verstößt, ihre Angst vor Konsequenzen, und zwar die Angst, wie sie in der zitierten Interviewstelle sagt, »umgebracht« zu werden.

Fariz' Vorstellungen vom guten Leben, ihre Sehnsucht nach größeren Freiheiten, insbesondere im Kontakt mit Peers, eventuell auch sexuelle Selbstbestimmung ohne moralische Abwertung durch die Gesellschaft, werden begrenzt durch Normen und Werte, die Bestandteil der sozialen Konstrukte Gender und Generation sind.

Im Folgenden wird unter Bezugnahme auf eine generationale Ordnung und die Positionierung des Kindes darin versucht, weiterführend zu erklären, warum sich Fariz in ihren sozialen Praktiken durch diese Normen und Werte begrenzen lässt und, statt ihren Vorstellungen und Wünschen zu folgen, sich mit deren Projektion auf ein imaginiertes Ausland begnügt.

---

qəbul edə bilər. Amma burada mən anama-atama qulaq asmalıyam. Onların dediyi kimi olmalıdır. Amma xaricdə qızların boyfriendi var. Bizdə yoxdur. Düzdür qızlar görüşür, amma bizim ailədə olmaz. Bu qadağandır. Əgər mən atama desəm ki, mənim boyfriendim var, o məni öldürür. Amma xaricdə bu normal. Bar, diskoteka bu qadağandır bizdə. Bizdə desələrki, hansısa qız gecə saat 12:00da diskatekada oynayırdı, ona pis baxarlar. O bir tərbiyyəsiz. Amma xaricdə bu normal sayılır. Xaricdə azadlıq var«.

14   Ich danke Britta Hoffarth und Manja Stephan für ihre konstruktiven Kommentare zu meinem Text.

Familiale Begrenzungen: Die Positioniertheit des Kindes im Kontext der Familie

»Ein Haus ohne Kinder ist wie eine Mühle ohne Wasser«.[15]

Dieses aserbaidschanische Sprichwort bringt die beiden Funktionen bzw. den Stellenwert von Kindern in der aserbaidschanischen Gesellschaft bildhaft zum Ausdruck. Kinder stehen für das Ideal von Glück in einer Familie, gleichzeitig wird ihnen neben einer hohen emotionalen Bedeutung auch eine Funktion zugewiesen: Sie sorgen für das Fortbestehen, für den reibungslosen Betrieb des häuslichen Geschehens im Sinne der Fortschreibung und Tradierung von Generation zu Generation, wie die Metapher des Hauses ohne Kinder als Mühle ohne Wasser veranschaulicht. Insgesamt haben Kinder in der aserbaidschanischen Gesellschaft – wie in allen anderen Gesellschaften auch – eine generational nachgeordnete Stellung, die Beziehung zwischen Eltern und Kindern ist machtasymmetrisch strukturiert. Kinder haben weiterhin im Verständnis der aserbaidschanischen Mehrheitsgesellschaft eine »Bringschuld«, eine »Verpflichtung« gegenüber den Eltern. Diese ergibt sich aus dem Aspekt der Ernährung und Fürsorge durch die Eltern. Dazu kommt, dass der Norm des Respekts sowie der Ehrerbietung gegenüber den Eltern vonseiten der Gesellschaft eine hohe Bedeutung zugesprochen wird. Ihre Wurzeln bzw. ihre nominelle Anbindung findet diese Norm, zumindest im Alltagsverständnis der Menschen, in ihrem Zugehörigkeitsgefühl zum muslimischen Kulturkreis (Usmanova 2009: 273). Die Vorstellung von Kindern als Personen mit eigenen Rechten steht einem Verständnis von Kindern als dem Eigentum von Eltern konträr gegenüber (Huseynli 2010: 3). Im Gespräch antwortet der Onkel von Fariz auf meine Frage, welche Rechte Kinder hätten, dass sie keine haben, aber den Eltern gegenüber eine Pflicht und Bringschuld (borç) hätten. Diese beziehe sich im Wesentlichen auf die Pflicht, gute Leistungen in der Schule zu erbringen.[16] Dieses Konstrukt von Kindheit, welches das Kind als Eigentum der Familie und als Symbol für deren Glück konzeptionalisiert, ist in der gegenwärtigen aserbaidschanischen Gesellschaft auf der Ebene der sozialen Praktiken Irritationen ausgesetzt. Fariz' Worte spiegeln bereits andere Bilder von Eltern-Kind-Beziehungen wider, in denen Kinder sich gegen ihre Eltern »auflehnen« dürfen und die Eltern dies akzeptieren müssen. Letzten Endes sind es vor allem die Konsequenzen, die Fariz davon abhalten, gegen die Maßgaben ihrer Eltern bzw. ihres Vaters zu handeln, und dazu motivieren, nicht mit den Norm- und Wertvorstellungen der generationalen Ordnung zu brechen. Dabei handelt es sich um die Angst, »umgebracht« zu werden, als eine real begründete Furcht oder auch nur als Ausdruck einer Angst davor, aus der Familie ausgeschlossen zu werden. In Anbetracht eines Fehlens von strukturellen, institutionellen und sozialen Absicherungen in der gegenwärtigen Gesellschaft, zusammen mit der damit einhergehenden Verwiesenheit der Individuen auf ihre familiären Netzwerke, wäre bereits der

---

15   Im Original: »Uşaqsız ev susuz dəyirman sayılıb«.

16   Interessant ist hier ein nomineller Wandel der Norm der »Bringschuld« weg von einer Verpflichtung zu Fürsorge und Sorge, hin zu einer Pflicht zur Leistung. Dieser steht wohl *erstens* im Zusammenhang mit dem »bürgerlichen« Lebensstil der Familie und ihrer finanziellen Abgesichertheit durch das mütterliche Erbe. *Zweitens* mag die hohe Bedeutung, die der Onkel von Fariz der Bildung für seine Kinder zumisst, durch seinen eigenen beruflichen Status als Professor begründet sein. Wissen wird aber *drittens* mit Bezug auf den Islam bzw. den Koran von vielen Muslimen auch als eine der bedeutsamsten kulturellen Ressourcen angesehen und gewinnt hier Bedeutung als Pflicht eventuell auch aus der Religionsverbundenheit des Onkels.

Ausschluss aus der Familie einem »sozialen Tod« vergleichbar. Es sind also eine institutionelle Verwiesenheit auf die Familie und das diesen Tatbestand mitbedingende oder auch verstärkende Fehlen von alternativen institutionellen und gesellschaftlichen Räumen, die selbstbestimmtes Handeln und die Verwirklichung von eigenen Vorstellungen von einem guten Leben auf einer strukturellen Ebene unmöglich machen.[17]

Muslimische Religiosität und eine komplexe Verdichtung von geschlechtlichen und generationalen Identitätskonstruktionen

Die Bedeutung von sozialen Räumen als Orten, an denen eigene Vorstellungen von einem guten Leben verwirklicht werden können, wird im Rahmen der sozialen Praxen von jungen Frauen in Aserbaidschan deutlich, die zur Gruppe der »born-again Muslims« (Heyat 2008: 369) gezählt werden können. Die Motivation der jungen Frauen, religiös zu werden, entspringt häufig einem Spannungsverhältnis gegenüber der aktuellen gesellschaftlichen Situation.[18] Begreift man die generationale Ordnung als Ausdruck und Ergebnis der gesellschaftlichen Struktur, dann kann von einem generationalen Spannungsverhältnis gesprochen werden, gegen das diese jungen Frauen im Zuge ihrer Religiös-Werdung aufbegehren. Durch eine institutionelle (zusammen mit einer ideologischen)[19] Anbindung an die Moschee finden sich für die jüngere Generation über den Weg der Religiosität beispielsweise Räume, in denen sie ihre alternative Lebensführung verwirklichen können (Hunner-Kreisel 2008: 231ff.). Gleichzeitig wird es durch die Religiosität insbesondere für junge Frauen häufig möglich, den eigenen Bewegungs- und Aktionsradius auch über diese spezifischen Räume hinaus zu erhöhen (Heyat 2008: 372f.; Hunner-Kreisel 2006: 125f.). Ihre sichtbare Religiosität steht nämlich für eine moralische Integrität (Heyat 2008: 363), die gesellschaftlichen Vorstellungen von weiblichem Sozialverhalten entsprechen und es den jungen Frauen erlaubt, sich freier, d.h. sozial unkontrollierter zu bewegen. Auch Fariz' Vater zählt zur

---

17   Einen subjektiven Verweis auf das Fehlen eines institutionellen Schutzes von Kindern und Heranwachsenden im Allgemeinen gibt ein Onkel von Fariz im Interview mit diesem, wenn er als Antwort auf meine Frage nach den Rechten von Kindern sagt, dass wenn ein Kind hier zur Polizei gehen würde und seine Eltern »anschwärzen« würde, es von der Polizei eine Ohrfeige bekäme nach dem Motto »schämst du dich nicht«. Damit macht er zumindest aus seiner Wahrnehmung heraus deutlich, dass er nicht davon ausgeht, dass es so etwas wie ein institutionelles Bewusstsein bzw. eine Institutionalisierung von Kinderrechten gibt. Dieses Fehlens eines Bewusstseins von Kinderrechten sowohl auf der Ebene der Bevölkerung als auch in Institutionen wie beispielsweise der Polizei selbst bestätigen Ismayilova/Ismailzade in ihrem Bericht (2003). Hier konstatieren sie sogar ein völliges Fehlen von Institutionen, an die sich beispielsweise im Falle von Kindesmissbrauch gewandt werden könnte (ebd.: 13). Des Weiteren sind weder Lehrer, noch für Kinder fürsorgendes, medizinisches oder sozialpädagogisches Personal beauftragt und/oder befugt Missbrauch zu melden (ebd.).

18   Motivation der Religiös-Werdung ist die Möglichkeit, eine alternative Lebensform zu leben und damit zu gesellschaftlichen Missständen auf Distanz zu gehen, von denen die jungen Frauen und Männer entweder selbst betroffen sind oder an denen sie moralisch leiden.

19   Im Gegensatz zu älteren Generation verkörpern dabei insbesondere auch jüngere charismatische Führungsfiguren wie zum Beispiel diejenigen der salafitischen und der orthodox schiitischen Bewegung in Baku einen sozialen Wandel (Bedford 2009; Heyat 2008: 365), der ein neues Aserbaidschan verspricht: ohne Korruption, ohne soziale Ungleichheiten und damit ohne Armut und Arbeitslosigkeit.

Gruppe der »born-again Muslims«.[20] Insbesondere seit er die Pilgerreise durchgeführt habe, sei er noch strenger als früher und bedacht darauf, dass die Kinder von der Mutter im Sinne einer muslimischen Familie erzogen würden, erzählt Fariz im Interview. Allerdings geht aus den Erzählungen sowohl von ihr selbst als auch ihrer Mutter hervor, dass dies weder bedeutet, dass sich die Familienmitglieder im Sinne von orthodoxen Glaubensvorschriften zu kleiden hätten noch würde das rituelle Gebet vollzogen. Interpretiert man den Zugewinn an neuen sozialen und ideologischen Räumen bei den jugendlichen »born-again« Muslims im Sinne einer Erhöhung ihres sozialen Kapitals bzw. vor dem Hintergrund der Infragestellung der bestehenden gesellschaftlichen Ordnung als generationales Kapital, mit dem sie der älteren Generation gegenübertreten und deren Werte infrage stellen, dann lässt sich mit Blick auf Fariz' Vater überlegen, inwiefern er seine muslimische Religiosität als soziales bzw. generationales Kapital nutzt, um seine Vorstellungen von den familiären Geschlechterverhältnissen zu legitimieren und seine durch die Pilgerreise gegebenenfalls gestärkte, religiös legitimierte Autorität (Tohidi 2002: 867)[21] zur Durchsetzung seiner Erziehungsziele – moralische Integrität im Sinne einer sexuellen Kontrolle der Tochter – einzusetzen.

Fazit

Die Frage nach dem guten Leben beinhaltet im Verständnis des gerechtigkeitstheoretischen Verwirklichungschancen-Ansatzes die Vorstellung, dass jede Person mit guten Gründen selbst entscheiden kann, wie sie leben will und wer sie sein will (Sen 2009; Nussbaum 2011). Darin bemisst sich das Wohlbefinden der Person. Die »guten Gründe« verweisen dabei auf die aus einer gerechtigkeitstheoretischen Perspektive für das Individuum notwendige Voraussetzung, sich in Kenntnis von Alternativen frei entscheiden zu können. Zentral ist weiterhin, die getroffenen Entscheidungen umsetzen zu können. Die Bedeutung der Umsetzbarkeit verweist im theoretischen Selbstverständnis des Verwirklichungschancen-Ansatzes auf die Strukturen, in denen jedes Individuum handelt. Um die eigenen Vorstellungen eines guten Lebens verwirklichen zu können und damit das eigene Wohlbefinden zu erreichen, bedarf es gesellschaftspolitischer und institutioneller Strukturen (Nussbaum 2011: 21ff.), die dies ermöglichen. Eine Institution, die insbesondere für die heranwachsende Person eine zentrale Rolle bei der Herausbildung und Umsetzung ihrer Verwirklichungschancen spielt, ist die Familie (Ecarius 2010: 17). In aktuellen Forschungen wird das Wohlbefinden von Heranwachsenden als Forschungsgegenstand aufgegriffen (Biggeri et al. 2006). Im Zentrum der empirischen Befunde steht u.a. die Bedeutung von Partizipationsmöglichkeiten von Heranwachsenden an Entscheidungsprozessen, die ihr eigenes Leben unmittelbar betreffen. Erste empirische Befunde weisen dabei auf den unmittelbaren Zusammenhang von einer *Verwirklichungschance zu partizipieren* zum Wohlbefinden der Befragten hin (ebd.: 72f.).

---

20   Während es für die Gruppe der jungen Frauen und Männer, die ihre Religiosität explizit praktizieren, bereits einige empirische Befunde (Bedford 2009; Heyat 2008; Hunner-Kreisel 2008; Gureyeva 2003) gibt, fehlen diese weitestgehend mit Blick auf Personen der älteren Generation.

21   Die Akzentuierung der Religiosität im Anschluss an die Pilgerfahrt könnte auch damit erklärt werden, dass durch die Durchführung der Pilgerfahrt der Titel eines Pilgerreisenden in der Ansprache geführt werden darf, was oftmals zu einer Erhöhung des gesellschaftlichen und sozialen Ansehens führt (Tohidi 2002: 867).

Die hohe Relevanz von persönlicher Freiheit für das Wohlbefinden wird auch am hier ausgewählten Fallbeispiel von Fariz deutlich. Ihre Vorstellungen von einem guten Leben, verstanden im Sinne des Wohlbefindens einer Person, sind eng an eine Erweiterung ihrer Möglichkeits- und Freiheitsräume geknüpft. Sie implizieren – neben konkreten Wünschen nach mehr Freiraum, um sich mit ihren Peers treffen zu können und einen zukünftig »modernen« Ehemann zu haben – damit auf einer abstrakten Ebene die Vorstellung, die Person sein zu können, die sie sein will, und das zu tun was sie tun will. Die wechselseitige Verschränkung der sozialen Kategorien Gender, Generation und Religion im Spannungsfeld von Familie und Gesellschaft gibt Aufschluss darüber, wie ihre Vorstellungen vom guten Leben nicht umgesetzt werden können. Die »guten Gründe« im Sinne einer Entscheidung für eine selbstbestimmte Existenz und für eigene Partizipationsrechte werden dabei in einer reflexiven Schleife über Projektionen von Eltern-Kind-Beziehungen in einem imaginierten, weil eigentlich unbekannten Ausland eingeholt. Gleichzeitig werden die eigenen Vorstellungen von einem guten Leben von Fariz in dieses »Ausland« projiziert. Darüber wird gegebenenfalls auch eine emotionale Entlastung des familiären Beziehungsgefüges – auf das sie aufgrund des Fehlens von alternativen sozialen Räumen angewiesen ist – durch ihre virtuelle Migration in einen »imaginierten Möglichkeitsraum« vorgenommen.

Literatur

Alanen, Leena (2001): Explorations in Generational Analysis. In: Alanen, Lena/Mayall, Berry (Hg.): Conceptualizing Child-Adult Relations. London/New York: Routledge Farmer: 11-22.

Azerbaijan Human Development Report (2007): Gender Attitudes in Azerbaijan: Trends and Challenges.

Baberowski, Jörg (2003): Der Feind ist überall: Stalinismus im Kaukasus. München: Deutsche Verlags-Anstalt.

Bedford, Sophie (2009): Islamic Activism in Azerbaijan: Repression and Mobilization in a Post-Soviet Context. Stockholm: Stockholm University.

Biggeri, Mario/Libanora, Renato/Mariani, Stefano/Menchini, Leonardo (2006): Children Conceptualizing their Capabilities: Results of a Survey Conducted during the first Children's World Congress on Child Labour. In: Journal of Human Development, Vol. 7, No. 1, March 2006: 59-83.

Bühler-Niederberger, Doris/Sünker, Heinz (2006): Der Blick auf das Kind: Sozialisationsforschung, Kindheitssoziologie und die Frage nach der gesellschaftlich-generationalen Ordnung. In: Andresen, Sabine/Diehm, Isabell (Hg.): Kinder, Kindheiten, Konstruktionen: Erziehungswissenschaftliche Perspektiven und sozialpädagogische Verortungen. Wiesbaden: VS: 25-53.

Dragadze, Tamara (1994): Islam in Azerbaijan: The Position of Women. In: Fawzi El-Solh, Camilla/Mabro, Judy (Hg.): Muslim Women's Choices: Religious Belief and Social Reality. Providence/Oxford: Berg: 128-152.

Ecarius, Jutta (2010): Familieninteraktion – Identitätsbildung und Kultur – soziale Reproduktion. In: Müller, Hans-Rüdiger/Ecarius, Jutta/Hertzberg, Heidrun (Hg.): Familie, Generation und Bildung. Beiträge zur Erkundung eines informellen Lernfeldes. Opladen/Farmington Hills: Barbara Budrich: 17-33.

FAR Center Baku (2007): Azerbaijani Youth: Things are going well, but problems are not being resolved. III Era: Qafqazda və orta asiyada sülh və demokratiya probləmləri, No 7, Avqust 2007: S. 93-97.

Frings, Andreas (2006): Der Schleier als Ausdruck lokaler Renitenz? Reaktionen auf die »Befreiung der Frau« in der frühen Sowjetunion. In: Frings, Andreas (Hg.): Neuordnungen von Lebenswelten: Studien zur Gestaltung muslimischer Lebenswelten in der frühen Sowjetunion und ihren Nachfolgestaaten. Berlin: Lit: 63-96.

Günesh-Ayata, Ayşe/Ergun, Ayça (2009): Gender Politics in Transitional Societies: A Comparative Perspective on Azerbaijan, Kazakhstan, Kyrgyzstan, and Uzbekistan. In: Racioppi, Linda/O'Sullivan See, Katherine (Ed.): Gender Politics in Post-Communist Eurasia. Michigan State University: Michigan State University Press: 209-237.

Gureyeva, Yuliya (2003): Veiled Women in Azerbaijan: Gender, Islam and Modernity. URL: gender-az.org/ shablon_en.shtml?doc/en/library/research/gureyeva(Stand: 31.10.2006).

Heyat, Farideh (2002): Azeri Women in Transition: Women in Soviet and post-Soviet Azerbaijan. London: Routledge.

Heyat, Farideh (2008): New Veiling in Azerbaijan: Gender and Globalized Islam. European Journal of Women's Studies, Vol. 15 (4): 361-376.

Hunner-Kreisel, Christine (2006): Frauen und Religion in Aserbaidschan: Zwei Fallbeispiele. In: Andresen, Sabine/Rendtorff, Barbara (Hg.): Jahrbuch Frauen und Geschlechterforschung in der Erziehungswissenschaft: Geschlechtertypisierungen im Kontext von Familie und Schule. Opaden: Barbara Budrich: 121-133.

Hunner-Kreisel, Christine (2008): Erziehung zum »wahren Muslim«: Islamische Bildung in den Institutionen Aserbaidschans. Bielefeld: transcript.

Huseynli, Aytakin (2010): Child Protection in Post-Soviet Azerbaijan: Obstacles to the Implementation of State Policy on De-Institutionalization and Alternative Care. Azerbaijan Diplomatic Academy – Biweekly: Vol. III, No. 15 (August 1). URL: ada.edu.az/biweekly/issues/vol3no15/20100809074141150. html (Stand: 06.011.2011).

Ismayilova, Leyla/Ismailzade, Fariz (2003): Contemporary Social Problems and Gaps in Social Work Services in Azerbaijan: Needs Assessment Report. Baku. URL: www.azerweb.com/ngos/469/reports/553/index.pdf (Stand: 06.11.2011).

Kahlert, Heike/Schäfer, Sabine (2011): Preface. In: Kahlert, Heike/Schäfer, Sabine (Hg.): Engendering Transformation: Post-Socialist Experiences on Work, Politics, and Culture. Gender Journal of Gender, Culture and Society, Special Issue 1, 2011: 7-10.

Magerramov, Telman/Ismayilova, Leyla/Faradov, Tair (2005): HIV and Aids in Azerbaijan: a socio-cultural approach. URL: unesdoc.unesco.org/images/0014/001440/144020e.pdf(Stand: 06.11.2011).

Nussbaum, Martha (2000): Women and Human Development: The Capabilities Approach. Cambridge: Havard University Press.

Nussbaum, Martha (2011): Creating Capabilities: The Human Develoment Approach. Cambridge: Havard University Press.

OECD (2011): Azerbaijan: Country Review. In: Development in Eastern Europe and the South Caucasus: Armenia, Azerbaijan, Georgia, Republic of Moldova and Ukraine, OECD Publishing. URL: dx.doi.org/10.1787/ 9789264113039-7-en(Stand: 28.08.2012).

Qvortrup, Jens (2009): Childhood as Structural Form. In: Qvortrup, Jens/Corsaro, William A./Honig, Michael-Sebastian (Hg.): The Palgrave Handbook of Childhood Studies. Palgrave Macmillan: 21-34.

Roberts, Ken (2010): Post-communist youth: is there a Central Asian pattern? Central Asian Survey, Vol. 29, No. 4, December 2010: 537-549.

Sen, Amartya (2009): The idea of justice. London: Lane.

Somach, Susan D./Dadasheva, Kamilla/Ksumova, Elena (2004): Gender Assesment for USAID/Caucasus/Azerbaijan. URL (Stand: 21.11.2011): pdf.usaid.gov/pdf_docs/PDA CG108.pdf.

Swante, Cornell (2006): The Politicization of Islam in Azerbaijan. Central Asia Caucasus Institute & Silk Road Studies Program. Uppsala University: Uppsala.

Tohidi, Nayereh (1997): The Intersection of Gender, Ethnicity and Islam in Soviet and Post-Soviet Azerbaijan. Nationalities Papers Vol. 25, No. 1: S. 147-167.

Tohidi, Nayereh (2002): The Global-Local Intersection of Feminism in Muslim Societies: The Cases of Iran and Azerbaijan. Social Research, Vol. 69, No. 3: 851-887.

UNDP (2007): Gender Attitudes in Azerbaijan: Trends and Challenges. URL: http://www.un-az.org/ doc/nhdr2007gendereng.pdf (Stand 03.09.2012).

Unicef (2010): Country Profile: Education in Azerbaijan. URL: www.unicef.org/ceecis/Azerbaijan_2010.pdf (Stand: 31.08.2012).

Unicef and Ministry of Health (2002): Assessment of Young People's Health and Development Program. Baku.

Usmanova, Zulaikho (2009): The Complexity and Multiplicity of Gender Identities in Central Asia: The Case of Tajikistan. In: Racioppi, Linda/O'Sullivan See, Katherine (Ed.): Gender Politics in Post-Communist Eurasia. Michigan State University: Michigan State University Press: 267-285.

Winker, Gabriele/Degele, Nina (2009): Intersektionalität: Zur Analyse sozialer Ungleichheiten. Bielefeld: transcript.

Yalçin-Heckmann, Lale (2010): The Return of Private Property: Rural Life after Agrarian Reform in the Republic of Azerbaijan. Münster: Lit.

Pınar Uyan Semerci, Serra Müderrisoğlu, Abdullah Karatay and Başak Ekim-Akkan[1]

Well-Being and the Children of Internal Migrant Families in Istanbul

Throughout the world, migration plays a crucial role when trying to understand social, political, economic, and cultural structures (Castles & Miller 2009). This is particularly true in the case of Turkey. The population movements from rural to urban areas, which started in the 1950s, have continued. External migration movement began in the 1960s in the form of labor migration and was followed by various forms of commercial migration (Tekeli 2007). Since the early 1990s, Turkey has also experienced in-flows of transit migrants, refugees, asylum-seekers, diverse forms of irregular migration, and increasing numbers of foreign residents. As a result, Turkey has now become both a country of emigration and immigration (İçduygu & Kirişçi (ed.) 2009).

Within the limits of this article, we will particularly focus on internal migration and we will argue that in order to understand the changing dynamics of the society in Turkey, one has to deal with rural to urban migration. Starting from the 1950s onward, mass migration from rural areas to metropolitan cities, particularly Istanbul, started to take place (Karpat 1976, 1983; İçduygu et al. (eds.) 1997; Kaya 2003; Özbay 1999a; Tekeli & Erder 1978; Tekeli 2007). Transformations in the agricultural sector led many people to migrate to big cities in search of job opportunities. Urban life conditions also acted as a pull factor with this form of migration. Table 1 (S. 170) summarizes the increase and change in the population.

As seen from the table, the 1950s was a period when production, particularly in agriculture, started to meet with technology, and as a result, the rural regions began to unravel. Until the 1980s, this process developed under an industrialization policy based on import substitution or national protectionism. Thus, the gradually growing industrial sector and the expanding urban service sector became significant sources of employment. During this period large population groups transferred to the city. The »marginal sector« and »slum housing« *(gecekondu huts built over a night)* developed as two basic solutions, other than insured jobs, for these migrants to survive in the city, but these solutions became important sources of urban problems for subsequent periods.

---

1   We would like to thank Gizem Külekçioğlu for the translation of some parts of this article.

Table 1: Urban Rural Population and Migration Movements of the Republican Period

Year	Urban		Rural		Total
	Population	%	Population	%	Population
1927	3.305.809	24.22	10.342.391	75.78	13.648.270
1940	4.346.249	24.39	13.474.701	75.61	17.820.950
1950	5.244.337	25.04	15.702.851	74.96	20.947.188
1960	8.859.731	31.92	18.895.089	68.08	27.754.820
1970	13.691.101	38.45	21.914.075	61.55	35.605.176
1980	19.645.007	43.91	25.091.950	56.09	44.736.957
1990	33.326.351	59.01	23.146.684	40.99	56.473.035
2000	44.006.274	64.90	23.767.653	35.10	67.803.927
2007	49.747.859	70.47	20.838.397	29.53	70.586.256

Source: Kaya (2003:109); The data of the year 2007 is from the following address
http://tuikapp.tuik.gov.tr/adnksdagitimapp/adnks.zul [accessed on 30.07.2008].

Scenes of poverty and internal migration in Turkey

We have been witnessing a social change in Turkey that has markedly accelerated, particularly since the 1980s. The reconfiguration of Turkey's social order began with the internal
migration process, and developed as a result of the disintegration of the rural structure. This
disintegration led to the accumulation of a mass of unemployed people in the cities, as well
as forced migration, mainly from the southeast region of Turkey,[2] which again resulted in
unemployed populations taking refuge in cities. Simultaneously, another factor that shaped
this process was the dominance of neoliberal policies at the state level from the 1980s onward. These policies reduced the responsibilities of the state, or more precisely the public
sector, and resulted in mass unemployment. So on the one hand society was changing, and
on the other hand important transformations were emerging, which affected the organization of the state. One of the key concepts that defined this transformation at the societal
level was urban poverty.[3] Hence, the dynamic phenomenon of migration along with the
neoliberal policies is among the primary causes of urban poverty in Turkey.

In this process, opportunities for formal employment, in industry or in the service sector, and informal employment were the primary channels through which migrants received
an income in order to overcome poverty. Furthermore, *gecekondu* became the housing
solution for most migrants. However, in recent years, the channels for both income and

---

2   Within the limits of this article, we elaborate on internal migrant families as one general category but it is
     important to note that since 1990, forced migration with severe consequences has become a reality in
     Turkey. See Kurban et al (2006) and Hacettepe (2006) and for research that focuses on the effect of forced
     migration on children and young people, also see Başak Kültür (2004; 2010).
3   Although »income deprivation« is known from its basic appearance, poverty is a multidimensional problem.
     Depending on the period and size of income deprivation and on other resources the family owns, a wide va-
     riety of other exclusions can be experienced. As the duration of deprivation of income extends, participation
     in social life is reduced. Exclusions manifest themselves in areas like exclusion from health services, educa-
     tion, housing, and recreation. Therefore, in this process poverty begins to appear as a problem of exclusion
     from social life. See Buğra and Keyder (2003; 2005).

housing have severely narrowed. The period of *gecekondu* housing has now largely ended due to the insufficiency of land and the use of land for (unearned) income. Formal employment has steadily been in decline, especially since the 1980s when an outward-oriented and trade-based economic model was adopted. Neoliberal governments came to power in many countries, particularly in the Western world, at the beginning of this period in the 1980s. This was also the case for Turkey. Unemployment and poverty started to change shape in the new period and were characterized by the reduction of the administrative state; the withdrawal of the state from production and employment; and the emphasis on private responsibility instead of public responsibility for basic human needs for social security, education, and health. From the beginning of the 1990s, another development made this period important for urban poverty: that was the unusual acceleration of migration and the emergence of more urban problems as a result of the process of forced migration (Erder 1995).

Under these new circumstances, the condition of poverty became difficult for poor households to overcome. For some families, poverty started to become a permanent state with an intergenerational character. However, at the end of the migration process there are still families that break the cycle of poverty and improve their situation, as well as some families that fail. Erder, analyzing the process of migration in this context, concludes that poverty becomes permanent for groups that do not benefit from urban facilities and are deprived of the protection of solidarity based on descent (Erder, 1995: 112). This group, which cannot break the cycle of poverty and remains poor in the city, also experiences a general exclusion and isolation. According to Erder, *»Unlike migration in the past, the new flow of migration from the East is not chain migration. Since with this type of migration family members migrate all together at the same time, they are deprived of the flexible and gradual integration opportunities of chain migration. Those households with many children and unskilled adults find it harder to access townsmanship (hemşehri) relations and they can be abandoned to isolation.«* (Erder, 1995: 112) Especially in the 2000s, this forced migrant group comes to the fore, revealing its poverty on different levels with manifestations such as children living on the streets, children involved in crime, and children working on the streets (Erdoğan (ed.) (2002); Kurban et.al (2006). It is especially known that the new group of poor, such as children working on the street and children involved in crime, are mostly members of this migrant group. New poverty thus becomes evident as poverty becomes permanent for some households. The new poverty cannot be defined solely by material deprivation, but extends to lack of access to social services, health services, education, and even social life. Because of its multidimensionality, new poverty is analyzed as a matter of social exclusion in all spheres of life. Particularly in big cities, forced migrants become permanent and forced inhabitants, and are the new poor, who face severe forms of social exclusion.

As one of the global cities in the world, Istanbul is a field where one can observe all of the above conditions. With its current population of over 12 million people,[4] Istanbul is a laboratory that displays the diverse forms of migration, and related poverty and social exclusion (Adaman & Ardıç 2008; Özbay 1999a; Keyder 2005; Erder 1996). In opposition to

---

4   Yearly urban population of Istanbul: 1927- 704.825; 1940- 815.638; 1950- 1.002.085; 1960- 1.465.535; 1970- 2.132.407; 1980- 2.772.708; 1990- 6.620.241 (Bayrak 1994).

the general trend of problematizing the issue of migration, we just want to underline the importance of migration when trying to understand the dynamics of society and its different groups. Internal migration is a shared experience for most of the people living in Istanbul. Most of the people living in Istanbul have their own migration story or know the migration story of their parents. However, when this common experience overlaps with poverty and social exclusion, the experience varies so much that it is no longer possible to talk about the commonalities but rather about the differences cutting across class, gender, age, language, etc. For those who represent the »other« with regard to these differences, the experience is more of being »at the periphery«, »on the borders«, »outsiders«, »excluded«, »not able to speak the language in many different ways«[5].

Families are affected by the migration experience and each member of a family lives through this experience differently. In this article, we will focus particularly on children, an invisible group that is usually not examined in migration studies. The experience of children with respect to poverty and internal migration is our focus and, in order to elaborate that focus, we will first briefly summarize the well-being framework for our research.

Well-being of Children

In the Turkish context, children live through the migration process without having any control over it. However, even if they are born after the family settles in the city (e.g., Istanbul) children still live through the experience of migration in various ways. As noted earlier, when this experience of migration overlaps with poverty, the well-being of children is under serious threat.

All around the world, there are still a significant number of children living in poverty and experiencing different degrees of deprivation. According to UNICEF's State of the World's Children 2009 Report, up to 1.5 billion children are affected by violence, 150 million children between the ages of 5 and 14 are engaged in child labor, and 51 million children do not even have birth certificates (UNICEF, 2009). Children constitute the most vulnerable group when facing poverty, conflict, or economic crises. Within this framework, the well-being approach is important for understanding all aspects of children's lives because this approach allows for the monitoring of children's capabilities and these capabilities can be an avenue for creating just societies for people to live in (Sen 1992; 1993). The child well-being approach also allows us to examine children's subjective experiences and how children make meaning of their circumstances in order to produce relevant indicators of child well-being (Ben-Arieh, 2010). Within the last few years, joint indexes have been developed to understand the well-being of children. These indexes serve as a yardstick for policy makers when developing child-focused policies (Ben-Arieh et al. 2001).

---

5   See Başak Sanat (2004; 2010) for examples of how this exclusion is experienced in Istanbul and see Şahin
     Fırat (2010) for examples of how it is experienced in education.

Methodology

As a research group, we conducted field research in Istanbul to explore several aspects of children's well-being. However, within the limits of this article, we will only focus on the well-being of children from internal migrant families.[6] The study included a *quantitative* part, conducted with parents and children, and a *qualitative* part, focusing on a particular neighborhood in Istanbul. Both methodologies aimed to explore children's perspectives on their lives with specific focus on their subjective experiences. Although we focused on children from the ages of 8 to18, we also tried to include objective measures of the well-being of children, aged 0-8 years, from parental questionnaires and adult focus groups.

The quantitative study involved 963 parents (787 mothers, 176 fathers) and 963 children in Istanbul and was carried out in the smallest units of neighborhood (*mahalle*): 169 neighborhoods were randomly selected, out of 923, to represent Istanbul. Separate questionnaire forms were developed for parents and children. While questions regarding the objective conditions of the family, as well as specific information about each family member, were obtained through the parental questionnaire, children were asked, through the children's questionnaire, to reflect on their subjective experiences in their homes, schools, neighborhoods, and in general. Eight domains of child well-being were included in the research: material well-being, educational well-being, health well-being, civic participation, home and environment, risk and safety, relationships, and subjective well-being.

The qualitative study included four different methodologies in order to create an in-depth study of a mostly lower-middle class neighborhood in Istanbul. The first methodology involved individual in-depth interviews using projective methods with children aged 8-11 years (*10 girls, 11 boys*). Children were shown a hand-drawn picture of a »happy« and »unhappy« child at home, at school, and in the neighborhood and were asked what attributes the happy and unhappy child had, and how the child in each situation was feeling. Thus, a list was obtained of conditions involving how young children saw the correlates of a »happy« and »unhappy« childhood. The second methodology was carried out through individual in-depth interviews with children aged 12-18 years (9 girls, 8 boys aged 12-15 years). This group included 4 girls and 4 boys who attended school and did not work, 2 girls and 4 boys who worked and did not attend school, and finally 5 girls and 3 boys between the ages of 15 and 18 who neither attended school nor worked. We interviewed this group in order to further explore issues related to children's daily lives, risk and safety, and subjective well-being. The third methodology included 6 focus groups with children (of different age groups, gender and work status) and 2 focus groups with adults (interviews of teachers and parents were conducted separately). Lastly, we used a methodology involving children's photographic depictions of the things they liked and disliked in their neighborhood. The photography project included 19 children between the ages of 9 and 14. In sum,

---

6   The research »Developing Child Well-Being Indicators for Turkey« was supported by TÜBİTAK (The Scientific and Technological Research Council of Turkey-Program Code 1001). The quantitative and qualitative studies were conducted in Istanbul to test chosen well-being indicators in order to propose a list of potential indicators to be used widely in Turkey. For details of this research and the findings see Uyan Semerci et al. (Forthcoming 2012).

through the use of different methodologies, the qualitative study aimed at capturing the totality of the children's experiences in their own context.

The neighborhood

The qualitative field study was carried out in a small-sized neighborhood that is part of a relatively old and established, mid-sized district in Istanbul. The district used to be industrial and thus housed many rural to urban, post-migratory families who had become part of the industrial workforce in the 1950's. Starting in the 1980's, industries relocated to regions outside the metropolitan areas. This relocation brought a significant social and economic transition to the district. The service sector started to take over for industry in the region. In short, such changes led to further internal migratory experiences for the older residents of the district.

The neighborhood in which we carried out the field study is one of the poorer neighborhoods in the district. It currently houses mostly older (1950's) immigrants from the mid-Black Sea region, as well as a smaller concentration of newer (post 1990's) Kurdish immigrant families from the South East. The population of this small, mostly lower to middle class neighborhood is about 8,500, a third of which are children below the age of 18. Most adult males are small merchants or workers, while the overwhelming majority of adult females are homemakers. The *muhtar* (the head of a neighborhood) informed us that the rate of unemployment went up during the last wave of the economic crisis. This increase in unemployment led to an increase in informal work as well as the closing down of many local businesses. The school principles, teachers, and local health workers described the neighborhood as holding »conservative values« and consisting of relatively traditional and large families, who were also going through some trouble (as reflected through increased rates of divorce or a spouse leaving the family). Child maltreatment was also named as a significant issue concerning the children. In terms of neighborhood resources, there were limited educational and recreational options. The neighborhood was located relatively far from the center of the district and possessed restricted transportation options. Also, the geographical nature of the land was such that many of the streets were on a steep hill and this made the streets less child friendly.

One of the more recent developments, which seriously affected the neighborhood in particular and the district in general, was the gentrification process that aimed to alter the social and economic structure of the region. Our research took place while old, *gecekondu-like* buildings were being torn down in order to be replaced by new and expansive gated blocks. Such transitions brought both new and unrelatable neighbors and also shook the children's notions of their own neighborhood and relative social standing. Thus, currently, the neighborhood is an amalgam of run-down, *gecekondu-like* structures, apartment buildings, and newly built expensive gated communities.

Though the focus of our research is not internal migration, our results reflected a rather interesting story about internal migration among our parental subjects. We considered families to be internal migrants if both parents were born in places other than Istanbul but migrated in their lifetime to settle in Istanbul. While the research we conducted did not aim to specifically look at the conditions and well-being of children from migrant families, the strikingly skewed distribution caught our attention. About 71% of the parents were born in places other than Istanbul but migrated to settle in Istanbul. The rest of the analysis in this article therefore aims at examining the basic differences in dimensions of child well-being, based on whether migration is part of the family life cycle.

Migration and well-being of children in three domains: Home, School, and Neighborhood and Workplace

As reflected in the Bio-Ecological Model of Development (Bronfenbrenner 1979; 1986; 1995; 1997; Bronfenbrenner & Morris, 1998), development is influenced by past experiences and current circumstances, which shape a child's active participation in his or her life by influencing the child's inner processes through means of appraisals and expectations from self and others. Whatever takes place in the general structures of the society will be reflected in the private spheres of children. In order to understand the complexity of a society and the well- being of children in these different layers of the society, we suggest looking at each layer separately. Thus in order to elaborate on internal migration, we will look at three spheres in order to show how objective and subjective well-being of children are shaped within the context of poverty: these spheres are home, school, and neighborhood and work place.

Therefore, migration is a significant determinant of child well-being as it particularly determines the socio-economic status of the family, housing and environment conditions, education resources, and risk factors for children. Immigrant families who move to cities for various reasons settle mostly in slum settlements, which become deprived neighborhoods with less resource. Hence, migration defines the future prospects of children, with an immigrant family background, as it leads to a segregated urban space for children. Children's development is dependent on the context of their life circumstances and the nature of the experiences that shape their maturation. Therefore this segregated urban space means an environment with fewer resources for children to improve their capabilities. This space provides schools with inadequate conditions and fewer or no neighborhood resources or leisure-time space. An immigrant background combined with a segregated space also enables the development of risks for children like child labor and the burden of housework in the private sphere.

According to our quantitative research, migration history had a significant influence on many of the indicators related to material well-being. First of all, as can be seen in Table II, the distribution of families across the need/income ratio was less favorable for the migrant parents (χ^2=27.09; df= 3; p<.01). A higher proportion of migrant parents were in the less well-off categories, in terms of this indicator. Fathers who were born outside of Istanbul had lower rates of full-time employment and higher rates of unemployment or employment doing insecure work (χ^2=7.74; df= 2; p<.05). Children with migrant parents experienced more material deprivation[7] (F(1, 925)=45.01, p< .01).

---

7   Material deprivation items included those goods that directly affect primarily the basic physical well-being of children (having one's own bed to sleep in, a winter coat, a bookcase, a closet, access to a computer,

As can be seen from Table II, there were no significant differences between children in terms of their health status due to migration status. However, there was a striking difference between the two groups regarding the issue of the death of a child in the family. More than 13% of the migrant families, as opposed to just over 3% of the non-migrant families, had lost a child (χ^2=19.52; df= 1; p<.001). While the reasons for the death of the children were not asked, the general data showed that those families who had the least financial means, the least parental education, and who were exposed to early child health risks experienced a higher rate of child mortality.

Table 2: Migrant families compared to Istanbul-based families

	Migrant families	Istanbul-based families	Total
Migration Status	684 (71%)	248 (25.8%)	932 (100%)
Material Well-Being Indicators			
1. Perception of need/income ratio			
Don't have enough income to cover basic needs	139 (20.3%)	21 (8.5%)	160 (17.2%)
We can barely get by from paycheck to paycheck	270 (39.5%)	97 (39.1%)	367 (39.4%)
If we don't buy expensive and extravagant things, we can get by	247 (36.1%)	107 (43.1%)	354 (38%)
Have enough income to live comfortably	25 (3.7%)	22 (8.9%)	47 (5%)
2. Material possessions*	4.81 (sd.1.91)	5.72 (sd.1.57)	
3. Household burden on children*	3.35 (sd.4.08)	2.72 (sd.3.58)	
4. Paternal full -time employment*	465 (68%)	187 (75.4%)	652 (74.7%)
5. Paternal unemployment /unstable job situation*	119 (17.4%)	25 (10.1%)	144 (16.5%)
6. Children's work status*	89 (13%)	13 (5.2%)	102 (10.9%)
7. Child's anxiety about economic conditions*	1.6 (sd.1.41)	1.04 (sd.1.28)	
8. Poor conditions in the house*	.65 (sd.0.66)	.46 (sd.0.6)	
9. Neighborhood resources*	3.32 (sd.2.68)	4.11 (sd.2.84)	
Health Indicators			
1. Poor health status	101 (14.8%)	34 (13.7%)	135 (14.4%)
2. Families in which a child had died*	91 (13.3%)	8 (3.2%)	99 (10.6%)
Education Indicators			
1. Currently enrolled in school*	577 (84.4%)	229 (92.3%)	806 (86.5%)
2. School conditions*	7.44 (sd.2.0)	7.86 (sd.1.9)	
3. How the child feels when at school*	7.93 (sd.2.2)	8.37 (sd.1.8)	
Subjective Well-Being			
1. How the child feels in general*	8.18 (sd.2.0)	8.56 (sd.1.65)	
2. How the child feels when with friends*	8.62 (sd. 1.74)	9.01 (sd.1.62)	

* sig. at p<.01 level.

internet access at home, eating meals with meat/chicken/fish at least 3 times a week). Table II presents this index under the name *Material Possessions*.

Home

Economic conditions play an important role regarding what children experience within the boundaries of »home«. For example, the economic condition of a family, were found to be a predictor of the level of accidents children in the family endured as they grew up. Children from migrant families lived in homes with poorer conditions ($F(1, 931)=15.02$, $p< .01$) and these conditions endangered objective well-being. Subjectively, there was a significant difference between the two groups in terms of the level of anxiety they carried about the financial conditions of their families ($F(1, 930)=30.90$, $p< .01$) (see table II). Children of migrant parents expressed higher levels of anxiety about their families' economic well-being regarding issues like whether their families could pay the rent, debt, or school expenses, as well as whether their fathers could become unemployed. When compared to children whose parents were native to Istanbul, children from migrant parents reported feeling less well in general ($F(1, 926)=7.54$, $p< .01$) and also less well when they were with their friends ($F(1, 926)=9.39$, $p< .01$).

The role children play in the lives of their families and the responsibilities and potential risks they face within the home are crucial aspects of child well-being. As part of the human condition, children need their families and are dependent on their parents in many ways. Trust, positive relations, love, and satisfaction of one's needs contribute to the well-being of children. And, as can be expected, the objective and subjective well-being of children is under serious threat when the home becomes an inadequate place for a child and when there is a negative relation and/or problems within the family. Ayşe's story is only one example.

Ayşe is one of three children in a family. She has an older brother and a younger sister. She is 13 years old and is in the third grade at school. Her family is from Erzurum in the eastern part of Turkey and has been living in the neighborhood for about 6 years. Ayşe feels happiest at school because she spends time with her friends and has fun.

»I have more fun at school, with my teachers and others. I can do whatever I want at school, my mother can not be angry with me here.«

For Ayşe, school is a place where she can play freely. As their street is steep, there are no open spaces where she can play and besides, her mother does not let her out to play anymore.

»My mother says, I am a grown up girl, I must stay at home. But, two to three years ago, I was given permission to stay out, we played outside then. We used to go out in the morning and return home in the evening.«

Ayşe says that she can not play at home easily. She can not play comfortably near her mother. She thinks her older brother is treated differently at home.

»My parents say, my brother should continue his education. At Bayram (religious fest), they buy him everything of good quality. They do not buy for me, they do not buy for my sister. This Bayram, my father again bought everything for him, not for us. They treat boys differently then girls. For example, if he has a birthday, they buy a birthday cake for him from a patisserie. They bake for me when I have birthday. We bake it ourselves. My brother goes to school, but he is not a successful student. I am the most successful student in the family. My sister is also a lazy student. For example I need notebooks for my class, they do not get for me but get for my brother although he is lazy. They do not get me notebooks, pencils, pencil boxes that I want.«

»He does to us whatever he likes. We can not do anything to him. I get annoyed. He hits us, orders us as he likes. I must obey him. I want to have such rights. My brother sleeps in the top bunk. I sleep in the bottom bunk. My sister sleeps on the couch. But, my sister comes and sleeps with me. I prefer to sleep alone. For example I sleep at one end of the bed, she sleeps at the other end. She pulls the blanket, I feel cold. She also kicks me.«

Ayşe also does housework and takes care of her sister. The housework burden prevents her from doing her homework.

»For example I study, I have homework. My sister plays, my mother rests, and my brother and father are out. My mother tells me to set the table. My sister watches TV, I can not do my homework.«

Ayşe also is responsible for the care of her sister.

»For example we go somewhere with my sister, she is another room, I am in another room. I am responsible for her anyway. Last week, we went to a friend's house, my mother was there as well. We were doing our homework with my friend. My sister was in another room. They beat my sister in that room. My sister told my mother that her friends beat her. My mother got angry with me and beat me because I did not take care of my sister.«

As the words of Ayşe show, we also need to note that gender is an important dimension to take into consideration for the well-being of children. Her story demonstrates how a limited budget is spent in favor of a son rather than a daughter. With respect to limited resources, within migrant families, usually there is a kind of choice between children for the continuation of education, as the quote below from a 15-year-old, female child also shows. If families have to choose which child may continue after the first eight years of compulsory education, they prefer their male child.[8]

»Our material well-being is bad. My elder brother goes to high school. If he did not, then I would have gone. He failed and stayed down in class for a year. My parents say they cannot send both of us to school.« (Female, 15)

Another point that needs to be emphasized with respect to gender is the burden of housework on female children in the household.[9] Ayşe's story reflects this issue. We have encountered other similar cases in our qualitative work. For example, a girl of 17 stated that she has been responsible for laundry, washing dishes, cooking, and cleaning since she was ten and she added that »she could not sleep if there were dishes left to clean.« Another girl stated that she had been caring her sibling for the last five years. The stories of girls, which we reflect here, are only examples of the daily practices of the many daughters of internal migrant families who live in poverty. Usually with migration to Istanbul, mothers find

---

8   However we also witnessed that in some cases, if that male child was »unsuccessful« and had the potential to contribute to the limited family budget by working, in this case the decision might be to have him work rather than have a female child work. As will be elaborated more in the section on neighbourhood and workplace, having children start work at a very early age is a general problem, which is seen as a solution for the migrant families in need.

9   See also Özbay (1999b) for a good discussion of female child labor in domestic work.

themselves in a position where they can get a job, sometimes more quickly than the fathers, in the informal sector with no job security. This creates a heavy workload in the household particularly for the daughters. The stories from the qualitative study reflect how the household burden is an important, everyday practice for daughters of the family. The household burden indicator, in our quantitative research, considered how regularly children cleaned the house, washed dishes, cooked for the family, took care of younger siblings, and participated in piecemeal work for the family. A composite score was established by looking at the frequency and number of tasks carried out per week. As can be expected, girls participated heavily in these tasks. Children from migrant parents had higher levels of household work ($F(1, 931)=4.57$, $p< .05$). We also found that poor girls were heavily burdened by these tasks, which interfered with their schoolwork, school attendance or other developmental tasks.

School

»The classrooms are extremely crowded in the first year of high school. There are 63 students in a class. You sit three to a row and you can not fit in the row.« (Male, 16)

Access to education is an important means for children with an immigrant background to get out of poverty. However, geographical segregation (migrant families settle with other migrant families in slum areas) leads also to a segregated school system. The research demonstrates that the schools situated in low socio-economic neighborhoods, where families with an immigrant background have settled, have worse physical conditions, worse teacher-students ratios and worse national exam scores (Candas et al. 2011). There is a socio-economic homogeneity among the students who go to these »deprived« schools. They come from families with an immigrant background, and from households without social security and a regular income. While students in well-off neighborhoods have access to better schools with more resources to help them improve their capabilities, the students in deprived neighborhoods attend deprived schools with other poor children. This geographically segregated school system, mostly left to its own means, is one of the barriers for the future prospects of children with an immigrant family background. Again, in our research, we saw that children's school attendance, as well as work status, was a function of whether they were born into migrant families or not ($\chi^2=9.92$; $df= 1$; $p<.01$) (see table II). Also, the school conditions were lower for those children coming from migrant parents ($F(1, 805)=7.34$, $p< .01$). Lastly, when compared to children whose parents were native to Istanbul, children from migrant parents felt less well in school ($F(1, 916)=8.14$, $p< .01$) (see table II).

When we look from a child's perspective, we want to underline that school is not only a place for education: it is more than that. Children repeatedly state that they like school because of their friends. Even the ones who claim that they do not like the courses still state that they like being in school. School is a place where children become socialized, experience peer relations and, particularly in a society where other means of socialization are limited, school plays a crucial role in the lives of children. In this respect, we could argue that school can be a social space for children to overcome the barriers to participating in society. We also argue that many of the needs of children also could be met through the school. For instance, social programs like free lunch programs could be launched at deprived schools, where the children with an immigrant family background continue. School can be an important medium, offering access to the lives of children and enabling support in different areas such as health, nutrition, capacity development, etc., particularly for families of internal migrants who are in need.

Neighborhood and Workplace

Neighborhood is a symbol of what stands between home and school. According to our quantitative research, the neighborhoods where migrant parents lived had lower rates of educational, health, or recreational resources (F(1, 930)=15.44, p< .001). We actually spent a lot of time examining the dynamics of the neighborhood in our qualitative study— dynamics such as how the residents experienced the neighborhood, the risks of the area, and the interaction of different age groups. We did our qualitative study in a lower middle-class neighborhood in Istanbul where families with immigrant backgrounds mostly lived. The immigrant families of the neighborhood moved to the city for economic reasons. Most of the families that we interviewed were worker families, retired people, or families with small businesses. Most of the households had a regular income with social security. But still, we could argue that the neighborhood was a deprived space with inadequate housing conditions, less resources, and a school with financial problems. We could also argue that this immigrant background, which brought the families together in a space where children lived their lives, defined the well-being in many domains. Many of the children that we interviewed were living in slum housing, in a crowded space. They did not have their own room or a private space in the house. The lack of an in-house space was one of the difficulties that the children stated. When it came to the neighborhood, it was no different. The neighborhood had two playgrounds, one had broken swings and the other was far away. These were the only spaces for children other than the narrow, steep streets. The children also found their neighborhood unsafe. They did not feel secure playing and walking in the streets. When girls came to the age of 14 or 15, they were not allowed to play in the streets.

The children of families with an immigrant background also faced risks such as child labor. As a result of our quantitative research we found that a much higher rate of children from migrant families were in the workforce (χ^2=11.21; df= 1; p<.01) and in our qualitative research, we found that labor was part of the children's life in the neighborhood. We interviewed 22 children between the ages of 15 and 18; of these children 18 were engaged in work. Most of the children among this age group have work experience. Some of them continue their schooling, but many of them drop out of school. Particularly among young boys who drop out of school, the change to work is high. They do not continue to work in the same job for long. Also the working hours for these children are somewhat high. Some of these children work 6-6.5 days a week, 12 hours a day in work without social security.

The following quotes are examples of how the children experience work and its related responsibilities:

»We arrived in Istanbul and after a week, I started to work. Textile had become my life. I started to work in a textile atelier. I do seriously regret, I wish I did not start to work there… It is a very overwhelming place; you are covered all over with dust. You become dirty. You need to take a shower every night. The dust gets through your nose and accumulates in your throat. If you go to a doctor, he will say what is this? Think you cannot even put a cover on your mouth. I became ill there.« (Female, 17)
»We are also not that well. Now my family depends only on my salary. They are all at home. I am 17 and I am the only one who brings money. And this is a very big burden on me. It is really hard.« (Male, 17)
»It is really difficult to save money. Needs of the household, my mother's needs… When no one gives money, I am the one who has to give. I had 25 TL (approx. 10 euro) saved money. My mother's medicine was finished and I bought it.« (Female, 17)

Conclusion

Internal migration is still an ongoing process that defines the lives of many families and their children in Turkey. Based on our findings in Istanbul, we argue that internal migration is an important factor in the analysis of the well-being of children. As indicated in our quantitative data, the distribution of families across the need/income ratio was less favorable for the migrant parents. A higher proportion of migrant parents were in the less well-off categories in terms of income indicator. Furthermore, there was a striking difference between the two groups when the issue related to the death of a child in the family. As opposed to just over 3% of the non-migrant families, more than 13% of the migrant families had lost a child. This shows us that there is a direct relation between the income situation of families and the risk of death of their children.

By looking at three domains of children's lives (home, school, and neighborhood and workplace) we elaborate on how children of migrant families, particularly those in need, experience poverty. Because public spaces are not designed to be child friendly, school and home seem to be the two most important places for children. However, our research reiterates that living with a migratory background and in a poor family creates many risks for children such as child labor and the burden of housework. Housing conditions also create a risk for children. Not having one's own bed is a simple but striking example that shows the limitation of available space for children. Depending on our research, we can also argue that children from migrant families go to schools with inadequate conditions and live in neighborhoods with fewer resources. In such deprived spaces, it is difficult for children to develop their capabilities. Therefore, for many children being from a migrant family means starting life in an unequal position.

To preserve the well-being of children, we need to think of social policies that would tackle the disadvantages of the migration process. These social policies need to open space for children so that they can improve their capabilities regardless of their background. The importance of school becomes clearer, especially when we take into account the scarcity of social services, participation mechanisms, and entertainment and sports facilities for children in public areas. For instance, school can be a place for extracurricular activities to help children improve their capabilities, particularly for those who lack any other opportunity to be part of city life. School is seen as the only institution that should provide various services because there are actually no other institutions that can provide support, particularly to children who experience poverty. School can serve both as a place for education and as a place for community services, particularly for children. Well-being, as a concept, is important in terms of understanding the complexities of daily experience within the context of immigrant families and poverty. Thus, based on our quantitative and qualitative research, we try to reflect on how migration affects the subjective and objective well-being of children. Believing in the value of a holistic approach, we think that all the domains of well-being are interrelated and that social policies should be developed by taking this view into consideration.

References

Adaman, Fikret/Ardıç, Oya Pınar (2008): Social exclusion in the slum areas of large cities in Turkey. In: New Perspectives on Turkey, 38, S. 29-60.

B.Ü. Sosyal Politika Forumu (2010): Türkiye'de Eşitsizlikler: Kalıcı Eşitsizliklere Genel Bir Bakış, Boğaziçi University Social Policy Forum, June 2010.

Başak Kültür ve Sanat Vakfı (2004): Ses Çık: Sorun Etme Sahip Çık Projesi. Zorunlu Göçün Çocuklar ve Gençler Üzerindeki Etkileri. İstanbul: Başak Kültür ve Sanat Vakfı Yayınları.

Başak Kültür ve Sanat Vakfı (2010): Ses Duy: Seçeneğin Var Sesimi Duy. İstanbul: Başak Kültür ve Sanat Vakfı Yayınları.

Bayrak, M. Orhan (1994): Türkiye Tarihi Yerler Kılavuzu. İstanbul: İnkılap Kitabevi.

Ben Arieh, Asher (2009): Social Indicators of Children Well-Being Past Present and Future, Indicators of Children's Well-Being: Theory and Preactices in Multi- Cultural Perspective, Ben Arieh, Asher/Frønes Ivar (eds.): Social Indicators Research Series 36, Dordrecht/Heidelberg/London/New York: Springer.

Ben Arieh, Asher (2010): From Child Welfare to Children Well-Being: The Child Indicator Perspective. In: Ben Arieh, Asher/Phipps, Shelley/Kamerman, Sheila (Eds.): From Child Welfare to Child Well-Being: An International Perspective on Knowledge in the Service of Policy Making. Dordrecht/Heidelberg/London/New York: Springer, S. 9-22.

Ben Arieh, Asher/Kaufman, Natalie Hevener/Andrews, Arlene Bowers/Goerge, Robert M./Lee Bong Joo/Aber, J. Lawrence (Eds.) (2001): Measuring and Monitoring Children's Well-Being. Social Indicators Research Series, Vol. 7. London: Kluwer.

Ben Arieh, Asher/Frønes, Ivar (Eds.) (2009): Indicators of Children's Well-Being: Theory and Practices in Multi-Cultural Perspective. In: Social Indicators Research Series, 36, Dordrecht/Heidelberg/London/New York: Springer.

Bradshaw, Jonathan/Hoelscher, Petra/Richardson, Dominic (2006a): An Index of Child Well-Being in the European Union. In: Ben Arieh, Asher/Frønes, Ivar (Eds.): Indicators of Children's Well-Being: Theory and Practice in a Multi-Cultural Perspective. Social Indicators Research Series 36: Springer, S. 325-371.

Bradshaw, Jonathan/Hoelscher, Petra/Richardson, Dominic (2006b): Comparing Child Well Being in OECD Countries: concepts and methods, INNOCENTI Working Paper, IWP 2006-03: Florence: UNICEF INNOCENTI Research Center.

Bronfenbrenner, Urie (1979): The Ecology of Human Development. Cambridge: Harvard University Press.

Bronfenbrenner, Urie (1986): Ecology of the family as a context for human development: Research perspectives. In: Developmental Psychology, 22, S. 723-742.

Bronfenbrenner, Urie (1995): Developmental Ecology Through Space and Time: A Future Perspective. In: Moen, Phyllis/Elder, Glen H./Lüscher, Kurt (Eds.): Examining Lives in Context: Perspectives on the Ecology of Human Development. Washington D.C.: American Psychological Association Press, S. 101-139.

Bronfenbrenner, Urie/Morris, Pamela A. (1998): The Bioecological model of human development. In: Elder, Glen H./Lerner, Richard M./Damon, William (eds.): Handbook of Child Psychology: Vol. 1 Theoretical Models of Child Development. New York: Wiley, S. 793-827.

Buğra, Ayşe/Keyder, Çağlar (2005): Poverty and social policy in contemporary Turkey. Boğaziçi University, Istanbul: Social Policy Forum. URL: www.spf.boun.edu.tr/docs/WP-Bugra-Keyder.pdf. [Accessed 22 October 2011].

Buğra, Ayşe/Keyder Çağlar/Günseli, Sevda/Deniz, Mehmet Baki (2003): Yeni Yoksulluk ve Türkiye'nin Değişen Refah Rejimi, UNDP.

Candaş, Ayşen/Akkan, Başak Ekim (2011): Devlet İlköğretim Okullarında Ücretsiz Öğle Yemeği Sağlamak Mümkün Mü? İstanbul: Açık Toplum Vakfı.

Castles, Stephen/Miller, Mark J. (2009): The Age of Migration. New York: Guilford Press.

Coultan, Claudia J./Korbin, Jill E. (2006): Indicators of Child Well-being: Through a Neigbourhood Lens, Indicators of Children's Well-Being: Theory and Practice in a Multi-Cultural Perspective. In: Ben Arieh, Asher/Frønes, Ivar (Eds.): Social Indicators Research Series 36: Springer.

Daniel, Paul/Ivatts, John (2005): Housing Policy and Children, Child Welfare and Social Policy. In: Hendrick, Harry (Ed.): Bristol: The Policy Press, S. 367-385.

Duncan, Greg J./Brooks-Gunn Jeanne (2000): Family Poverty, Welfare Reform, and Child Development. In: Child Development, 71, 1, S. 188-196.

Dünya Bankasi (2010): Turkey: Expanding opportunities for the next generation: A report on life chances/ Türkiye: Gelecek Nesiller için Fırsatların Çoğaltılması Raporu, Şubat 2010 Dünya Bankası Avrupa ve Orta Asya Bölgesi Beşeri kalkınma Bölümü. Washington DC: World Bank.

Erder, Sema (1995): Yeni Kentliler ve Kentin Yeni Yoksulları. In: Toplum ve Bilim 66: 106-121.

Erder, Sema (1996): İstanbul'a bir Kent Kondu: Ümraniye. İstanbul: İletişim Yayınları.

Erder, Sema (1998): Köysüz köylü göçü [Migration of the villagers without villages]. Görüş, 34, S. 24-26.

Erder, Sema (1999): Where do you hail from? In: Keyder, Çağlar (Ed.) Istanbul: between the global and the local. New York/Oxford: Rowman & Littlefield, S.161-171.

Erdogan, Necmi (Ed.) (2002): Yoksulluk Halleri. İstanbul: Demokrasi Kitaplığı.

Erman, Tahire (2001): The politics of gecekondu (squatter) studies in Turkey: The changing representations of rural migrants in the academic discourse. In: Urban Studies, 38, S. 983-1002.

Evans, Gary W. (2004): The environment of childhood poverty. In: American Psychologist, 59, 2, S. 77-92.

Hacettepe Üniversitesi Nüfus Etütleri Enstitüsü (2006): Türkiye Göç ve Yerinden Olmuş Nüfus Araştırması Raporu. Ankara: HÜNEE.

İçduygu, Ahmet/Kirişçi (2009): Land of Diverse Migrations: Challenges of Emigration and Immigration in Turkey Istanbul: Istanbul Bilgi University Yayınları.

İçduygu, Ahmet et al. (Eds.) (1997): Türkiye'de İç göç. İstanbul: Türkiye Ekonomik ve Tarihsel Toplum Vakfi.

Karpat, Kemal (1976): The Gecekondu: Rural Migration and Urbanization. Cambridge: Cambridge University Press.

Karpat, Kemal (1983): Ekonomik ve Sosyal Yönleriyle Türkiye'de Kentlileşme. Ankara: Yurt Yayınları.

Karatay, Abdullah/Semerci, Pınar Uyan/Müderrisoğlu, Serra (2012): Eşitsiz Bir Toplumda Çocukluk: Çocuğun İyi Olma Halini Anlamak. İstanbul: Istanbul Bilgi Üniversitesi Yayınları.

Kaya, Erol (2003): Kentleşme ve Kentlileşme. İstanbul: İlke Yayıncılık.

Keyder, Çağlar (2005): Globalization and social exclusion in Istanbul. In: International Journal of Urban and Regional Research, 29, 1, S. 124-134.

Kurban, Dilek et al. (2006): »Zorunlu Göç« ile Yüzleşmek: Türkiye'de Yerinden Edilme Sonrası Vatandaşlığın İnşası. İstanbul: TESEV Yayınları.

OECD (2009): Doing Better for Children. Paris: OECD.

Özbay, Ferhunde (1999a): İstanbul'da Göç ve İl İçi Nüfus Hareketleri (1985-1990). In: Oya Baydar (Ed.): 75 Yılda Köylerden Şehirlere. İstanbul: Tarih Vakfı Yayınları.

Özbay, Ferhunde (1999b): Turkish Female Child Labor in Domestic Work: Past and Present, Project Report prepared for ILO/IPEC. İstanbul, S. 46.

Pollard, E./Lee, P. (2003): Child Well-Being: A Systematic Review of the Literature. In: Social Indicators Research, 61, S. 59-78.

Ridge, Tess (2004): Childhood Poverty and Social Exclusion. The Policy Press.

Sahin Firat, Bahar (2010): Burada Benden de Bir Şey Yok Mu Öğretmenim? Eğitim Sürecinde Kimlik, Çatışma ve Barışa Dair Algı ve Deneyimler İstanbul: Tarih Vakfı Yayınları.

Sen, Amartya (1992): Inequality Reexamined. Cambridge: Harvard University Press.

Sen, Amartya (1993): Capability and Well-being. In: Nussbaum, Martha/Sen, Amartya (Eds.): The Quality of Life. Oxford: Oxford University Press.

Tekeli, İlhan (2007): Türkiye'nin Göç Tarihindeki Değişik Kategoriler. In: A. Kaya ve B. Şahin (Hg.): Kökler ve Güzergahlar. Istanbul: Istanbul Bilgi Universitesi Yayınları.

Tekeli, İlhan/Erder, Leila (1978): Yerleşme Yapısının Uyum Süreci Olarak İç Göçler. Ankara: Hacettepe Üniversitesi Yayınları.

UNICEF (2009): The State of the World's Children: Celebrating 20 years of the Convention on the Rights of the Child, UNICEF November 2009.

UNICEF (2010): The Children Left Behind: A League Table of Inequality in Child Well-Being in the World's Rich Countries, Innocenti Report Card 9. Florence: UNICEF Innocenti Research Center.

Autorinnen und Autoren

Prof. Dr. Sabine *Andresen*, Professorin für Sozialpädagogik und Familienforschung im Fachbereich Erziehungswissenschaften der Goethe-Universität Frankfurt am Main, Institut für Sozialpädagogik und Erwachsenenbildung.
Arbeitsschwerpunkte: Kindheits- und Jugendforschung, Familienforschung, Geschichte der Sozialpädagogik, historische Bildungsforschung, internationale Reformpädagogik, Geschlechterforschung.

Prof. Dr. Doris *Bühler-Niederberger*, Professorin für Soziologie der Familie, Jugend und Erziehung im Fachbereich G, Bildungs- und Sozialwissenschaften, der Bergischen Universität Wuppertal.
Arbeitsschwerpunkte: Kindheit, Strukturen des Aufwachsens, Sozialisation, privates Leben.

Başak *Ekim-Akkan*, Soziologin, Doktorandin an der Utrecht University und wissenschaftliche Mitarbeiterin im Boğaziçi University Social Policy Forum in Istanbul.
Arbeitsschwerpunkte: Frauenforschung, Gesundheitspolitik, Kinderarmut, kindliches Wohlergehen, Sozialpolitik mit Fokus auf benachteiligte Gruppen.

Dr. Christine *Gölz*, Fachkoordinatorin für Literaturwissenschaft Ostmitteleuropas am Geisteswissenschaftlichen Zentrum für Geschichte und Kultur Ostmitteleuropas der Universität Leipzig, Leiterin des Projektes »Spielplätze der Verweigerung. Topographien und Inszenierungsweisen von Gegenöffentlichkeit in Ostmitteleuropa«.
Arbeitsschwerpunkte: Poetik der klassischen Moderne, zeitgenössische russische und tschechische Literatur, semiotische und intermediale Aspekte der sowjetischen Kindheit, Narr/Schelm/Idiot – Figur und Raum in den aktuellen ostmitteleuropäischen Literaturen und im Film.

Dr. Monica *Heintz*, PhD, Associate Professor für Anthropologie an der Université Paris Ouest Nanterre.
Arbeitsschwerpunkte: Staatsbürgerschaft, Arbeit und Moralität in Rumänien und Moldau.

Prof. Dr. Christine *Hunner-Kreisel*, Juniorprofessorin für den Bereich Transkulturalität und Gender am Institut für Soziale Arbeit der Universität Vechta.
Forschungsschwerpunkte: Jugendforschung, Forschung zum Aufwachsen und zu Migration; Forschung zum Islam und muslimischer Religiosität unter Bezugnahme auf pädagogische und jugendtheoretische Fragestellungen.

Dr. Abdullah *Karatay*, PhD, Gastdozent im Masterprogramm Sozialpolitik und soziale Dienste an der Istanbul University.
Arbeitsschwerpunkte: Kinderarmut, Kinderschutz, soziale Einrichtungen, Binnenmigration, kindliches Wohlergehen.

Dr. Sophia R. *Kasymova*, Soziologin, Leiterin des Forschungszentrums »Zentrum für Geschlechterbeziehung« in Duschanbe, Tadschikistan.
Arbeitsschwerpunkte: Geschlechterordnungen im Wandel mit Schwerpunkt Tadschikistan, Sozialisations- und Familienforschung, Arbeitsmigration in Zentralasien, Geschlechtertheorien.

Dr. Serra *Müderrisoğlu*, Dozentin an der Fakultät für klinische Psychologie der Boğaziçi Universität, Istanbul.
Arbeitsschwerpunkte: Indikatoren kindlichen Wohlergehens, Schutzsysteme für Kinder in der Türkei, Prävention von Kinderarbeit, Entwicklung von Programmen zur Beratung und Betreuung arbeitender Kinder.

Dr. Barbara *Pusch*, wissenschaftliche Mitarbeiterin am Orient-Institut Istanbul der Max Weber Stiftung, vertritt den sozialwissenschaftlichen Arbeitsbereich mit Schwerpunkt Migration.
Arbeitsschwerpunkte: Internationale Migration in die Türkei, deutsch-türkische Migration, Migration von Hochqualifizierten, Transnationalisierung.

Prof. Dr. Alla *Salnikova,* Inhaberin des Lehrstuhls für Historiographie und Methoden historischen Schreibens der Kazan (Volga Region) Federal University, Russland.
Arbeitsschwerpunkte: Historiografische Methoden, Kulturgeschichte Russlands (Geschichte von Kindheit und Bildung, Geschichte des Alltags).

Dipl.-Psych. Jessica *Schwittek*, wissenschaftliche Mitarbeiterin am Lehrstuhl für Soziologie der Familie, Jugend und Erziehung im Fachbereich G, Bildungs- und Sozialwissenschaften, der Bergischen Universität Wuppertal.
Arbeitsschwerpunkte: Kindheit und Jugend in Transitionsgesellschaften, Konzepte von Kindheit, Bildung und Erziehung im internationalen Vergleich und entsprechende Einflussnahme von Nicht-Regierungs / Internationalen Organisationen.

Pinar *Uyan Semerci*, Leiterin des Center for Migration Research, Koordinatorin des Political Science Program der Bilgi University Istanbul.
Arbeitsschwerpunkte: Politische Philosophie, politische Ökonomie, Sozialpolitik und Methodologie mit den Schwerpunkten Universalismus, globale Gerechtigkeit, menschliche Entwicklung, Armut, Migration, Formierung kollektiver Identitäten (Gender, Religion und Nationalismus), kindliches Wohlergehen.

Prof. Dr. Manja *Stephan*, Ethnologin, Juniorprofessorin am Institut für Asien- und Afrikawissenschaften der Humboldt-Universität zu Berlin, vertritt dort den Querschnittsbereich Islam in den Gesellschaften Asiens und Afrikas.

Arbeitsschwerpunkte: Islamische Bildung und Jugend in Zentralasien mit Schwerpunkt Tadschikistan, translokale islamische Netzwerke, Mobilität und religiöser Wandel, Ethnologie des Islam, Postsozialismus.

The manufacturer's authorised representative in the EU is Springer
Nature Customer Service Centre GmbH, Europaplatz 3, 69115 Heidelberg,
Germany. If you have any concerns regarding our products, please
contact ProductSafety@springernature.com

Printed and bound by CPI Group (UK) Ltd, Croydon, CR0 4YY
27/04/2026
02097628-0007